उत्तर प्रदेश का स्वतंत्रता संग्राम

बलरामपुर

संरक्षण

योगी आदित्यनाथ

माननीय मुख्यमंत्री, उत्तर प्रदेश

मार्गदर्शन

श्री जयवीर सिंह

माननीय मंत्री, संस्कृति एवं पर्यटन विभाग, उत्तर प्रदेश

निर्देशन

श्री मुकेश कुमार मेश्राम

प्रमुख सचिव, संस्कृति एवं पर्यटन विभाग, उत्तर प्रदेश

अध्यक्ष-संस्थान

श्री शिशिर

निदेशक, संस्कृति निदेशालय, उत्तर प्रदेश

उपाध्यक्ष-संस्थान

राज्य स्तरीय परामर्श समिति

श्री मुकेश कुमार मेश्राम

प्रमुख सचिव, संस्कृति विभाग, उत्तर प्रदेश शासन—अध्यक्ष

श्री शिशिर

निदेशक, संस्कृति निदेशालय, उत्तर प्रदेश—सदस्य

श्री आनन्द कुमार

विशेष सचिव, संस्कृति विभाग, उत्तर प्रदेश शासन—सदस्य

प्रो. आर.के.पी. सिंह

कुलपति, डॉ. शकुंतला मिश्रा राष्ट्रीय पुनर्वास वि.वि., लखनऊ—सदस्य

प्रो. आलोक कुमार राय

कुलपति, लखनऊ वि.वि., लखनऊ—सदस्य

डॉ. आनन्द कुमार सिंह

निदेशक, उत्तर प्रदेश संग्रहालय निदेशालय, लखनऊ—सदस्य

प्रो. सूर्य प्रसाद दीक्षित

पूर्व अध्यक्ष, हिंदी विभाग, लखनऊ विश्वविद्यालय—सदस्य

डॉ. विद्याबिंदु सिंह

वरिष्ठ साहित्यकार, लखनऊ—सदस्य

प्रो. डी.पी. तिवारी

पूर्व अध्यक्ष, प्राचीन भारतीय इतिहास विभाग, लखनऊ विश्वविद्यालय—सदस्य

डॉ. रवि भट्ट

इतिहासवेत्ता, लखनऊ—सदस्य

डॉ. लवकुश द्विवेदी

निदेशक, अयोध्या शोध संस्थान, संस्कृति विभाग, उत्तर प्रदेश—सदस्य/सचिव

उत्तर प्रदेश का स्वतंत्रता संग्राम

बलरामपुर

पवन बख्शी

कार्यकारी संपादक
डॉ. लवकुश द्विवेदी

राजकमल प्रकाशन
ESTD.-1986

अयोध्या शोध संस्थान के सहयोग से

ISBN : 978-93-94902-49-7

मूल्य : ₹500

पहला संस्करण : 2023

प्रकाशक : राजकमल प्रकाशन प्रा. लि.
1-बी, नेताजी सुभाष मार्ग, दरियागंज
नई दिल्ली-110 002

शाखाएँ : अशोक राजपथ, साइंस कॉलेज के सामने, पटना-800 006
पहली मंजिल, दरबारी बिल्डिंग, महात्मा गांधी मार्ग, प्रयागराज-211 001

वेबसाइट : www.rajkamalprakashan.com
ई-मेल : info@rajkamalprakashan.com

शब्द संयोजन : राजकमल प्रकाशन प्राइवेट लिमिटेड, दिल्ली-110 002

मुद्रक : बी.के. ऑफसेट
नवीन शाहदरा, दिल्ली-110 032

Uttar Pradesh Ka Swantantrata Sangram : BALRAMPUR
by Pawan Bakshi
Executive Editor : Dr. Lavkush Dwivedi

मेरे मन-मस्तिष्क पर वीरांगना रानी तुलसीपुर का प्रभाव

लगभग तीस वर्ष पूर्व (संभवत: 1995-96) की बात है, मैं रेल द्वारा लखनऊ से तुलसीपुर आ रहा था। रेल की यात्रा में मेरे सामने की सीट पर बैठे एक सहयात्री के हाथ में आशा रानी वोहरा की लिखी एक पुस्तक थी, जिसका नाम था *महिलाएँ और स्वराज्य*। मैं उस पुस्तक को पढ़ना चाहता था, पर वो सज्जन स्वयं उसे पढ़ रहे थे, अत: माँगना उचित नहीं था। कुछ समय बाद मेरे वह सहयात्री महोदय नींद की आगोश में आने लगे तो मैंने उनसे वह पुस्तक माँगकर पढ़नी शुरू कर दी। मैंने मात्र दो घंटों में पूरी पुस्तक पढ़ डाली।

उस पुस्तक में जब मैंने रानी तुलसीपुर के बारे में पढ़ा कि उन्हें यहाँ की 'झाँसी की रानी' के नाम से जाना जाता है, तो मैं बहुत ही आश्चर्यचकित रह गया। मुझे अपने पर गर्व सा होने लगा कि मेरी जन्मभूमि वही तुलसीपुर है जहाँ की रानी ने सत्तावनी क्रांति का अंतिम युद्ध इसी धरती पर लड़ा था।

मैंने स्वतंत्रता संग्राम पर बहुत-सी किताबें पढ़ी हैं, पर मैंने कहीं रानी तुलसीपुर के बारे में नहीं पढ़ा था। यदि कुछ पढ़ा भी था तो केवल इतना ही कि वो बेगम हजरत महल के साथ नेपाल चली गई थीं। सत्तावनी क्रांति के अंतिम युद्ध की इस नायिका का इतिहास में कहीं उल्लेख नहीं। यह जानकर मुझे बहुत दु:ख हुआ।

उस पुस्तक में रानी तुलसीपुर के बारे में ज्यादा कुछ नहीं, मात्र दो पृष्ठ लिखे थे। उन दो पृष्ठों ने मेरे मन-मस्तिष्क पर ऐसा गहरा प्रभाव डाला कि मेरे अंदर के खोजी प्रवृत्ति के लेखक ने ट्रेन में ही सौगंध खाई कि मैं उस वीरांगना के इतिहास की खोज में जी-जान लगा दूँगा। मुझे गर्व होने लगा कि मेरा जन्म उस धरती पर हुआ है जहाँ की वीरांगना ने अपना सब कुछ त्यागकर सत्तावनी क्रांति का अंतिम युद्ध लड़ा था। लगातार पाँच वर्ष तक मैं उस वीरांगना के इतिहास की खोज करते हुए सामग्री संकलित करता रहा। आशा

की एक किरण जहाँ भी दिखाई देती, मैं हर संभव वहाँ पहुँचने का प्रयास करता। पचपेड़वा से लेकर भिनगा (तुलसीपुर राज की सीमा अंतर्गत) तक के सैकड़ों गाँवों में घूमकर बुजुर्गों से कहानियाँ सुनता रहा। नेपाल अंतर्गत कई-कई मील पहाड़ों की थका देनेवाली चढ़ान व उतरान के कारण कई बार मृत्यु लोक जाने से बचा। तमाम पुस्तकालयों में जाकर सामग्री एकत्रित की। उन पाँच वर्षों के कठिन श्रम, समय और व्यय के पश्चात् जितनी सामग्री संकलित कर सका,उसे एक पुस्तक के माध्यम से सत्तावनी क्रांति के अंतिम युद्ध की नायिका वीरांगना ईश्वरी कुमारी (कहीं-कहीं इनका नाम ऐश्वर्य राजेश्वरी देवी भी लिखा गया है) रानी तुलसीपुर का परिचय नए जगत् से कराने का प्रयास किया है।

मेरा सौभाग्य है कि जब सत्तावनी क्रांति की 150वीं जयंती मनाई जा रही थी तब उक्त अवसर पर उस पुस्तक का प्रकाशन राज्य संग्रहालय, झाँसी, उत्तर प्रदेश द्वारा किया गया था। वीरांगना ईश्वरी कुमारी (रानी तुलसीपुर) के जीवन पर यह पहली पुस्तक थी, जिसके लिए मुझे सम्मानित और पुरस्कृत भी किया गया था। उस वीरांगना के इतिहास की दबी परतों को हटाने के लिए अभी और अपेक्षित है।

मुझे प्रसन्नता है कि 'आजादी का अमृत महोत्सव' के अंतर्गत उत्तर प्रदेश के 75 जनपदों की पुस्तक प्रकाशन हेतु कार्य योजना में बलरामपुर के स्वतंत्रता संग्राम पर लिखने का दायित्व 'अयोध्या शोध संस्थान' द्वारा मुझे सौंपा गया है। इसके लिए मैं संस्थान का आभारी हूँ कि उन्होंने मुझे वीरांगना ईश्वरी कुमारी (रानी तुलसीपुर) के अतिरिक्त जनपद बलरामपुर के अन्य वीरों और वीरांगनाओं के बलिदान की गाथाओं को प्रकाश में लाने का अवसर प्रदान किया है।

भवदीय
पवन बख्शी

द्वारा श्री टी.बी. लाल (पत्रकार)
पूरब टोला, बलरामपुर (उ.प्र.) 271 201

माइंड योग प्राण ध्यान केंद्र
ग्राम एवं पोस्ट जामना, जिला सिरमौर, हि.प्र., 173 029
मो. नं. एवं व्हाट्सएप नं. : 9532458399
ईमेल : pawanbakhshi56@gmail.com

क्रम

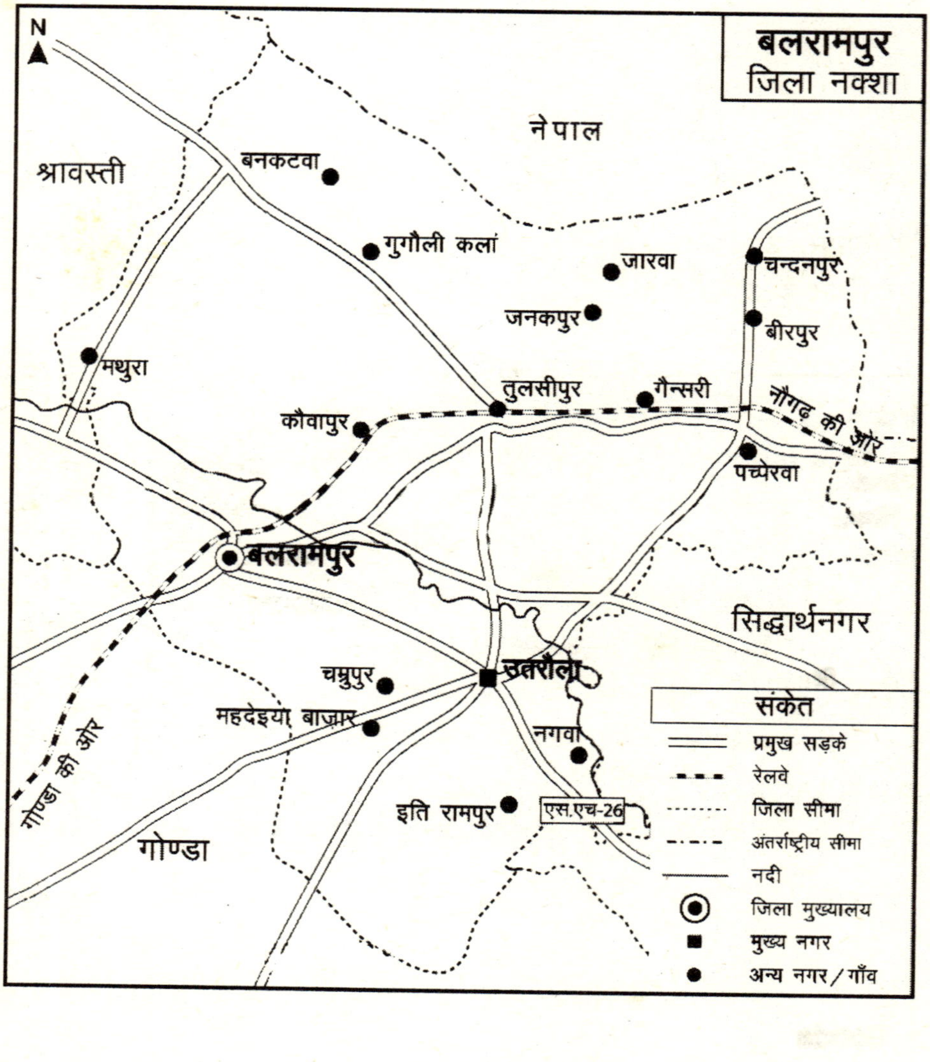
बलरामपुर
जिला नक्शा
N
नेपाल
श्रावस्ती
बनकटवा
गुगौली कलां
जारवा
चन्दनपुर
जनकपुर
बीरपुर
मथुरा
तुलसीपुर
गैन्सरी
नौगढ़ की ओर
कौवापुर
पच्पेरवा
बलरामपुर
सिद्धार्थनगर
चम्नुपुर
उतरौला
महदेइया बाज़ार
नगवा
गोण्डा की ओर
इति रामपुर
एस.एच-26
गोण्डा
संकेत
प्रमुख सड़के
रेलवे
जिला सीमा
अंतर्राष्ट्रीय सीमा
नदी
जिला मुख्यालय
मुख्य नगर
अन्य नगर / गाँव

अध्याय : 1

बलरामपुर का भौगोलिक संदर्भ

बलरामपुर, उत्तर प्रदेश राज्य में स्थित एक जिला है। यह राप्ती नदी के किनारे पर स्थित है और बलरामपुर जिले का जिला मुख्यालय है। बलरामपुर जिले का

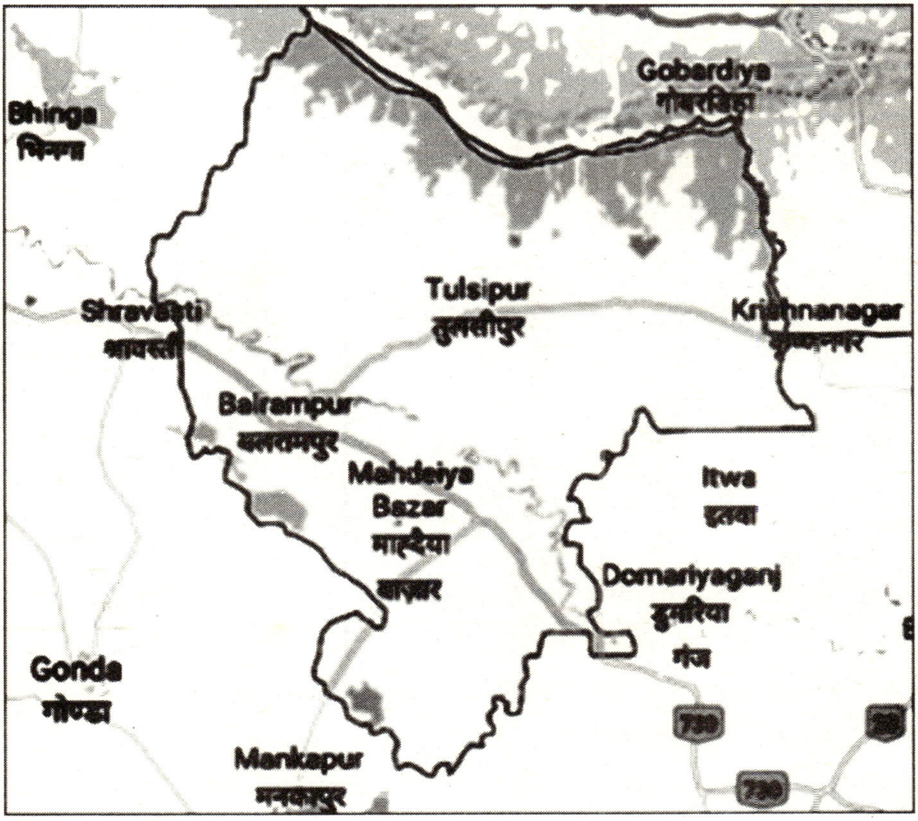

निर्माण जी.डी. नं. 1428/1-5/97/172/85-आर-5 लखनऊ दिनांक 25 मई, 1997 द्वारा किया गया। बलरामपुर जिले से सिद्धार्थ नगर, श्रावस्ती, गोंडा जिले क्रमशः पूर्व-पश्चिम और दक्षिण दिशा में स्थित हैं और नेपाल राज्य इसके उत्तरी पक्ष में स्थित है।

अवस्थिति : शिवालिक की पृष्ठभूमि में उत्तर प्रदेश के पिछड़े एवं अविकसित जिले के उत्तर में हिमालय श्रृंखला है, जिसे 'तराई क्षेत्र' कहा जाता है जोकि जनपद बलरामपुर नेपाल की अंतरराष्ट्रीय सीमा से मिलता हुआ 27.43°, N 82.18° E पर स्थित है। इसकी औसत ऊँचाई 105 मीटर (344 फीट) है। उत्तर से दक्षिण इसकी अधिकतम लंबाई 81 किमी. तथा पूरब से पश्चिम 72 किमी. की अधिकतम चौड़ाई में यह जनपद प्रसारित है। यह जनपद पूरब में सिद्धार्थ नगर, पश्चिम में श्रावस्ती जनपद, दक्षिण में गोंडा जनपद की सीमा से यदि घिरा हुआ है, तो इसका उतार में विस्तार नेपाल की अंतरराष्ट्रीय सीमा तक है। इस जनपद का कुल क्षेत्रफल 3,419.50 वर्ग किमी. है तहसीलें, हरैया सतघरवा, इस जनपद में बलरामपुर सदर, तुलसीपुर, उतरौला नाम की तीन तहसीलें हैं। बलरामपुर, तुलसीपुर गैंसड़ी, हरैया सतघरवा, पचपेड़वा, श्रीदत्तगंज, उतरौला, गैंड़ास बुजुर्ग व रेहरा नाम के 09 विकास खंड, 101 न्याय पंचायतें, 998 आबाद राजस्व गाँव, 14 गैर आबाद राजस्व गाँव प्रशासनिक इकाइयों के रूप में स्थित हैं। यह जनपद जन नेतृत्व के लिए एक संसदीय क्षेत्र तथा 05 विधानसभा क्षेत्र में विभक्त है। यहाँ उतरौला एवं बलरामपुर नगरपालिका तथा तुलसीपुर, पचपेड़वा नगर पंचायत के रूप में नगरीय सुविधाओं से युक्त हैं।

जनपद का भौतिक स्वरूप : धरातलीय बनावट के दृष्टिकोण से यह जनपद स्पष्ट रूप से दो उप विभागों में विभाजित है—

(1) तराई क्षेत्र, (2) उपरहर क्षेत्र।

तराई क्षेत्र

जनपद का यह भाग उप शिवालिक के जंगल से प्रारंभ होकर राप्ती नदी तक फैला हुआ है। राप्ती के पास धरातल की औसत ऊँचाई समुद्रतल से 100 मीटर की एवं शिवालिक सीमांत वनमाला तक इस जनपद के धरातल की औसत ऊँचाई 160 मीटर तक है। इस क्षेत्र का धरातलीय ढाल उत्तर-पश्चिम से दक्षिण-पूर्व की तरफ है। तराई के हिस्से में शिवालिक एवं राप्ती के बीच पचपेड़वा, तुलसीपुर, गैंसड़ी, हरैया सतघरवा

एवं बलरामपुर विकास खंड में फैली हुई एक चौड़ी पट्टी सघन जंगलों से आज भी भरी हुई है। पूरे जनपद में 627.53 वर्ग किमी. जंगली क्षेत्र का अधिकांश हिस्सा इसी क्षेत्र में है।

उपरहर क्षेत्र

राप्ती से लेकर दक्षिणी सीमा निर्माण करनेवाली नदी विसुही तक फैला जनपद का हिस्सा उपरहर क्षेत्र के नाम से जाना जाता है। तराई के हिस्से की तरह यहाँ धरातल बहुत अधिक असमतल नहीं है। यहाँ के धरातलीय भाग की ऊँचाई 96 मीटर से 100 मीटर के बीच है। इस हिस्से का ढाल भी उत्तर-पश्चिम से दक्षिण-पूर्व की तरफ ही है। इसकी दक्षिणी सीमा प्राकृतिक बलुही काँदर तक विस्तृत है। श्रीदत्तगंज, उतरौला, गैंड़ास बुजुर्ग, रेहरा विकास खंड का भाग इसी उपरहर क्षेत्र में ही आता है।

जलप्रवाह प्रतिरूप

बलरामपुर जनपद की मुख्य नदी राप्ती है। यहाँ के अधिकांश नदी-नाले राप्ती का ही अनुगमन करते हुए उत्तर-पश्चिम से दक्षिण-पूर्व की तरफ प्रवाहित होते हैं। जनपद के उत्तरी सीमांत प्रदेश में प्रवाहित होनेवाले पहाड़ी नाले उत्तर से दक्षिण की तरफ प्रवाहित होते हुए राप्ती में मिलते हैं। इस जनपद में राप्ती, बूढ़ी राप्ती, सुआँव, कुआनो और विसुही जैसी नदियाँ तथा जैदा, पीरा, बघेला, जोरपनिया, गौरिया, हेंगहा, कोहल, खमरा, जमधरवा, फारी, अमहा, ककरहा, सिरिया, नकटी, धोबहा, कबहा, खैरिहा, आरा, भाभर, विजुथा जैसे नाले प्रमुख रूप से प्रवाहित होते हैं। बलरामपुर जनपद में प्रवाहित होनेवाली मुख्य नदियाँ, यहाँ स्थित झील, ताल एवं प्राकृतिक तथा कृत्रिम जलाशय निम्न हैं :

राप्ती नदी

नेपाल से निकलकर भारत में प्रवाहित होनेवाली अचिरावती नदी आज 'राप्ती' के नाम से जानी जाती है। बलरामपुर जनपद में हर वर्ष अपना मार्ग बदलनेवाली बाढ़ की विनाश लीला के लिए प्रख्यात तराई के भू-भाग में ही तीव्र गति से प्रवाहित होती रहती है। इस जनपद में तराई तथा उपरहर के बीच सीमा बनाती हुई यह नदी आगे सिद्धार्थ नगर जनपद में प्रवेश

करती है। यह नदी इस जनपद में मथुरा ग्राम के पास प्रवेश करती है तथा रसूलाबाद के पास सिद्धार्थ नगर में प्रवेश करती है।

बूढ़ी राप्ती नदी

मुख्य राप्ती नदी के उत्तर और उसी के समानांतर पश्चिम से पूर्व को बलरामपुर जनपद में प्रवाहित होती हुई यह नदी सिद्धार्थ नगर जनपद की तरफ उन्मुख होती है। उप शिवालिक भू-भाग से निकलनेवाले नाले उत्तर से दक्षिण दिशा में प्रवाहित होते हुए बूढ़ी राप्ती में ही मिलते हैं। खरझार, ककरहा, करवी, काँठा, भांभर, वनरुआ, आरा, गौरिया, हेंगहा, खमरा, कोहल, जमधरवा, अमहा, सिरिया, नकटी, धोबहा नाले इसे मुख्य रूप से जल प्रदान करनेवाले स्रोत हैं।

सुआँव नाला

जनपद के पश्चिमी सीमा से निकलकर, बलरामपुर नगर एवं भगवतीगंज के बीच से प्रवाहित होता हुआ, उतरौला तहसील के रसूलाबाद गाँव के पास यह राप्ती में जा मिलता है। बलरामपुर के पास इसका आकार छिछली झील जैसा, आगे नाले जैसा और राप्ती में मिलने से पहले तथा वर्षाकाल में यह गहरी नदी का रूप धारण कर लेता है।

कुआनो नदी

घाघरा जल प्रवाह की सहायक एवं मंथर गति से बहनेवाली नदी जैदा तथा पिड़ार नाले को अपने कोड में समेटती हुई गहरे किनारों एवं तटों पर सघन वनों के झुरमुट के साथ इस जनपद में प्रवाहित होती रहती है। इस नदी को प्राचीन भारत में गोनर्द प्रदेश में प्रवाहित होनेवाली नदी को 'कर्दमी' के नाम से जाना जाता था।

विसुही

बलरामपुर जनपद के रेहरा विकास खंड में दक्षिणी सीमा पर प्रवाहित होनेवाली गहरी यह छोटी एवं सँकरी नदी आगे जाकर कुआनो में मिल जाती है। यह बहुत थोड़े हिस्से में ही जनपद में प्रवाहित होती है।

झील एवं ताल

बलरामपुर जनपद का तराई एवं उपरहर, दोनों भाग प्राकृतिक झीलों एवं वर्ष भर जल से युक्त रहनेवाले तालों से भरा हुआ है। इनमें नौखान, वनकटवा, रातोही, कथुवा, तुनिहवा, कुंडवा, बलुहा, उतहवा, खैराही, पचहट्टी, इमिलिया, टौंस, जोखरा, भूतका, समदा, खैराही, सुआँव, चाँदा, पचमा, पगलिया, केशवगढ़, खमुआ, वरैल, तिलकर, कानन, टेढ़वा, अगथा, संझवल, पिपरा, भैरमपुर, बढ़या, कढुवा, पुरैना, जीराभारी, नरैना जैसे ताल एवं झीलें यहाँ स्थित हैं।

जलाशय

जनपद में सिंचाई की सुविधा एवं विस्तार के लिए तथा मत्स्य पालन के लिए प्राकृतिक एवं कृत्रिम जलाशय भी स्वत: अथवा सिंचाई विभाग द्वारा निर्मित किए गए हैं। इन जलाशयों भगवानपुर, चित्तौड़गढ़, कोहर गड्डी, बघेलखंड, गनेशपुर, गिरगिटही, खैरवान, वनघोघवा व रामपुर जलाशय अधिक महत्त्वपूर्ण हैं। डाक बँगले की सुविधाओं से युक्त सघन वनों के बीच स्थित ये जलाशय भ्रमण व पर्यटन के दृष्टिकोण से भी बड़े उपयोगी हैं।

मिट्टी

संपूर्ण जनपद में जलोढ़ मिट्टी का ही प्रसार स्थानीय भिन्नताओं एवं विशेषताओं के साथ वर्तमान है। खादर जलोढ़ मिट्टी के दृष्टिकोण से जनपद का वह हिस्सा है, जहाँ बाढ़ का पानी हर वर्ष पहुँचकर नई मिट्टी की तह या बालू की मोटी पर्त जमा करता है तथा भाँभर जलोढ़ वह हिस्सा है, जहाँ ऊँचाई के कारण बाढ़ का पानी नहीं पहुँचता है। यदि तराई का भू-भाग भारी चिकनी मिट्टी से भरा है तो उपरहर का क्षेत्र हल्की से भारी दोमट एवं चिकनी मिट्टी के विस्तार से युक्त है। जनपद में कुछ स्थानों पर सिल्टीलोभ भी दृष्टिगोचर होती है। यहाँ के तराई भाग की चिकनी मिट्टी यदि धान उत्पादन के लिए अधिक प्रख्यात है तो उपरहर की दोमट मिट्टी गेहूँ उत्पादन के लिए सर्वाधिक उपयुक्त है।

जलवायु

बलरामपुर जनपद में उपोष्ठा मानसूनी जलवायु ऋत्विक भिन्नता के साथ पाई जाती है, जिस पर उप हिमालय का प्रभाव स्पष्ट दृष्टिगोचर होता है। इस जनपद में मासिक तापमान का औसत 15.5 सेंटीग्रेड से 32.7 सेंटीग्रेड के बीच पाया जाता है। पिछले 100 वर्षों में अधिकतम तापमान 49.9 सेंटीग्रेड तथा न्यूनतम तापमान 1.1 सेंटीग्रेड रिकॉर्ड किया गया है। वायु दाब का वार्षिक औसत 996.3 मिलीवार यहाँ पाया जाता है। अक्टूबर से फरवरी तक चलनेवाली हवा पश्चिम या पश्चिमोत्तर दिशा से प्राय: 2 किमी. प्रति घंटा के औसत से और मार्च से सितंबर तक पूरब से चलनेवाली हवा औसतन 4 किमी. प्रति घंटा की गति से प्रवाहित होती है। हवाओं में सापेक्षिक आर्द्रता का वार्षिक औसत 71 प्रतिशत है। अप्रैल में सापेक्षिक आर्द्रता औसतन 40 प्रतिशत न्यूनतम स्तर पर जा पहुँचती है, जबकि जुलाई-अगस्त में अधिकतम 85 प्रतिशत पाई जाती है। वर्षा का वार्षिक औसत 1,302 मिलीमीटर पाया जाता है, जिसमें से 80 प्रतिशत से भी अधिक वर्षा जून से सितंबर माह के बीच ही होती है। शेष महीने में वर्षा का औसत बहुत कम मात्रा में पाया जाता है। दक्षिणी-पश्चिमी मानसून से ही सर्वाधिक वर्षा यहाँ होती है। कभी-कभी शीत ऋतु में चक्रवातीय प्रभाव से यह जनपद अच्छी वर्षा प्राप्त कर लेता है। ऋत्विक भिन्नता के दृष्टिकोण से एवं जलवायु विशेषता के परिप्रेक्ष्य में पूरा वर्ष इस जनपद में चार ऋतुओं में विभक्त हो जाता है। मार्च से मध्य जून तक ग्रीष्म ऋतु, मध्य जून से सितंबर तक वर्षा ऋतु, अक्टूबर से नवंबर तक पूर्व शीत ऋतु तथा दिसंबर से फरवरी तक शीत ऋतु की सभी विशेषताएँ पाई जाती हैं। जहाँ तराई का भाग नम जलवायु है, वहीं उपरहर का भाग उससे थोड़ा शुष्क जलवायु की विशेषता से युक्त पाया जाता है।

वनस्पति

प्राचीन भारत का यह सघन जंगली क्षेत्र आज भी केवल उत्तर प्रदेश में ही नहीं बल्कि संपूर्ण देश में अपनी हरीतिमा के लिए प्रख्यात है। संपूर्ण जनपद का 18.6 प्रतिशत भाग आज भी जंगलों से ढका हुआ है। बलरामपुर जनपद अपने निर्माण के समय 62,753 हेक्टेयर भूमि पर फैले जंगलों के साथ ही निर्मित हुआ था। उप शिवालिक की पृष्ठभूमि में फैले जंगलों के बीच 9 राजस्व वन ग्राम उपस्थित हैं। नेपाल की अंतरराष्ट्रीय सीमा के साथ 8 से 12 किमी. की चौड़ाई में तराई का संपूर्ण उत्तरी भाग आज भी सघन

वनों से आच्छादित है। कुआनो एवं विसुही नदियों के तट पर जंगलों के कुछ छोटे-छोटे टुकड़े पाए जाते हैं। यहाँ के जंगल मूल्यवान इमारती लकड़ियों तथा कच्चे औद्योगिक पदार्थों के रूप में साखू, शीशम, हाल्दू, सागौन एवं खैर सर्वाधिक प्रदान करते हैं। बनकस, काँस, मूँज, खर एवं घास के तथा झाड़-झंखाड़ के पैचेज भी यहाँ प्राकृतिक वनस्पतियों के हिस्से हैं।

ग्रामीण क्षेत्रों में खाली भूमि एवं मेड़ों पर पूरे जनपद में पर्णपाती फलदार वृक्षों के बाग-बगीचों अथवा अलग-अलग वृक्षों के रूप में असैना, झाऊ, महुआ, हाल्दू, पीपल, बरगद, अमरूद, जामुन, आम, कटहल, बबूल, नीम एवं ढाक के वृक्ष पाए जाते हैं।

जंतु एवं पक्षी

बलरामपुर के सघन जंगलों में वन्य जंतुओं के रूप में बाघ, चीतल, सांभर, लकड़बग्घा, बनैले सूअर, भालू, गुलदार, नीलगाय, लोमड़ी, बनैले मुर्गे तथा कुछ वन क्षेत्रों में शेर भी पाए जाते हैं। दूध देनेवाले पालतू पशुओं के रूप में अधिकांश परिवारों में गाय, भैंस, बकरी की बहुतायत है। बैल एवं भैंसा आज भी कृषि कार्य में प्रयुक्त होनेवाले पशुओं के रूप में यहाँ अधिक पाए जाते हैं। मुरगी, मुरगों की संख्या भी इस जनपद में अधिक है। सूअर एवं भेड़ भी मांस तथा ऊन के लिए यहाँ कुछ विशिष्ट क्षेत्रों में अधिक पाए जाते हैं। पक्षियों के रूप में मुरगी, मुरगे के साथ-साथ जंगली मुरगे, तीतर, बटेर, हरियल, धनेश, मोर, बाज, नीलकंठ, तोता तथा सर्पों के रूप में कोबरा, अजगर जंगलों में तथा विषहीन सर्प संपूर्ण जनपद में अधिकांश दृष्टिगोचर हो जाते हैं।

खनिज संसाधन

बलरामपुर जनपद उत्तर प्रदेश के अधिकांश जनपदों की तरह खनिज विहीन ही है। खनिजों के नाम पर क्ले मिट्टी, बालू, कंकड़, बोल्डर जैसे पदार्थ प्राप्त होते हैं, जिनका उपयोग मुख्य रूप से मिट्टी के बरतन, घरों की दीवार, कच्ची-पक्की ईंट तथा सड़क निर्माण के लिए किया जाता है। इस जनपद के भू-गर्भ में पेट्रोलियम पदार्थ मिलने की संभावना व्यक्त की गई है। ऑयल एवं नेचुरल गैस कमीशन द्वारा जगह-जगह पर इनकी खोज का कार्य भी चल रहा है, परंतु अभी अपेक्षित सफलता प्राप्त नहीं हुई है।

जनसंख्या एवं जनांकिकी विशेषता

1991 की जनगणना के अनुसार, बलरामपुर जनपद वाले भू-भाग पर 1,403,342 लोग निवास कर रहे थे, जो संपूर्ण भारतवर्ष की जनसंख्या के 0.166 प्रतिशत, उत्तर प्रदेश की जनसंख्या के 100 प्रतिशत के बराबर हैं। जनपद की कुल जनसंख्या में 12,52,269 ग्रामीण जनसंख्या तथा 1,51,073 नगरीय जनसंख्या है। यहाँ ग्रामीण जनसंख्या का प्रतिशत 89.24 प्रतिशत तथा नगरीय जनसंख्या का प्रतिशत 10.76 प्रतिशत है, जो संपूर्ण भारत वर्ष की नगरीय जनसंख्या की तुलना में प्रतिशत के आधार पर आधे से भी कम है। इस जनपद में जनसंख्या का औसत घनत्व 41 व्यक्ति किमी. है। सबसे अधिक सघन उतरौला विकास खंड में 650 व्यक्ति / किमी. तथा सबसे कम गैंसड़ी में 333 व्यक्ति / किमी. 2 का घनत्व पाया जाता है।

1951 के बाद इस जनपद वाले भाग की ग्रामीण एवं नगरीय जनसंख्या में तीव्र वृद्धि हुई। 1951-61 के बीच ग्रामीण जनसंख्या में 10 प्रतिशत एवं नगरीय जनसंख्या में 11 प्रतिशत, 1961-71 के बीच ग्रामीण जनसंख्या में 10 प्रतिशत वृद्धि, लेकिन नगरीय जनसंख्या में 29 प्रतिशत की वृद्धि, 1981-91 के बीच ग्रामीण जनसंख्या में 21 प्रतिशत वृद्धि, जबकि नगरीय जनसंख्या में सीधे 60 प्रतिशत की वृद्धि हुई। 1901 से 1991 के बीच इस जनपद की जनसंख्या में 102 प्रतिशत की वृद्धि, ग्रामीण जनसंख्या में 96 प्रतिशत की वृद्धि, लेकिन नगरीय जनसंख्या में 247 प्रतिशत की वृद्धि हुई।

वर्ष 2011 की जनगणना के अनुसार बलरामपुर जिले की आबादी 21,48,795 है।

नगरीकरण

इस जनपद में भारतीय सेंसस विभाग की परिभाषा के अनुसार, चार स्पष्ट नगरीय क्षेत्र हैं, जहाँ जनपद की संपूर्ण जनसंख्या का 10.76 प्रतिशत लोगों का निवास पाया जाता है। कुल 1,51,073 नगरीय जनसंख्या में 81,224 पुरुष तथा 69,849 महिलाएँ बलरामपुर नगरपालिका, तुलसीपुर नगरपालिका, उतरौला नगरपालिका तथा पचपेड़वा टाउन एरिया में निवास करते हैं। नगरीय जनसंख्या की साक्षरता का औसत 56.25 प्रतिशत है। नगरों में निवास करनेवाली जनसंख्या का घनत्व प्रति वर्ग किमी. 3,434 व्यक्तियों का है।

व्यावसायिक संरचना एवं आर्थिक स्वरूप

भारत के अन्य पिछड़े क्षेत्रों की तरह यह जनपद भी मुख्य रूप से कृषि अर्थव्यवस्था वाला अत्यंत पिछड़ा क्षेत्र है। यहाँ कुल कार्यशील जनसंख्या 35.02 प्रतिशत है तथा आज भी 64.98 प्रतिशत जनसंख्या आश्रित जनसंख्या के रूप में है। कुल कार्यशील जनसंख्या 4,51,544 में 93.2 प्रतिशत पूर्णकालिक कर्मकर हैं तो 6.8 प्रतिशत कार्यशील जनसंख्या आज भी सीमांत कर्मकर के रूप में हैं। पूर्णकालिक कर्मकर में कार्यशील जनसंख्या के 65 प्रतिशत कृषक, 21.33 प्रतिशत कृषि श्रमिक 0.44 प्रतिशत पशुपालन, जंगल रोपण, 0.46 प्रतिशत पारिवारिक कार्य, 0.79 प्रतिशत गैर पारिवारिक कर्मकरों के रूप में कार्यरत हैं। यातायात एवं संचार में 0.32 प्रतिशत व्यापार एवं वाणिज्य में 1.61 प्रतिशत, निर्माण कार्य में 0.21 प्रतिशत एवं अन्य कार्यों में 3.04 प्रतिशत अन्य कार्यों में लोग नियोजित हैं। बलरामपुर जनपद में कृषि एवं उद्योग-धंधों का निम्न स्वरूप व्यावसायिक संरचना के अंतर्गत स्पष्ट रूप से दृष्टिगोचर होता है।

कृषि

कार्यशील जनसंख्या का 86.33 प्रतिशत अकेले ही इसी उद्यम में लगा है। 65 प्रतिशत कार्यशील जनसंख्या स्वयं काश्तकार है जबकि 21.33 प्रतिशत कार्यशील जनसंख्या भूमि हीन कृषि श्रमिक हैं। इस जनपद में कुल 2,02,288 हेक्टेयर भूमि पर शुद्ध कृत्रि कार्य होता है, जिसमें से 59,428 हेक्टेयर भूमि सिंचित है। आज भी इस जनपद में कुल क्षेत्रफल का केवल 60 प्रतिशत भू-भाग कृषि के लिए प्रयुक्त होता है जिस पर केवल 30 प्रतिशत भू-भाग को ही सिंचाई की सुविधा सुलभ है। इस जनपद की कृषि में आज भी सामंती प्रवृत्ति दृष्टिगोचर होती है। 1 हेक्टेयर से कम जोतों की संख्या इस जनपद में जहाँ 1,98,732 की संख्या में है, वहीं 1 से 2 हेक्टेयर वाले जोतों की संख्या 33,250; 2 से 3 हेक्टेयर के जोतों की संख्या 13,444; 3 से 5 हेक्टेयर वाले जोतों की संख्या 7,833 तथा 5 हेक्टेयर से अधिक जोतों की संख्या केवल 2,887 है। यहाँ उत्पादित होनेवाली फसलों में—गेहूँ, गन्ना, ज्वार, मक्का, उर्द, मूँग, मसूर, चना, मटर, अरहर, लाही, अलसी, आलू, जूट, सनई, हल्दी, सोयाबीन, मूँगफली एवं रेड़ी प्रमुख हैं। प्रति हेक्टेयर उर्वरक उपयोग 60 किग्रा. है। यह दर्शाने में सक्षम है कि इस जनपद की कृषि आज भी वैज्ञानिक कृषि से दूर कितनी प्रारंभिक अवस्था में है।

उद्योग-धंधे

कच्चे माल के रूप में खनिज संसाधनों का पूर्ण अभाव एवं शक्ति के साधनों की कमी होने के कारण बड़े उद्योग-धंधों का तो आज भी अभाव बना हुआ है। कृषिगत कच्चे पदार्थ पर आधारित दो बड़ी चीनी मिलें, बलरामपुर चीनी मिल तथा तुलसीपुर चीनी मिल यहाँ स्थित हैं। बलरामपुर चीनी मिल की पेराई क्षमता 10,000 टी.सी.डी. तथा तुलसीपुर चीनी मिल की क्षमता 2,500 टी.सी.डी. है, जिसे बढ़ाकर 5,000 टी.सी.डी. करने का प्रयत्न किया जा रहा है। बलरामपुर चीनी मिल ने अपने शीरे के सही उपयोग के लिए एक शराब फैक्टरी (डिस्टिलरी) भी निर्मित कर ली है। कुटीर उद्योग-धंधों के रूप में आटा मिल, दाल मिल, चावल मिल, फर्नीचर उद्योग, साबुन निर्माण, बाँस, बेंत, टाट पट्टी, मोमबत्ती निर्माण, बीड़ी, बेकरी, कृषि यंत्रों की मरम्मत एवं निर्माण, बरतन निर्माण, खादी उत्पादन, प्लास्टिक, स्टेशनरी, खाँड़सारी तथा खिलौनों से संबंधित इकाइयाँ इस जनपद के विभिन्न नगरीय क्षेत्र में स्थापित हैं।

यातायात एवं संचार सुविधा

सड़क यातायात के दृष्टिकोण से जनपद मुख्यालय बलरामपुर सभी चतुर्दिक दिशाओं में अनेकानेक स्थानों से जुड़ा हुआ है। गोंडा, उतरौला, बहराइच, बढ़नी, इटवा, डुमरियागंज, मनकापुर, कोयलाबासा, चौधरीडीह, श्रावस्ती—सभी पक्की सड़कों द्वारा जुड़े हुए हैं। पूरे जनपद में 623.76 किमी. लंबी पक्की सड़क तथा राजकीय एवं प्राइवेट कुल 47 बस स्टेशन व स्टॉप हैं। पूरे जनपद में 269 राजस्व गाँव पक्की सड़क की सुविधा से युक्त हैं।

रेलवे यातायात के दृष्टिकोण से आज भी पूरे जनपद से एक छोटी लाइन गोंडा से गोरखपुर लूप लाइन के रूप में गुजरती है, जिस पर मुख्य व हॉल्ट स्टेशन के रूप में 8 रेलवे स्टेशन एवं दो हॉल्ट स्टेशन हैं। यातायात के दृष्टिकोण से प्रति लाख जनसंख्या पर हरैया सतघरवा ब्लॉक में जहाँ सबसे कम 30.2 किमी. पक्की सड़क है, वहीं बलरामपुर विकास खंड में सबसे अधिक 55.0 किमी. पक्की सड़क की सुलभता है।

संचार सुविधा के अंतर्गत बलरामपुर जनपद मुख्यालय पर मुख्य डाकघर, तार घर, टेलीफोन एक्सचेंज की सुविधा वर्तमान है। संपूर्ण जनपद में 167 डाकघर, 23 तार घर, 31 सार्वजनिक टेलीफोन ऑफिस की सुविधा उपलब्ध है।

मेला एवं उत्सव

जनपद के तीन प्रमुख मेले उत्सवों के रूप में ग्रामीणों के लिए मिलन स्थल, हस्तकला की वस्तुओं के प्राप्ति स्थल तथा धार्मिक आस्थाओं एवं आकांक्षाओं को पूर्ण करनेवाले स्थल के रूप में प्रख्यात हैं। तुलसीपुर का देवीपाटन मेला चैतसुदी एक से नौ तक, उतरौला का दुःखहरननाथ मेला फाल्गुन सुदी तेरस को तथा बिजलीपुर का कार्तिक पूर्णिमा का मेला इस जनपद में एक उत्सव के रूप में ही मनाया जाता है।

तीर्थ एवं पर्यटन स्थल

शक्तिपीठों में सर्वोच्च महत्त्व की शक्तिपीठ तुलसीपुर मुख्यालय पर देवीपाटन के रूप में स्थित है। पट सहित देवी का वाम स्कन्द जहाँ गिरा था, वहीं निर्मित शक्तिपीठ हिंदू तीर्थ स्थल के रूप में आज जनपद में ही नहीं, पूरे भारतवर्ष में सर्वाधिक महत्त्वपूर्ण स्थान प्राप्त किए हुए हैं। यहाँ चैत्र के नवरात्र में हर वर्ष भारी मेला लगता है। दूसरा तीर्थ स्थल बिजलेश्वरी देवी का मन्दिर है, जो धार्मिक दृष्टिकोण से असाधारण तो है ही, साथ ही यह मन्दिर शिल्पकला के दृष्टिकोण से भी अनूठा है।

पर्यटन के दृष्टिकोण से यह जनपद आज से नहीं बल्कि अनेक शताब्दियों से पर्यटन व्यवसाय के लिए यह उपयुक्त स्थल के रूप में रहा है। बौद्ध तीर्थ स्थल श्रावस्ती के लिए जापान, चीन, फिलीपींस, इंडोनेशिया, मलेशिया, वियतनाम, कंपूचिया, म्यांमार, श्रीलंका से आनेवाले विदेशी पर्यटक यहाँ होकर ही वहाँ जाते हैं।

जनपद का सीमावर्ती उत्तरांचल क्षेत्र सुरम्य वन की छटाओं के लिए अत्यधिक प्रसिद्ध है। इसी क्षेत्र में वनकटवा वन्य पशु विहार 1960 ई. में 113 वर्ग किमी. क्षेत्र में गंधैला नाले से ककरहा नाले तक फैला हुआ है। वसंत ऋतु में शीशम के कोमल पत्ते, कचनार के रक्ताभ पुष्प, सेमल के लाल प्रसून तथा पहाड़ी नालों के निर्मल जल और उसके बीच विहार करते तेंदुआ, चीतल, साँभर, भालू, नीलगाय, लोमड़ी, बंदर, सूअर, जंगली मुरगे, तीतर, बटेर, हरियल, धनेश, मोर, बाज, नीलकंठ, तोता, कोबरा, अजगर किसी भी पर्यटक के मन को बरबस आकर्षित कर लेते हैं।[1]

---

1. सार संकलन बलरामपुर (वर्ष 2020 में प्रकाशित) में डॉ. घनश्याम पाठक के लेख से साभार।

जिले का क्षेत्रफल 3,36,917 हेक्टेयर (3,349 वर्ग किमी.) है, जिसमें कृषि सिंचित क्षेत्र 2,21,432 ही है।

थानों की संख्या	14
तहसीलों की संख्या	3
ग्राम पंचायतों की संख्या	801
नगरपालिकाओं की संख्या	3
गाँवों की संख्या	1,017
ब्लॉकों की संख्या	9

तहसील

क्रम सं.	तहसील का नाम	गाँवों की संख्या
1.	बलरामपुर	267
2.	तुलसीपुर	387
3.	उतरौला	363

उप खंड और ब्लॉक

क्रम सं.	ब्लॉक
1.	हरैया सतघरवा
2.	बलरामपुर
3.	तुलसीपुर
4.	गैंड़ा
5.	पचपेड़वा
6.	श्रीदत्तगंज
7.	उतरौला
8.	गैंड़ास बुजुर्ग
9.	रेहरा बाजार

गाँव और पंचायत

क्रम सं.	ब्लॉक	गाँवों की संख्या	पंचायतों की संख्या
1.	हरैया सतघरवा	132	110
2.	बलरामपुर	134	116
3.	तुलसीपुर	107	101
4.	गैंसड़ी	114	65
5.	पचपेड़वा	143	115
6.	श्रीदत्तगंज	58	42
7.	उतरौला	136	101
8.	गैंड़ास बुजुर्ग	95	70
9.	रेहरा बाजार	96	81

निर्वाचन क्षेत्र

क्रम सं.	निर्वाचन क्षेत्र कोड	निर्वाचन क्षेत्र का नाम	निर्वाचन क्षेत्र का प्रकार
1.	291	तुलसीपुर	विधान सभा
2.	292	गैंसड़ी	विधान सभा
3.	293	उतरौला	विधान सभा
4.	294	बलरामपुर	(सुरक्षित) विधान सभा

बलरामपुर की स्थापना का समग्र इतिहास

प्राचीन युग का इतिहास : प्राचीन काल में श्रावस्ती कोसल की राजधानी थी। प्राचीन श्रावस्ती के खँडहर 400 एकड़ के क्षेत्र में फैले हुए हैं। यहाँ पर कई सारे बुद्ध से जुड़े हुए मंदिर हैं, जिनको 'स्तूप' कहा जाता है। यहीं पर एक पीपल का प्राचीन वृक्ष है, जिसके नीचे बैठकर बुद्ध को ज्ञान प्राप्त हुआ था और इसी का नाम बोधिवृक्ष पड़ा। जेतवन मठ, देश के सबसे पुराने मठों में से एक गौतम बुद्ध के पसंदीदा स्थलों में से एक कहा जाता है। इसमें 12वीं शताब्दी के शिलालेख हैं। पास में ही पीपल का एक पवित्र वृक्ष भी है। यह कहा जाता है कि पेड़ बोध गया में मूल बोधिवृक्ष के पौधे से

उगाया गया था। गौतम बुद्ध ने 21 साल पीपल के पेड़ के नीचे बिताए। अंगुलिमाल की कहानी तो हम सभी ने पढ़ी है, बलरामपुर के इतिहास में इसका महत्त्वपूर्ण स्थान है क्योंकि यह घटना श्रावस्ती के घने जंगलों में ही हुई थी। शहर में धार्मिक महत्त्व का एक अन्य स्थल श्रावस्ती है। कहा जाता है कि जैन धर्म के 24वें तीर्थंकर महावीर जैन ने इस स्थान को प्रभावित किया था।

मध्यकालीन युग का इतिहास : मध्यकालीन युग में बलरामपुर जिला मुगल शासन के दौरान बहराइच का एक हिस्सा था। बाद में, यह ब्रिटिश सरकार द्वारा फरवरी, 1856 में अवध के शासक के नियंत्रण में आ गया। ब्रिटिश सरकार ने गोंडा को बहराइच से अलग कर दिया और गोंडा में मुख्यालय के साथ इस क्षेत्र के प्रशासन के लिए एक कमीशन का गठन किया गया था। इस अवधि के दौरान बलरामपुर गोंडा जिले का जनपद था, जिसमें 3 तहसीलें—गोंडा सदर, तरबगंज और उतरौला शामिल थे। 1 जुलाई, 1953 को उतरौला की तहसील को दो तहसीलों, बलरामपुर और उतरौला में विभाजित किया गया। 1987 में गोंडा सदर तहसील, तुलसीपुर, मनकापुर और कर्नलगंज में तीन नई तहसीलें बनाई गईं। बाद में 1997 में गोंडा जिले को दो भागों में विभाजित किया गया और एक नए जिले के रूप में बलरामपुर का जन्म हुआ, जो तत्कालीन गोंडा जिले, बलरामपुर, उतरौला और तुलसीपुर के उत्तरी भाग की तीन तहसीलों से मिलकर बना था।

बलरामपुर की स्थापना और नामकरण

पावागढ़ (गुजरात) के चंद्रवंशी (तोमर) शासक मनसुख देव की छह संतानों में सबसे छोटे बरियार शाह थे। सत्ता के संघर्ष के सिलसिले में पावागढ़ के राजकुमार बरियार शाह 1260 ई. में कैद कर लिए गए। इनके विरुद्ध कुछ अमीरों, सूबेदारों का आरोप था कि ये 'मेव' लोगों के हमदर्द और सहयोगी हैं। मेव लोग पावागढ़ और दिल्ली के मध्यवर्ती क्षेत्र में आबाद थे तथा दिल्ली के सुलतानों के विरुद्ध मेवाती संघर्षरत थे। सन् 1266-67 ई. में नासिरुद्दीन महमूद की मृत्यु के पश्चात् जब बलबन सुलतान बना तो उसने बहराइच के तत्कालीन सूबेदार मलिक ताजुद्दीन गोरी की सिफारिश पर बरियार शाह को रिहा करके बहराइच में लूटपाट द्वारा आतंक मचानेवाले कबीलों का दमन करने का दुष्कर कार्य सौंपा। सुलतान बनने के पूर्व नायब बलबन (उलूक खाँ) बहराइच क्षेत्र में उत्पातियों का दमन करने के उद्देश्य से दो बार, पहले 8 जनवरी, 1257 ई. को

तत्पश्चात् अप्रैल 1257 ई. में अभियान पर जा चुका था, किंतु उसे असफलता ही हाथ लगी थी। अत: उसने यह चुनौतीभरा कार्य बरियार शाह को सौंपा। तदनुसार सुलतान गयासुद्दीन बलबन से आज्ञा-पत्र प्राप्त कर राजा बरियार शाह ने बंजारों का दमन किया एवं शांति स्थापित करने के बाद उनकी इस सफलता पर प्रसन्न होकर सुलतान ने उन्हें फरमान द्वारा राजा की उपाधि तथा यह इलाका प्रदान किया। इस प्रकार संवत् 1325 विक्रमी अर्थात् 1268 ई. में गुजरात के जनवाड़ा (अर्जुनायनो का अपभ्रंश-अर्जुनवाड़ा-जनवाड़ा) क्षेत्र से आए राजपूत बरियार शाह द्वारा इकौना में राज्य स्थापित किया गया। जनवाड़ा से आने के कारण यह वंश जनवार वंश कहलाया। इकौना में अपनी राजधानी स्थापित करने से पूर्व बरियार शाह धरसवाँ ग्राम में सबसे पहले आकर आबाद हुए थे जो बहराइच-बलरामपुर मार्ग पर स्थित है।

इकौना में (जिसका प्राचीन नाम खानपुर महादेव था) बरियार शाह दुर्ग बनाकर राज प्रबंध करने लगे। उन्होंने 1269 से 1305 ई. तक राज किया उसके पश्चात् उनके पुत्र-पौत्रों ने राज किया।

राजा बरियार शाह की छठी पीढ़ी में राजा गंगा सिंह (1404-1439) हुए। राजा गंगा सिंह को लोग 'गंगा बाबा' कहकर पुकारने लगे। कालांतर में अपभ्रंश होकर वे 'गंजे बाबा' के नाम से प्रसिद्ध हुए। उनकी मृत्यु हो जाने पर उनके ज्येष्ठ पुत्र राजा माधव सिंह (1339-1480) गद्दी पर बैठे। इनके समय में इकौना राज की पूर्वी सीमा पर स्थित रामगढ़ गौरी परगने के तत्कालीन भू-स्वामी खेमू चौधरी का वर्चस्व था। यह अपनी चौधर इकौना राज में जमा करते थे।

विगत कई वर्षों से चौधर (कर) अदा न करने के कारण इकौना के राजा माधव सिंह ने खेमू चौधरी पर चढ़ाई कर दी। खेमू चौधरी की सहायतार्थ बल्लभ बढ़ई भी आ गया। खेमू चौधरी और बल्लभ बढ़ई से हुए संघर्ष में इन्हीं माधव सिंह के द्वितीय पुत्र बलराम शाह अल्पायु में ही मारे गए थे। राजा माधव सिंह ने काफी संघर्ष के बाद बल्लभ बढ़ई को पराजित करके उनका राज्य अपने अधीन कर लिया। वर्तमान खंमौआ ग्राम में खेमू चौधरी की गढ़ी के ध्वंसावशेष अब तक विद्यमान हैं। राजा माधव सिंह अपने इस विजित प्रदेश में शासन व्यवस्था सुदृढ़ करने के उद्देश्य से अपने छोटे भाई गणेश सिंह को इकौना राज का प्रबंध सौंपकर स्वयं रामगढ़ गौरी आ बसे। इन्होंने 1439 से 1480 ई. तक रामगढ़ गौरी पर शासन किया। राजा माधव सिंह ने अपने स्वर्गीय पुत्र बलराम शाह की स्मृति को चिरस्थायी बनाए रखने के लिए उनके नाम पर बलरामपुर नगर की स्थापना की। तब से रामगढ़ गौरी के स्थान पर बलरामपुर ही जनवार वंश के

राज्य का प्रभावशाली राजनीतिक केंद्र बन गया। कालांतर में रामगढ़ गौरी के स्थान पर बलरामपुर नाम प्रसिद्ध हुआ।[1]

बलरामपुर को जनपद का दर्जा मिलना

बलरामपुर जनपद प्रदेश के नए जिलों में से एक जरूर है, लेकिन इतिहास गवाह है कि इस सरजमीं की पहचान आजादी के पहले से ही किसी-न-किसी रूप में जरूर रही है चाहे स्वतंत्रता संघर्ष की कठिन परीक्षा हो या फिर आज के राजनैतिक परिवेश में देश की बागडोर का सवाल ही क्यों में न हो। आज भी बलरामपुर की धरती को इस बात पर गर्व है कि उसने लोगों को मीठी शक्कर खिलाने के साथ-ही-साथ देश की पहली बागडोर एक ऐसे व्यक्ति के हाथों में दी है, जिसने अपनी राजनीति का पहला सफर इसी सरजमीं से शुरू कर, सांसद की पटिका में अपना नाम दर्ज कराया था। आज इस धरती को इस बात पर गर्व है कि नानाजी देशमुख से लेकर भारत की बागडोर सँभालनेवाले अटल बिहारी वाजपेयी भी इस बलरामपुर की सरजमीं व लोगों की मुहब्बत के कारण ही पहली बार सांसद के रूप में चुने गए थे।

नेहरू जी का वादा : बलरामपुर कभी पड़ोसी जनपद 'गोंडा' का एक महत्त्वपूर्ण अंग रहा और इसी कारण गोंडा जनपद की शोभा बढ़ाने में बलरामपुर तहसील की अपनी अलग एक पहचान थी। बलरामपुर को जिले का दर्जा काफी दिनों के बाद मिलना उसके विकास का सबसे बड़ा रोड़ा ही कहा जा सकता है। सन् 1962 में भारत के प्रथम प्रधानमंत्री स्वर्गीय पंडित जवाहरलाल नेहरू जब बलरामपुर आए तो राप्ती अंचल के इस क्षेत्र में बसनेवाली जनता, जिनके चारों ओर अभाव का जीवन था, सिंचाई के साधन न थे, बेकार हाथों को काम देने के लिए कल-कारखाने नहीं, पीने के लिए पानी नहीं, चिकित्सा की बेहतर सुविधा नहीं, रेल की बड़ी लाइन नहीं, टीवी का टावर नहीं, सड़कें नहीं, गरज यह कि कुछ भी नहीं। विकास की प्रथम किरण की बाट जोह रहे नागरिकों ने नेहरू जी से बलरामपुर को जिले का दर्जा देने की माँग की। जनता की माँग न्यायोचित थी, अत: नेहरू जी ने यहाँ के नागरिकों को ठोस आश्वासन दिया कि इस क्षेत्र के सर्वांगीण विकास हेतु बलरामपुर को जिला बना दिया जाएगा। उन्होंने बलरामपुर को जिला बनाने का आदेश उत्तर प्रदेश के तत्कालीन मुख्यमंत्री चंद्रभान गुप्ता को दिया था।

---

1. सार संकलन बलरामपुर (वर्ष 2020 में प्रकाशित) से साभार।

बलरामपुर क्षेत्र के निवासियों का यह दुर्भाग्य रहा है कि उन्हीं दिनों भारत-चीन युद्ध शुरू हो गया, जिसके कारण श्री गुप्त जी ने 'बलरामपुर जिला बनाओ' पत्रक पर wait for better time. लिखकर फाइल को बाद में प्रस्तुत करने हेतु कहा। क्षेत्रीय जनता के लिए युद्धकाल उतना दुर्भाग्यशाली नहीं रहा जितना कि उसके बाद के वर्ष, जिसमें वह better time न आ सका।

सिटी पैलेस बलरामपुर

नेहरू जी के एक वादे के सहारे किसी क्षेत्र की जनता का इतना लंबा इंतजार भी अपने आप में एक मिसाल है। क्षेत्रीय जनता ने समय गुजरते देख अपनी चुप्पी भी तोड़ी। 1962 से 1987 तक देश के राष्ट्रीय स्तर के नेताओं ने बलरामपुर को जिला बनाने के लिए गम्भीरता से नहीं लिया। नारे-प्रदर्शन, जुलूस-घेराव—वही सब नहीं किया बल्कि प्रत्येक चुनाव में प्रत्याशियों के सामने अपनी माँग रखी, किंतु यहाँ से जीतकर लोक सभा/विधानसभा में पहुँचनेवाले प्रतिनिधि जनता को मात्र आश्वासन ही देते रहे।

मौन की भी एक सीमा होती है। नागरिकों की चुप्पी और धैर्य का बाँध आखिर कब तक बँधा रहता? एक आस और विश्वास था कि कोई तो नेहरू जी के वादे की लाज रखेगा। इसी विश्वास के बल पर क्षेत्रीय प्रतिनिधियों ने राप्ती अंचल के क्षेत्र की जनता को एकत्रित कर 'बलरामपुर जिला बनाओ संघर्ष समिति' का गठन किया और इस समिति के आवाहन पर जुलाई 1987 से संघर्ष जारी कर दिया। अभाव के अंधकार को दूर भगाने के लिए जनता ने विकास ज्योति प्रज्वलित की जो एक विशाल मशाल जुलूस का रूप धारण कर गई। इस विशाल मशाल जुलूस ने पहली बार बलरामपुर की गलियों-सड़कों में घूम-घूम कर एक संदेश दिया कि जागो और संघर्ष करो। संघर्ष की इस डगर पर सबसे पहला कदम बढ़ाया और एक वक्त की रोटी के लिए सुबह से रात तक सरदी, गरमी, बरसात, तेज धूप झेलते हुए लड़ते रहनेवाले मजदूर ने जिसके रिक्शे की पैडल पर उसका सारा विकास घूमता है। जिस दिन पैडल पर पाँव नहीं, उस दिन रोटी नहीं। बलरामपुर की सड़कों पर निकली आवाज में आवाज मिलाते—'जागो, संघर्ष करो।'

संघर्ष समिति ने जनता में एक नई स्फूर्ति जगाई। स्थान-स्थान पर प्रतिदिन नुक्कड़ सभाएँ होने लगीं। अगस्त 1987 को एक नया इतिहास बना। 'बलरामपुर जिला बनाओ संघर्ष समिति' के आवाहन पर अभूतपूर्व बंद हुआ। 30 अगस्त, 1987 को बुद्धिजीवियों का एक सम्मेलन हुआ, जिसमें क्षेत्र के डॉक्टर, अध्यापक, इंजीनियर, वकील, कवि, शायर,

लेखकों के अतिरिक्त लायंस क्लब, रोटरी क्लब सभी ने मिलकर अपने-अपने मूल्यवान विचारों से संघर्ष समिति के साथ चलने का समर्थन किया।

जनता के दृढ़ विश्वास को देखते हुए तत्कालीन मुख्यमंत्री, उत्तर प्रदेश वीर बहादुर सिंह को श्रावस्ती के नाम से जनपद बनाने हेतु जिलाधिकारी गोंडा तथा राजस्व परिषद् से आज्ञा माँगनी पड़ी। क्षेत्रीय जनता को एक बार फिर झटका लगा। उत्तर प्रदेश के 55 जिलों में सूखा पड़ जाने के कारण उपरोक्त दोनों अधिकारियों को रिपोर्ट भेजने में काफी विलंब हो गया।

संघर्ष समिति के सदस्यों ने हार नहीं मानी। तराई क्षेत्र के सर्वांगीण विकास को लक्ष्य में रखकर उनके नेतृत्व में चल रहे आंदोलन में नागरिक सेल, अधिवक्ता संघ, छात्र संगठन से लेकर इक्का, रिक्शा, यूनियन एवं आम नागरिक इस माँग को लेकर एक मंच पर आ गए और रेल रोको, बस का चक्का जाम, तुलसीपुर, बलरामपुर, उतरौला, पचपेड़वा, महाराजगंज तराई आदि बंद करके आंदोलन की गति बनाए रखी। उनका 'जेल भरो आंदोलन' भी सफल रहा। संघर्ष समिति का प्रतिनिधि मंडल मुख्यमंत्रियों से मिलता रहा और वे उनके आश्वासनों को अपने ठंडे बस्ते में डालते रहे।

संघर्ष समिति द्वारा सैकड़ों नुक्कड़ सभाएँ तथा बैठकें की गईं। 'जिला बनाओ संघर्ष समिति' द्वारा चुनाव के दौरान स्पष्ट घोषणा थी कि हम ट्रांस राप्ती एवं पूर्वी तथा उत्तरी क्षेत्र से प्रदेश तथा केंद्र को जानेवाले कच्चे माल पत्थर, इमारती लकड़ी, रेत, वन औषधि, खास किस्म की घास 'बनकस' तथा काला नमक, चावल इत्यादि

को यहाँ से जाने नहीं देंगे यदि प्रदेश सरकार तथा शासन / प्रशासन ने इसे गम्भीरता से नहीं लिया। 'जिला बनाओ संघर्ष समिति' का वह अंतिम दिन था जब मई, 1997 को बसपा-भाजपा की साझा सरकार की मुख्यमंत्री माननीया मायावती ने बलरामपुर को जिला घोषित कर दिया।

हिमालय की तलहटी में बसे होने के कारण यहाँ के लोगों में शिक्षा की कमी के कारण उनके व्यक्तित्व का विकास भी काफी कम हुआ है, जिसका फायदा उठाकर यहाँ के सामंतों ने उनका सिर्फ शोषण ही किया, लेकिन आज इस बात को कहने में कोई हर्ज नहीं कि बिना किसी राजनैतिक दबाव के प्रशासनिक लाभ इस क्षेत्र के दबे-कुचले, कमजोर वर्ग तक पहुँच रहा है या यूँ कहें, ऐसे लोगों में इस बात की चेतना जाग चुकी है कि प्रशासन के दरवाजे तक बेख़ौफ़ दस्तक दी जा सकती है।

बलरामपुर जिले की स्थापना

25 मई, 1997 को जिला गोंडा और सिद्धार्थ नगर से पृथक् करके बलरामपुर जनपद का गठन किया गया। इसके पहले यह गोंडा जिले की उतरौला तहसील का भाग था और यह 1953 से लेकर 1987 तक रहा। इसके बाद बलरामपुर को एक स्वतंत्र तहसील की मान्यता मिली जो कि 1997 तक रही। इसके बाद बलरामपुर एक जिला बन गया।

बलरामपुर की सांस्कृतिक चेतना

आज का बलरामपुर जनपद 21 मई, 1997 ई. तक गोंडा जनपद का एक भाग था। तत्कालीन मुख्यमंत्री सुश्री मायावती ने गोंडा जनपद से उतरौला, बलरामपुर और तुलसीपुर तहसील को काटकर 'बलरामपुर' नाम से एक नया जनपद बनाया था। वर्तमान बलरामपुर जनपद हिमालय की तराई में स्थित है। इसके पूर्व में सिद्धार्थ नगर, पश्चिम में श्रावस्ती और दक्षिण में गोंडा जनपद की सीमाएँ हैं। यह भूमि प्रागैतिहासिक काल से ही ऋषियों तपस्वियों की साधना-भूमि रही, अत: सनातन काल से यह क्षेत्र वैदिक या आर्य संस्कृति का गढ़ रहा। आज भी इसकी सांस्कृतिक चेतना का स्वरूप सामान्यत: वही है जो शेष उत्तर भारत का है, परंतु अवध क्षेत्र की अपनी विशिष्टताओं और कतिपय भौगोलिक भिन्नताओं के कारण स्थानीय देवी-देवताओं की पूजा-उपासना के साथ इसकी अपनी एक पृथक् पहचान अवश्य है। वैदिकों, बौद्धों, राजपूतों और मुसलमानों के मूल्य

व मान्यताओं को समाहित किए हुए अन्य क्षेत्रों के समान बलरामपुर क्षेत्र भी राजनीतिक परिवर्तन के साथ अपनी सांस्कृतिक यात्रा के डग आगे बढ़ाता रहा। संस्कृति किसी जाति, धर्म या देश-प्रांत की नहीं होती। वह मानव मात्र की होती है, इसलिए मानवीय संस्कृति में अलग-अलग जातियों एवं क्षेत्रों का जो अपना योगदान होता है, वही उसकी अपनी सांस्कृतिक उपलब्धि है। संपूर्ण देश की सांस्कृतिक यात्रा के समान बलरामपुर की संस्कृति के विकास के भी दो चरण हैं—

(क) प्रागैतिहासिक वेद, रामायण और महाभारत कालीन संस्कृति।

(ख) इतिहासबद्ध बौद्ध युग और उसके बाद की संस्कृति।

प्रागैतिहासिक संस्कृति : इतिहास चेतना के विचार से बलरामपुर क्षेत्र की प्रागैतिहासिक संस्कृति अन्धकार युगीन संस्कृति है। इसके अंतर्गत वैदिक, रामायणकालीन तथा महाभारतकालीन सांस्कृतिक स्वरूप की चर्चा की जा सकती है। पुराण तथा अन्य ग्रंथों में सुलभ टिप्पणियों की मनमानी व्याख्या करके कुछ लोगों ने बलरामपुर और गोंडा के क्षेत्र की संस्कृति पर मौलिक वक्तव्य देने के लालच में तमाम अमौलिक कल्पनाएँ कर डाली हैं। इंडियन हिस्टॉरिकल क्वार्टर्ली, प्रपंचसूदनी टीका लाला सीताराम का अयोध्या इतिहास, स्कन्द पुराण आदि के मिथकीय उल्लेखों को इसी प्रकार तोड़-मरोड़ कर कई एक बार लोगों ने अप्रामाणिक बातें कह डाली हैं।

यह अकाट्य ही है कि नदी तटीय वनाश्रमी वैदिक ऋषियों की तपोभूमि, सांस्कृतिक परंपरा से ऋद्ध समृद्ध, इक्ष्वाकुवंशी राजाओं की राजधानी अयोध्या का अभिन्न भाग और 'महाभारत' के अखंड तांडव से पूरी तरह प्रभावी रहने के कारण, प्राक्तन उत्तर कोसल और गोनर्द क्षेत्र का यह भाग वैदिक, रामायणकालीन और महाभारतयुगीन संस्कृति का केंद्र रहा, किंतु उस समय की सांस्कृतिक रूप-रेखा को सप्रमाण प्रस्तुत करने के पुष्ट आधार कहाँ मिल रहे हैं। जो कुछ हैं, मात्र अनुमानाश्रित ही हैं।

बौद्ध संस्कृति : इतिहास के पृष्ठों में यहाँ की जो चर्चाएँ मिलती हैं, उनकी शुरुआत बौद्ध युग से होती है। इस क्षेत्र की सुख्याति प्राचीन नगरी श्रावस्ती रघुवंशी राजाओं की राजधानी रही। लव के समय से ही इसकी यशपूत परंपरा शुरू हो जाती है। उसके बहुत दिन बाद प्रसेनजित नाम के रघुवंशी राजा श्रावस्ती की गद्‌दी पर बैठे जो भगवान बुद्ध के समकालीन थे। उनके कुमार जेत ने नगर के श्रेष्ठी देव दत्त अनाथ पिंडक का सहयोग लेकर यहाँ एक सुरम्य जेतवन विहार बनवाया और भगवान बुद्ध को आमंत्रित करके उनके वर्षाकालीन आवास के रूप में उन्हें समर्पित कर दिया। भगवान गौतम ने यहाँ चौबीस चतुर्मास बिताए। उनके श्रावस्ती प्रवास के समय तमाम भिक्षु-भिक्षुणियाँ यहाँ उनके

उपदेश सुनती रहीं। उस समय इस वैदिक संस्कृति वाले भू-भाग में श्रमण संस्कृति का बहुत व्यापक प्रसार-प्रचार हुआ, राजा प्रसेनजित ने भी बौद्ध धर्म में दीक्षा ली, राज धर्म का प्रजा में भी खूब फैलाव हुआ। इस प्रकार श्रावस्ती के संघाराम—सत्संग भवन वैदिक धर्म की विसंवादी संस्कृति के केंद्र बन गए, किंतु बलवान काल ने करवट ली। कुंचित केश एवं चीवरधारी भिक्षु-भिक्षुणियों से भरे जो संघाराम इंद्रिय निग्रह और काम विजय का डंका पीट रहे थे, कालांतर में उन्हीं तरुण भिक्षु-भिक्षुणियों के संघारामों से सिद्ध चार, वामा चार, कुमारी साधना के स्रोत फूटे और क्षमा-याचना के साथ यह कहना पड़ रहा है कि श्रमणों की जो जमात लोक मांगलिक बुद्ध-उपदेशों की प्रचारक थी, उससे कामाचार के दौर शुरू हुए। निदान, बौद्ध धर्म यहाँ से सरककर चीन-जापान देश की ओर चला गया। उसके पलायन का कारण आचार्य शंकर एवं कुमारिल द्वारा किया गया वैदिक या ब्राह्मण धर्म का पुनर्जागरण भी बना, पर बौद्ध धर्म के ह्रास का मूल कारण उसके अपने साधकों की अवांछित आचार पद्धति ही रही।

जैन संस्कृति : वैदिक या ब्राह्मण धर्म की एक प्रतिगामी संस्कृति इस क्षेत्र में उस समय जैनियों की श्रावक संस्कृति थी जो बौद्ध और जैन, दोनों ही संस्कृतियाँ वैदिक संस्कृति की प्रतिगामी रहीं। जैनियों के एक तीर्थंकर भगवान संभव नाथ की तो जन्मभूमि ही श्रावस्ती थी। इसलिए इस क्षेत्र में जैन धर्म का भी खूब प्रचार हुआ और यह क्षेत्र श्रावक संस्कृति से प्रभावित हुआ। सहेट-महेट एवं अयोध्या में बने जैन मन्दिर उसी परंपरा की यादगार हैं, पर ब्राह्मण धर्म के पुनर्जागरण के ज्वार में बौद्ध धर्म के ही समान जैन धर्म का भी प्रभाव यहाँ से घटता गया और प्रारंभ कालीन वह श्रावक संस्कृति विलुप्त हो गई। आज बलरामपुर, तुलसीपुर आदि नगरों में जो भी जैन मतावलंबी मिलते हैं, वे बहुत बाद में राजस्थान आदि क्षेत्रों से व्यापारी के रूप में यहाँ आए और बस गए। इन लोगों के प्रयास से श्रावस्ती में नए जैन मन्दिरों का निर्माण हुआ, पुराणों का उद्धार कराया गया। जो भी हो, इन जैनियों ने इस क्षेत्र की सामाजिकता को अपने शालीन व्यवहार से प्रभावित तो किया ही—धर्म प्रसार की दृष्टि से नहीं, आपसी व्यवहार के विचार से।

इसलाम संस्कृति : मध्यकाल या राजपूत काल में ही एक नई संस्कृति इसलाम का पैगाम लेकर इस देश में पश्चिम से घुसी और समानता, भाईचारे, मुहब्बत आदि गुणों के कारण उसका प्रचार-प्रसार इस पूर्वोत्तर हिमालय क्षेत्र में भी हुआ। अवध का कौशल प्रांत उसके संसर्ग में आया। बलरामपुर क्षेत्र में सैयद सालार मसूद गाजी के आगमन से दसवीं-ग्यारहवीं सदी से इस नई संस्कृति का संचरण शुरू हुआ और मुगल काल तक आते-आते यहाँ शिया-सुन्नी, संप्रदाय के मुसलमानों की सामाजिकता स्थापित होने लगी।

आज बलरामपुर क्षेत्र के अंतर्गत उतरौला, बलरामपुर के नगर-ग्राम क्षेत्र में काफी तादाद में शिया संप्रदाय के मुसलमान निवास करते हैं। सुन्नियों का तो यह गढ़ ही है। इसलाम के इन बंदों ने हिंदू भाइयों के साथ पूरी आत्मीयता का संबंध कायम किया। हिंदू-मुसलमान सांस्कृतिक दृष्टि से घुले-मिले, परस्पर प्रभावित हुए। ईद, मुहर्रम, होली, दीवाली के त्योहारों पर ही नहीं, शादी-विवाह और अन्य सार्वजनिक अवसरों पर इनमें एकता एवं मैत्री का भाव प्रगाढ़ हुआ। राष्ट्रीय आंदोलन में तो इसलाम के पुजारी हिंदुओं से भी आगे रहे। बलरामपुर कांग्रेस की स्थापना करनेवाले मौलवी अहमद जम खाँ इसलाम के ही बंदे थे, पर उन्होंने अपने को भारत माता का सच्चा बंदा सिद्ध किया। आज इस क्षेत्र में इसलामी संस्कृति के कई संप्रदाय—शिया, सुन्नी, वहाबी, देवबंदी, बरेलवी हमारे सार्वजनिक जीवन को संपादित कर रहे हैं। 'मथुरा बाजार की दरगाह, बलरामपुर नगर में रहमतुल्ला बाबा की मजार' और कस्बों-शहरों तथा गाँवों में तामीर मसजिदों, मकतबों के माध्यम से बलरामपुर क्षेत्र की इसलामी संस्कृति हिंदू संस्कृति से कदम से कदम मिलाकर चलती हुई दोनों बड़े धार्मिक वर्गों से समन्वय स्थापित किए हुए है।

आधुनिक या जनतंत्रीकरण संस्कृति : बलरामपुर, तुलसीपुर और उतरौला की तीन तहसीलों और नौ विकास खंडों में निवास करनेवाली बलरामपुर की कोटि-कोटि जनता की मूल संस्कृति आज भारतीय है। 1947 ई. के स्वाधीनता दिवस से विभिन्न धर्म, संप्रदाय, मजहब के लोगों का बोध क्रमशः जनतंत्रीय होना शुरू हो गया था और आज बहुत कुछ वही जनतंत्रीय संस्कृति देश के अन्य भागों के समान बलरामपुर की भी मूल सांस्कृतिक धारा है। यह क्षेत्र हिंदू, मुसलिम, बौद्ध, जैन आदि धर्मों के समभाव वाली सांस्कृतिक, चेतना से अभिमंडित है। एकाध कट्टरतावादियों को बिसारकर देखा जाए तो बलरामपुर क्षेत्र पूरी तरह भारतीय संस्कृति का प्रतिनिधित्व कर रहा है। बलरामपुर की संस्कृति का मुख्य स्वर हिंदू-मुसलिम संस्कृति का गंगा-जमुनी रूप है, जिसका गान यहाँ के राजनेता, कवि, विचारक, साहित्यकार—सभी कर रहे हैं। शिया-सुन्नी, वहाबी, देवबंदी, बरेलवी यदि मुसलमानी जमात के उप घटक हैं तो शैव, शाक्त, वैष्णव, स्मार्ट आर्य समाजी आदि हिंदू समाज के उप घटक हैं, पर दोनों के सभी भेदों के ऊपर अभेद पूरी तरह कायम हैं—राष्ट्रीय एवं सामाजिक सार्वजनिकता की भूमि पर। मुसलमानों में प्रधानता यदि सुन्नियों की है तो हिंदुओं में प्रमुख एवं प्रधान धारा सनातनियों या वैष्णवों की है, जिनकी उपासना पद्धति पंचदेवोपासना पर अवलंबित है। शिव, गणेश, राम, कृष्ण आदि देवताओं के मूर्तिपूजक हिंदुओं की ही इस क्षेत्र में प्रमुखता है। आर्य समाजी संस्कृति माननेवाले लोग एक तो बहुत कम हैं और जो हैं भी, वे और उनका परिवार जीवन के

व्यावहारिक धरातल पर सनातन धर्मों-संस्कारों को पूरी तरह छोड़ नहीं पाया है। आज नई वैज्ञानिक एवं औद्योगिक क्रांति ने धर्म-संप्रदाय का बंधन इतना ढीला जरूर कर दिया है कि ऊपर-ऊपर से शंकर और तुलसी के वर्णाश्रम को माननेवाला सामान्य हिंदू समाज अंदर-अंदर कबीरपंथी होता चला जा रहा है। वैसे हिंदू धर्म एवं साधना संस्कृति की दृष्टि से बलरामपुर जनपद एक जीवित, जाग्रत एवं समृद्ध क्षेत्र है। नेपाल की तराई की जंगली पट्टी में थारू नामक जनजाति निवास करती है। ये संस्कार से हिंदू हैं, पर अर्भ अर्द्धसभ्य हैं। जागरूक एवं पूर्ण सभ्य हिंदुओं की अपेक्षा इनमें नशाखोरी, बाल विवाह, धार्मिक अन्धविश्वास, बलि प्रथा की कुप्रवृत्तियाँ अभी ज्यादा हैं। सामाजिक बुराइयों के विचार से अधिक वैज्ञानिक संस्कृति आर्य समाजी संवर्ग की है। जो भी हो, यहाँ की हिंदू संस्कृति संपूर्ण उत्तर भारत में पाई जानेवाली संस्कृति परंपरा का परिमार्जित एवं समय सिद्ध रूप होने की ओर अग्रसर है। राजनीतिक जागरण की अवधारणा ने और पश्चिमी प्रभाव की चकाचौंध ने इस क्षेत्र को कम प्रभावित नहीं किया है। इस क्षेत्र की संस्कृति का संशोधन करने में बलरामपुर के एमएलकेपीजी कॉलेज का विशेष प्रभाव रहा जिसने शैक्षिक जागृति देकर नवयुवकों एवं नवयुवतियों को नई रोशनी की ओर खींचा। अन्य शिक्षा संस्थाओं का भी योगदान कम नहीं है। चिर ग्वार इस इलाके के हिंदू और परदा प्रथा की मारी मुसलिम परिवार की लड़कियाँ भी अब शिक्षा द्वारा आगे आ रही हैं।

हिंदू संस्कृति के कुछ नए आंदोलन : पंचदेवोपासना, आर्य समाज और सनातन धर्म की पुरानी सांस्कृतिक परंपराओं वाली हिंदू संस्कृति में इधर कुछ नई उपासना पद्धतियों का दाखिला हुआ है। तुलसीपुर में आर्य समाज की स्थापना का श्रेय प्रसिद्ध समाजसेवी स्व. मदन गोपाल बख्शी जी को जाता है बाद में नगर के एक व्यवसायी स्व. ज्ञानेंद्र आर्य और इनके साथियों ने उनकी परंपरा को जीवित रखा। हिंदुओं की देवता मंडली में एक और नई देवी—संतोषी माता का आविर्भाव हुआ है। इनके भक्त एवं भक्ति ने प्रत्येक शुक्रवार को व्रत रखते हैं और 'अनम्लाहार' करते हैं। बलरामपुर, तुलसीपुर, उतरौला, रेहरा बाजार, नगर एवं ग्राम्य क्षेत्रों में यत्र-तत्र संतोषी माँ के छोटे-बड़े मन्दिर बन गए हैं, बनाए भी जा रहे हैं। संप्रदाय की दृष्टि से जय गुरुदेव, गायत्री परिवार और साईं बाबा संप्रदाय की नई उपासना संस्कृति उल्लेखनीय है। इन तीनों नए संप्रदायों का उन्मेष इस क्षेत्र के सांस्कृतिक प्रवाह की नूतन धारा के रूप में लोकप्रिय हो रहा है, हजारों-लाखों लोग इन उपासना पद्धतियों में आस्था रखते हैं। निम्न आर्थिक स्तर लोगों के बीच जय गुरुदेव संप्रदाय अधिक लोकप्रिय है। इस संप्रदाय की मान्यतानुसार, "जय गुरुदेव नाम परमात्मा का है। इसके प्रवर्तक संत तुलसीदास का केंद्रीय आश्रम मथुरा में है।

इसी प्रकार मथुरा-वृन्दावन पीठ से ही आचार्य पं. श्री रामशर्मा ने गायत्री परिवार का प्रवर्तन किया था। ये लोग गायत्री संज्ञक सूर्य मंत्र को शक्ति-साधना का बीज मंत्र मानकर उसके विभिन्न आयामों को कर्म-कांडीय ढाँचे में फिट करते जा रहे हैं। इस संप्रदाय को गायत्री यज्ञ, प्रज्ञा पुराण आदि के प्रचार-प्रसार के साथ फैलाया जा रहा है। इस परिवार में सामाजिक सुधार की भी एक स्तरोचित समझ है। दहेज प्रथा का उन्मूलन सामूहिक एवं कम खर्चीले विवाह जैसे कार्य सराहनीय हैं। इस परिवार में जातीयताजन्य दुराव प्राय: नहीं देखने को मिलता है। कुल मिलाकर गायत्री परिवार वैदिक धर्म का ही एक युगीन संस्करण है। ठीक इसी प्रकार जय गुरुदेव संप्रदाय मध्यकालीन कबीरपंथी आंदोलन का आधुनिक एवं संशोधित रूप है। जय गुरुदेव निर्गुण पंथी मत है तो गायत्री परिवार में गायत्री प्रतिमा के साथ अन्य देवी-देवताओं की प्रतिमाओं की पूजा का विधान है। तुलसीपुर-उतरौला आदि स्थानों पर नव्य भव्य गायत्री मन्दिर बने हुए हैं, जहाँ उपासना और सत्संग का क्रम चलता रहता है। यह यज्ञ प्रधान सांस्कृतिक आंदोलन है।

साईं बाबा संप्रदाय का प्रवर्तन महाराष्ट्र के शिरडी नामक स्थान में अवतरित साईं बाबा से हुआ है। वे शरीर त्याग ब्रह्मलीन हो चुके हैं, पर उनके शिष्य नए साईं बाबा अब इस संप्रदाय के आंदोलन के केंद्रीय स्थल हैं। यह भजन एवं कीर्तन प्रधान उपासना पद्धति है। व्यक्तिगत साधना के साथ इस संप्रदाय में सामूहिक भजन-कीर्तन को ज्यादा महत्त्व दिया जा रहा है। पूर्व अवतारी पुरुषों और देवताओं के लिए रचित स्तुतियों एवं भजनों में इनके भक्त साईं बाबा की छाप लगाकर गाते दिखाई पड़ते हैं। बलरामपुर इस आंदोलन का केंद्र है, जिसके पुरोधा थे पं. प्रताप नारायण तिवारी। उनके शरीर छोड़ देने पर अब उनकी विधवा धर्मपत्नी श्रीमती प्रमोदिनी तिवारी इस आंदोलन का संचालन कर रही हैं। यह उपासना वैभव धर्म या पंचदेवोपासना का ही एक संशोधित रूप है। बलरामपुर जनपद में उक्त तीनों संप्रदाय के माननेवाले की संख्या लाखों में होगी।

नव बौद्ध धर्म बौद्ध धर्म के पुनर्जागरण का परिणाम नव बौद्ध के रूप में सामने आया है। तत्त्वत: इसमें पीछे देश की दलित चेतना का बहुत बड़ा हाथ है। श्रावस्ती का अभिन्न अंग होने के कारण महाराष्ट्र आदि प्रदेशों में उभरकर सामने आनेवाली यह उपासना संस्कृति बलरामपुर क्षेत्र में भी अब अपने पाँव फैलाने लगी है। बाहर कुछ न दिखाई पड़ने पर इस जनपद के दलित समाज में भीतर-भीतर इस उपासना की तरंगों में काफी लोग स्नातक होने को इच्छुक हैं। वह बौद्ध धर्म जो एक बार ब्राह्मण या वैदिक धर्म के पुनर्जागरण तथा युवा पीढ़ी के श्रमणों की आचारगत शिथिलता के कारण यहाँ से खिसककर चीन-जापान की ओर चला गया था, वही अब दलित वेतन को उपासना

पद्धति के बूते पर नव बौद्ध नाम से वापस आने को लालायित है। जाने कितनी उपासना पद्धतियाँ, जाने कितने धर्म-मजहब और जाने कितने साम्राज्य इस धरा पर आए और कुछ देर ठहरकर चलते बने। बचा वही जिसने मनुष्य को जीने का बल दिया।

अधुनातन शोध के आलोक में यह बात कही जा सकती है कि वैदिक संस्कृति न केवल भारत की अपितु विश्व की प्राचीनतम संस्कृतियों में एक महत्त्वपूर्ण संस्कृति रही है। इस संस्कृति का विकास नदी उन पक्ष के परिवेश में स्थापित आश्रमों, कुटियों और उपासना स्थलों की कुक्षि से हुआ था। यह संस्कृति मूलतः आरण्यक संस्कृति थी, शायद इसीलिए इसके महत्त्वपूर्ण साहित्य के एक विशिष्ट अंग को आरण्यक नाम से पुकारा गया था। बलरामपुर जनपद का प्रागैतिहासिक कालीन भू-भाग निश्चित रूप से वनाच्छन्न नदी-निर्झरों का भाग था, जो उस वन्य संस्कृति के लिए बड़ा उपयोगी रहा होगा। नचिकेता, च्यवन, पाराशर, वाल्मीकि वह जल रहे होंगे और उन्होंने यहाँ के जनजीवन को यहाँ की संस्कृति को सजाया-सँवारा होगा। ललकारकर कोई बात कैसे कही जा सकती है क्योंकि मुझ जैसे अल्पज्ञ के हाथ तर्क एवं प्रमाण से बहुत मजबूत नहीं हैं।

यहाँ बौद्ध आए, जैनी हुए, शैव-भार शिव विचरे 211 अनुष्ठान द्वारा इसी धरती को जगाया, इसलाम आया, उसने समानता एवं भाईचारा का पैगाम दिया, राजपूतों की ध्वजा फहराई, अंग्रेजों की पश्चिमी संस्कृति ने भी इस क्षेत्र को प्रभावित किया, पर कुल निलाकर आज हमारे सामने बलरामपुर जनपद की संस्कृति का जो स्वरूप है, वह प्रमुख रूप से हिंदू-मुसलिम की गंगा-जमुनी संस्कृति का ही है। इसमें जय गुरुदेव, गायत्री परिवार, साईं बाबा संप्रदाय, संतोषी माता की उपासना तथा नव बौद्ध मत का मिश्रण एक अच्छी मानवीय सांस्कृतिक संचेतना को जन्म देगी।

अध्याय : 2

अंग्रेजी शासन से पूर्व बलरामपुर जनपद की स्थिति

वर्ष 1997 मई माह के पूर्व बलरामपुर अवध की एक रियासत और गोंडा जनपद का एक भाग था। प्राचीन काल में यह क्षेत्र कोसल राज्य के अंतर्गत गोनर्द (वर्तमान गोंडा) कहलाता था। कौशल पति राम के समय इस जनपद का अधिकांश भू-भाग गोचरण हेतु प्रयुक्त होता था इक्ष्वाकु वंश महाराजा दिलीप ने पुत्र प्राप्ति की कामना से गुरु वशिष्ठ की कामधेनु नंदिनी की सेवा यहीं पर की थी। गोंडा क्षेत्र उन दिनों प्राय: वनाच्छादित क्षेत्र रहने के कारण गोपालन के लिए बहुत उपयुक्त था। इसके गोपालन क्षेत्र होने के कारण ही संभव है कि इसे 'गोनर्द' कहा जाने लगा। इस शब्द की व्युत्पत्ति इस प्रकार है—

गाय : नर्दंती यत्र तत्र गोनर्दनम

अर्थात् जहाँ पर गाय कुलेल करती हों, वह भूमि गोनर्द कहलाती है। पाणिनि की 'अष्टाध्यायी' की महाभारत लिखनेवाले महर्षि पतंजलि की जन्मभूमि गोनर्द (गोंडा) ही मानी गई है।[1] कोसल नरेश दशरथ की गायों का यह गोपालन क्षेत्र था।

गोंडा जनपद में सांस्कृतिक विकास की गति एवं प्रक्रिया महाभारत युद्ध के पश्चात् मध्यकाल के पूर्वार्द्ध तक प्राय: शिथिल थी। ऐसा संभवत: इसलिए हुआ कि महाभारत की व्यापक विभीषिका में अपने शासक के साथ यहाँ का बहुसंख्यक कुलीन वर्ग प्राणों की आहुति दे चुका था।[2] महाभारत युद्ध के पश्चात् गोंडा की भूमि पर शासन करनेवाला अंतिम इक्ष्वाकु वंशीय राजा प्रसेनजित था, जिसने बौद्ध धर्म की दीक्षा ली थी।[3]

---

1. गोंडा अतीत और वर्तमान, डॉ. जगदेव सिंह, पृ. 16
2. हिमवर्ष और नेपाल, शेखर सिंह गौतम, पृ. 97-98
3. राष्ट्रीय स्वतंत्रता संघर्ष और गोंडा जनपद, डॉ. भगवती प्रसाद सिंह, पृ. 40

वैदिक सभ्यता सिंधु सभ्यता के विनष्ट होने के पश्चात् सैंधव प्रदेश में आर्यों की नवीन सभ्यता का विकास हुआ। आर्य एक अत्यंत ही श्रेष्ठ एवं सुसंस्कृत जाति थी, जिसने तीव्र गति से उन्नति की। प्रसिद्ध जर्मन विद्वान प्रो. मैक्समूलर ने भाषा विज्ञान के आधार पर मध्य एशिया को आर्यों का मूल स्थान बताया है। आर्यों की सभ्यता एवं संस्कृति को वैदिक सभ्यता एवं संस्कृति के नाम से भी जाना जाता है। इसे दो भागों में विभाजित किया जाता है—1. ऋग्वैदिक (पूर्व वैदिककालीन) और 2. वैदिक (उत्तर वैदिककालीन)। ऋग्वैदिक सभ्यता काल को 1500 से 1000 ई. पूर्व माना जाता है तथा उत्तर वैदिककाल को 1000 से 600 ई. पूर्व तक माना जाता है।

उत्तर वैदिककाल में राजा का पद वंशानुगत हो गया था। राजा द्वारा विभिन्न उपाधियों तथा राजसूय, अश्वमेध व वाजपेय यज्ञों का आयोजन किया जाता था। पांचाल, कुरु, काशी तथा कौशल इस काल के प्रमुख राज्य थे। 'विष्णु पुराण' में सोलह जनपदों की स्थिति इस प्रकार है :

1. कुरु (मेरठ, दिल्ली और थानेश्वर) राजधानी इंद्रप्रस्थ
2. पांचाल (बरेली, बदायूँ और फर्रुखाबाद) राजधानी अहिच्छत्र (बरेली के पास रामनगर) तथा कांपिय (फर्रुखाबाद)
3. शूरसेन (मथुरा तथा निकटवर्ती क्षेत्र) राजधानी मथुरा
4. वत्स (इलाहाबाद तथा आसपास) राजधानी कोशांबी (कोसम इलाहाबाद)
5. कोसल (अवध) राजधानी साकेत (अयोध्या) और श्रावस्ती
6. मल्ल (देवरिया) राजधानी कुशीनगर (कसया) और पावा (सठियाँव, फाजिलनगर, देवरिया, उ.प्र.)
7. काशी (वाराणसी) राजधानी वाराणसी
8. चेदि (बुंदेलखंड) राजधानी शुक्तिमति (बाँदा के पास)
9. मगध (दक्षिण बिहार) राजधानी गिरिब्रज (बिहार शरीफ के पास राजगिरि)
10. वृज्जि (दरभंगा, मुजफ्फरपुर) राजधानी मिथिला, जनकपुर और वैशाली (बसाढ़)
11. अंग (भागलपुर) राजधानी चम्पा
12. मत्स्य (जयपुर) राजधानी विराट् (निकट जयपुर)
13. अश्मक (गोदावरी घाटी) राजधानी पांड्या
14. अवंती (मालवा) राजधानी उज्जयनी (उज्जैन)
15. गांधार (पश्चिमी भारत) राजधानी तक्षशिला
16. कंबोज (राजधानी राजापुर)

उपर्युक्त सोलह महा जनपदों में से प्रथम आठ उत्तर प्रदेश में ही स्थित थे। कौशल कुरु और पांचाल जनपदों के पूर्व तथा विदेह के पश्चिम में स्थित था। सदा नीरा (गंडकी) इसे विदेह से पृथक् करती थी। पुरातन काल में कौशल के प्रागैतिहासिक काल के संबंध में यद्यपि हमें बहुत कम जानकारी है तथापि प्राचीन ग्रंथों के अनुशीलन एवं कतिपय ऐतिहासिक स्थलों की खुदाई के फलस्वरूप ऐसे अनेक तथ्य प्रकाश में आए हैं जो हमें इस भू-खंड के गौरवशाली अतीत का स्मरण कराते हैं। आर्यों-द्वारा सीमा विस्तार का परिणाम हुआ कि नए राज्य बने और नए केंद्रों का प्रादुर्भाव हुआ। धीरे-धीरे 'सप्त सिंधु' का महत्त्व कम होता गया।[1] गोंडा और बलरामपुर का क्षेत्र भी इन्हीं सोलह महा जनपदों में से एक कोसल राज का अंग था।

मुसलिम शासन एवं नए राजवंशों की स्थापना

शहाबुद्दीन गौरी उत्तरी भारत को लूटकर यहाँ की अतुल संपत्ति लेकर गौर देश को चला गया। अपने जीते हुए प्रदेशों का प्रबंध करने हेतु अपने गुलाम कुतुबुद्दीन (जो उसका सेनापति भी था) को छोड़ गया। 24 जून, 1206 ई. को वह दिल्ली का सुलतान बन गया और उत्तरी भारत में मुसलमानी राज स्थापित हो गया। सन् 1210 ई. में उसकी मृत्यु हो गई और उसके बाद शम्सुद्दीन इल्तुतमिश दिल्ली की गद्दी पर बैठा। उसने 1226 ई. में अपने ज्येष्ठ पुत्र मालिक नासिरुद्दीन को अवध का सूबेदार नियुक्त किया। मालिक नासिरुद्दीन महमूद धर्मान्ध रक्त पिपासु था। उसने तराई क्षेत्र को विजित करने के लिए विशाल सेना भेजी। इस क्षेत्र में भरों एवं डोमों की ही अधिकता थी। ये छोटे-छोटे क्षेत्रों के स्वामी बन बैठे थे। उनका उत्पात चरम सीमा पर था। धर्मान्ध नासिरुद्दीन का उद्देश्य केवल इस भू-भाग को जीतना ही नहीं था बल्कि हिंदुओं को जबरन इसलाम धर्म में दीक्षित करना था। उसने तराई क्षेत्र में लाखों हिंदुओं का कत्ल करवाया। भर शासकों का समूलोच्छेद हुआ। अधिकांश मारे गए, कुछ ने इसलाम धर्म कबूल कर लिया और कुछ भागकर पहाड़ों में जा छिपे।

22 मार्च, 1251 ई. को फिरोज तुगलक दिल्ली का सुलतान बना। गद्दी पर बैठते ही फिरोज तुगलक अपनी माँ के आग्रह से मसऊद गाजी की समाधि (कब्र) बनाने के लिए बहराइच आ गया। तराई क्षेत्र के इस भाग पर अपना अधिकार कर लेने पर नासिरुद्दीन ने हिंदुओं के ऊपर कर रोपण के इतने कठोर नियम बनाए कि गाँवों में गरीबी और भुखमरी ने डेरा डाल दिया। लोग पड़ोसी राज्यों की ओर भागने लगे। कालांतर में अकबर के शासन

---

1. अवध के ताल्लुकेदार, पवन बख्शी, पृ. 9-10 से उद्धृत

काल में उन्हें राहत मिली, जब मालगुजारी निर्धारण की व्यवस्था उपज से हटकर भूमि सीमा (प्रति बीघा) हो गई। बढ़ती जनसंख्या से कर वसूली के लिए शासन व्यवस्था में पहले की प्रशासनिक इकाइयों को छोटा किया गया, जैसे सरकार (मंडल) दस्तूर (जनपद) परगना (उप खंड) महाल एवं तप्पा इत्यादि। 1206 से 1526 ई. तक उत्तरी भारत में दिल्ली सल्तनत का काल था, जिसमें गुलाम, खिलजी, तुगलक, सैयद तथा लोदी—इन पाँच मुसलमान वंशों ने शासन किया। उस अवधि में अयोध्या दिल्ली सल्तनत के अधीन था। केवल बीच में 1399 से 1476 ई. तक की अवधि में अयोध्या जौनपुर के शर्की राज्य के अधीन हो गया था।

21 अप्रैल, 1526 ई. को पानीपत के विशाल मैदान में पानीपत का प्रथम युद्ध हुआ, जिसमें लोदी वंश का तीसरा तथा अंतिम सुलतान इब्राहीम लोदी प्रथम मुगल सम्राट् जहीरुद्दीन मुहम्मद बाबर द्वारा पराजित कर दिया गया और युद्ध में वह वीरगति को प्राप्त हो गया। इस प्रकार उत्तरी भारत में जब बाबर ने मुगल साम्राज्य की नींव रखी तो अयोध्या उसके अधीन हो गया। दिसंबर 1530 ई. में बाबर की मृत्यु होने पर उसका ज्येष्ठ पुत्र नसीरुद्दीन मुहम्मद हुमायूँ सिंहासनारूढ़ हुआ, जिसने 1540 ई. तक शासन किया। 1540 ई. में सूर वंश के संस्थापक शेरशाह सूरी ने हुमायूँ को पूर्णत : पराजित करके निर्वासित कर दिया और अपने वंश की स्थापना की जो 1555 ई. तक चला। 1555 ई. में सूर वंश के अंतिम तथा निर्बल शासक मुहम्मद आदिल शाह की सेनाओं को पराजित करके हुमायूँ ने पुन: राज्य पर अधिकार कर लिया, परंतु अगले ही वर्ष जनवरी 1556 ई. में उसकी मृत्यु हो गई। इसके बाद मुहम्मद आदिल शाह की तरफ से उसके प्रधानमंत्री तथा प्रधान सेनापति हेमू ने राज्य पर अधिकार कर लिया। इस प्रकार अयोध्या पर इन लोगों का शासन रहा।

5 नवंबर, 1556 ई. को पानीपत का द्वितीय युद्ध हुआ, जिसमें तृतीय तथा महानतम मुगल सम्राट् जलालुद्दीन मुहम्मद अकबर ने हेमू को पराजित करके उसका वध कर दिया और उत्तरी भारत में मुगल साम्राज्य की पुनर्स्थापना की। अपने निरंतर विजय-अभियानों के द्वारा अकबर महान ने एक लंबी सफलता अर्जित की। अपने विशाल साम्राज्य के राज्य-संचालन तथा एक समान शासन-व्यवस्था के लिए जनवरी 1580 ई. में अकबर ने अपने साम्राज्य को बारह सूबों में विभाजित किया, जिनमें से एक सूबा 'अवध' भी था, जिसकी राजधानी लखनऊ बनाई गई। अन्य ग्यारह सूबों के नाम थे—आगरा, दिल्ली, इलाहाबाद, अजमेर, अहमदाबाद (गुजरात), बिहार, बंगाल, काबुल, लाहौर (पंजाब), मुलतान और मालवा। 1599 ई. तक इन सूबों की संख्या बढ़कर पंद्रह हो गई थी क्योंकि अकबर के

दक्षिण भारत की विजय के फलस्वरूप वहाँ के तीन सूबे—खानदेश, बरार और अहमदनगर भी मुगल साम्राज्य में सम्मिलित कर लिए गए थे। इस प्रकार अकबर के शासन काल से अवध मुगल साम्राज्य का एक सूबा बना दिया गया, जो जनवरी 1580 से अक्टूबर 1818 ई. तक एक मुगल सूबा बना रहा। इस अवधि में अपने सूबेदारों को अवध में नियुक्त करके चार शक्तिशाली मुगल सम्राट् इस प्रदेश पर शासन करते रहे, परंतु 3 मार्च, 1707 ई. को छठे महान मुगल सम्राट् मुहीउद्दीन मुहम्मद औरंगजेब की मृत्यु हो जाने के बाद मुगल साम्राज्य पतनोन्मुख और शक्तिहीन होता गया, जिससे अवध की दशा और शासन व्यवस्था भी बिगड़ती गई। निर्बल मुगल सम्राट् मुहम्मद शाह 'रंगीला' के राज्यारोहण वर्ष (1719) से 1722 ई. तक गिरधर बहादुर नागर अवध के सूबेदार रहे। अवध की बढ़ती हुई अव्यवस्था से दुखी होकर मुहम्मद शाह ने 1722 ई. में सआदत खाँ को सूबेदार बना दिया। वो एक योग्य प्रशासक और कुशल योद्धा थे, जिन्होंने आगे चलकर मुगल शासकों की बढ़ती हुई निर्बलता के कारण अवध में अपनी स्वतंत्र सत्ता स्थापित करके एक ऐसे राजवंश की नींव रखी, जिसे हम आज 'नवाबी शासन' के नाम से जानते हैं।[1]

अवध में ताल्लुकेदारों का अस्तित्व

इतिहास का अवलोकन करने से ज्ञात होता है कि अवध में ताल्लुकेदारों, विशेषकर राजपूतों के घराने का अस्तित्व सन् 1200 के बाद से ही मिलता है। यह लगभग आठ-नौ सौ वर्ष का युग माना जा सकता है। ये घराने देश के विभिन्न स्थानों से यहाँ आकर स्थापित हुए। उन्होंने अवध की प्राचीन जातियों से युद्ध करके उनके भू-भाग पर अपना प्रभुत्व कायम किया। ये प्राचीन जातियाँ 'थारू' और 'भर' कहलाती थीं। इन्होंने जंगलों को तराशकर भूमि को कृषि योग्य बनाया। इसके साथ ही कई नगरों, कस्बों तथा ग्रामों को भी आबाद किया। धीरे-धीरे उनकी शक्ति छोटे-छोटे राजाओं जैसी हो गई। इनमें से कई बड़े-बड़े राजा और महाराजा भी हुए। ये एक अथवा कई ताल्लुकों के स्वामी हुए। ये अपने आपको राजा भी कहलवाने लगे। इन्हीं में से कइयों को 'बाबू भैया', 'ठाकुर' कहकर भी संबोधित किया जाता था। ये छोटे-छोटे भू-क्षेत्रों पर काबिज थे।

अवध का इतिहास खँगालने से पता चलता है कि जब नवाब बुरहानुल मुल्क सआदत खाँ को अवध प्रांत का सूबेदार (राज्यपाल) नियुक्त किया गया, उन्होंने अवध के हालात को देखा तो पाया कि अवध पर राजपूत कौम एक शक्तिशाली कौम है, जिनसे वे

1. अवध के ताल्लुकेदार, पवन बख्शी, पृ. 18-20 से उद्धृत

मालगुजारी वसूल करते थे। उस समय अवध में मालगुजारी वसूल करने के दो ही तरीके थे। बड़े-बड़े ताल्लुकेदार और राजा गण सीधे शाही कोश में कर (टैक्स) जमा कर देते थे। अन्य जमींदारों से नाजिम (कमिश्नर) या चकलेदारों के माध्यम से कर वसूला जाता था। मालगुजारी वसूलने से संबंधित कप्तान आर. साहब (अवध दरबार के एक ऑफिसर) ने रेजिडेंट को एक रिपोर्ट लिखी कि मालगुजारी वसूलने का बेहतर तरीका यह है कि इसे तहसील के माध्यम से वसूला जाए, जहाँ जमींदार अपना-अपना लगान स्वयं जमा कर सकते हैं। एच.सी. इर्विन ने अपनी प्रसिद्ध पुस्तक 'गार्डेन ऑफ इंडिया' में लिखा है कि अवध में ताल्लुकेदारों के कुछ ऐसे घराने हैं, जिनकी हैसियत की तुलना तीन तरह से की जा सकती है—1. फेडरल चीफ—ये ज्यादातर राजपूत हैं। इनमें से कुछ मुसलमान हो गए हैं। ये लोग किसी एक कुल (घराने) के मुखिया हैं और अपने को राजा कहलाने के अधिकारी हैं। 1956 ई. में अवध में अंग्रेजी सत्ता के समय ये अपने इलाकों के मालिक थे, जिससे इनकार नहीं किया जा सकता है। इनमें से कुछ बड़े-बड़े तथा कुछ छोटे-छोटे इलाकों के स्वामी थे, जिसके आधार पर ये मालिक या काबिज समझे जाते थे।

नौ खरीद मावाजात (नए खरीदे गाँव) 'मोलन' कहे जाते थे तथा वह गाँव जिन पर बलपूर्वक अधिकार कर लिया जाता था, ये 'दाबन' के नाम से जाने जाते थे। कारनेगी साहब ने अपनी पुस्तक में ऐसे गाँवों का जिक्र इसलिए नहीं किया क्योंकि अदालत से उन पर बलपूर्वक अधिकार प्रमाणित नहीं हो सका। 2. दूसरी किस्म ताल्लुकेदारों की वह थी, जिन्होंने सल्तनत अवध में प्रभाव रखने अथवा किसी बड़े पद पर बने रहने के कारण गाँव प्राप्त किए थे। बकाए की दशा में अक्सर नाजिम (कमिश्नर) व चकलेदारों को बतौर जमानत उनके कब्जे में दे दिए और वह उन्हीं के कब्जे में रह गए। अवध सल्तनत के समय वे गाँव चूँकि उन्हीं के कब्जे में थे, अत: बारह वर्ष की अवधि के पश्चात् उन्हें स्वामित्व प्रदान कर दिया गया। इस तरह के ताल्लुकेदार अधिकतर मुसलमान और कायस्थ हैं। 3. तीसरी किस्म अतियादारों (उपहारस्वरूप प्राप्त करनेवालों) की है, जिन्हें अंग्रेजी हुकूमत की खैरख्वाही में इलाके मिले हैं। ऐसे लोगों में अधिकतर पंजाबी हैं। अवध के शासकों के जमाने में ताल्लुकेदारों को अपने इलाकों और अपनी प्रजा पर दीवानी और फौजदारी के अधिकार प्राप्त थे। इनके कार्यों में शासकों की तरफ से कभी हस्तक्षेप नहीं किया जाता था। दिल्ली दरबार से कुछ ताल्लुकेदारों, जैसे राजा गोंडा, राजा बलरामपुर और राजा हसनपुर को खिताब राजगी अता करने का हक दिया गया था।

अवध में ताल्लुकेदारों के अस्तित्व और उनकी वास्तविकता के संबंध में चार्ल्स विंग फील्ड (चीफ कमिश्नर, अवध) ने अपने लेख में लिखा कि सरकारी अभिलेखों के

अनुसार 30 सितंबर, 1964 ई. में यह अंकित है कि अवध में प्रबंध ताल्लुकेदारी बंगाल के प्रबंध जमींदारी के अनुरूप है। यदि इसका अर्थ यह है कि अवध के ताल्लुकेदारों की दशा और वास्तविकता वैसी ही है जैसी जमींदार बंगाल की थी, जिनकी वास्तविकता आमतौर पर वैसी ही स्वीकार कर ली गई है कि वह अवध के शासकों की ओर से किसानों से कर (मालगुजारी) वसूलनेवाले कर्मचारी थे, जिनका आराजी के साथ कोई मालिकाना ताल्लुक नहीं था। यहाँ के ताल्लुकेदार अधिकतर धनाड्य हैं, जिनके पूर्वजों ने लगभग 1200-1300 ई. के मध्य ये रियासतें युद्ध में विजय प्राप्त करके और उन्हें आबाद करके हासिल की थीं। पहले जो लोग यहाँ आबाद हुए थे। वे उत्तरी भारत पर मुसलमानों के आक्रमण से बचकर यहाँ भाग आए थे। अवध के पूर्वी हिस्सों में अधिकांशतः उन्हीं के वंशज हैं। यह भी कहा जाता है कि राजपूतों की दो बड़ी कौमें यहाँ बसीं। तेरहवीं सदी ई. से पूर्व कन्नौज के राजघराने से संबद्ध लोग भी यहाँ आकर बसे। उसके बाद जो लोग आकर आबाद हुए, वे लोग लश्करे इसलाम के साथ आए जोकि अवध पर विजय प्राप्त करने हेतु आए थे।

उस जमाने में अवध के हालत बिलकुल युद्ध के मैदान से थे। भर, अरक और थारू यहाँ की प्राचीन जातियाँ आबाद थीं जिनके प्रति विद्वानों ने लिखा है कि यही अवध के असली बाशिन्दे थे। बाहरी लोगों के आक्रमणों से इन जातियों पर इस तरह कत्लेआम हुआ कि भर-अरक जातियों का नामो नहीं रह गया। संभवतः कुछ लोग निम्न जातियों में शेष हों। थारू जनजाति के लोग जंगलों के भीतर समा गए। नेपाल की तराई में स्थित ग्रामों में ये अब भी आबाद हैं।

राजपूतों के कब्जे से पहले इस सूबे से मालगुजारी किस प्रकार वसूल की जाती थी, इसका कुछ पता नहीं चलता। हर समुदाय या कबीले का एक सरदार होता था। आराजी की मालगुजारी अथवा हुकूमत उसी से संबद्ध थी। धीरे-धीरे यह गाँव घरानों (खानदानों) में बँट गए। जो आजकल ताल्लुकेदार हैं, शनैः-शनैः छोटी-छोटी शाखाओं में विभक्त होते रहे। इस प्रकार ये कई घरानों में स्थापित हो गए। इसके पश्चात् गद्दी परंपरा की रीति प्रारंभ हुई, जिसके कारण भविष्य में विभाजन होना बंद हो गया। विभाजन बंद होने के कारण छोटी शाखाओं के घरानों के लोग एक रईस खानदान की हुकूमत के अधीन रहने लगे। इस प्रकार रियासत कायम हुई और रईस खानदानों ने अपनी रियासत को खूब बढ़ाया और लोगों से गाँवों को लेकर अपने इलाके में शामिल किए।

कुछ घरानों में विभाजन का सिलसिला जारी रहा। यहाँ तक कि ये लोग एक छोटे-से जमींदार की हैसियत भर के रह गए जैसा कि आमतौर पर जिला लखनऊ और उन्नाव में

हुआ है। यहाँ ताल्लुकेदार बहुत कम हैं। इससे स्पष्ट होता है कि राजपूतों में ताल्लुकेदारी, कब्जादारी अर्थात् एक रईस का मालिक आराजी होने की परंपरा जमींदारी से बहुत पुरानी है। चीफ कमिश्नर के अनुसार, ताल्लुकेदारी की यह परंपरा राजपूत ताल्लुकेदारों पर अधिक खरी उतरती है। उनकी संख्या अन्य ताल्लुकेदारों से कहीं अधिक है। कुछ मुसलमान ताल्लुकेदारों के पूर्वज शाही फौज के अफसर थे, जिन्होंने इस सूबे पर विज'य होने के बाद जागीरें पाईं। कुछ उन सूबों से भी आए थे जो बादशाह जौनपुर राज्य के अधीनस्थ थे, जिनका खात्मा सोलहवीं सदी में हुआ था। चीफ कमिश्नर ने अपने लेख में यह भी लिखा कि तीन महाजन ऐसे भी थे जो बाद में ताल्लुकेदार हो गए। कुछ ताल्लुकेदार ऐसे भी थे जो अवध में चकलेदार थे। उन्होंने ताल्लुकेदारी और इलाके बतौर अम्माल शाही प्राप्त किए थे। इनकी संख्या बहुत कम है। यह भी अजीब बात है कि बादशाह को आराजी और इलाका लेने का शौक बहुत कम ही रहा है।[1]

नवाबी शासन में गोंडा बहराइच निजामत (कमिश्नरी) के अधीन था सत्रहवीं और अठारहवीं शताब्दी का समय ताल्लुकेदारी तथा रियासतों के उतार-चढ़ाव का समय था। नवाबी शासन में यह क्षेत्र कई छोटी-बड़ी रियासतों में बँटा था। फरवरी 1956 में बहराइच निजामत से गोंडा को पृथक् कर दिया गया। उस समय गोंडा जनपद छोटी-बड़ी 14 रियासतों में बँटा था, जिसमें बलरामपुर, उतरौला और तुलसीपुर की रियासतें भी शामिल थीं। वर्तमान बलरामपुर जनपद उस समय गोंडा की एक तहसील हुआ करती थी।[2]

बलरामपुर रियासत

बलरामपुर राजवंश का इतिहास वयहानि (चपहानि) नाम के एक राजा से जुड़ता है, जिसने मध्य देश में अपना आधिपत्य स्थापित किया। वयहानि ने दस वर्ष तक राज्य किया। वयहानि का पुत्र तुंवर अथवा तोमर हुआ। तोमर का वर्चस्व इंद्रप्रस्थ पर भी था। तोमर से उत्पन्न पुत्र-पौत्र तोमरवंशी कहलाए। इसी वंश की एक शाखा में मनसुख देव हुए। उन्होंने पावागढ़ (गुजरात) पर अपना आधिपत्य स्थापित किया। पावागढ़ के चंद्रवंशी (तोमर) शासक मनसुख देव की छह संतानों में सबसे छोटे बरियार शाह थे। सत्ता के संघर्ष के सिलसिले में पावागढ़ के राजकुमार बरियार शाह 1260 ई. में कैद कर लिए गए। इनके विरुद्ध कुछ अमीरों, सूबेदारों का आरोप था कि ये 'मेव' लोगों के हमदर्द

1. अवध के ताल्लुकेदार, पवन बख्शी, पृ. 53 -56 से उद्धृत
2. तपोभूमि, पवन बख्शी, पृ. 241

और सहयोगी हैं। मेव लोग पावागढ़ और दिल्ली के मध्यवर्ती क्षेत्र में आबाद थे तथा दिल्ली के सुलतानों के विरुद्ध मेवाती संघर्षरत थे। सन् 1266-67 ई. में नासिरुद्दीन महमूद की मृत्यु के पश्चात् जब बलबन सुलतान बना तो उसने बहराइच के तत्कालीन सूबेदार मलिक ताजुद्दीन गोरी की सिफारिश पर बरियार शाह को रिहा करके बहराइच में लूटपाट द्वारा आतंक मचानेवाले कबीलों का दमन करने का दुष्कर कार्य सौंपा। सुलतान बनने के पूर्व नायब बलबन (उलूग खाँ) बहराइच क्षेत्र में उत्पातियों का दमन करने के उद्देश्य से दो बार पहले 8 जनवरी, 1257 ई. को तत्पश्चात् अप्रैल 1257 ई. में अभियान पर जा चुका था, किंतु उसे असफलता ही हाथ लगी थी। अतः उसने यह चुनौती भरा कार्य बरियार शाह को सौंपा। तदनुसार सुलतान गयासुद्दीन बलबन से आज्ञा-पत्र प्राप्त कर राजा बरियार शाह ने बनजारों का दमन किया एवं शांति स्थापित करने के बाद उनकी इस सफलता पर प्रसन्न होकर सुलतान ने उन्हें फरमान द्वारा 'राजा' की उपाधि तथा यह इलाका प्रदान किया। इस प्रकार संवत् 1325 विक्रमी अर्थात् 1268 ई. में गुजरात के जनवाड़ा ('अर्जुनायनो' का अपभ्रंश-अर्जुनवाड़ा-जनवाड़ा) क्षेत्र से आए राजपूत बरियार शाह द्वारा इकौना में राज्य स्थापित किया गया। जनवाड़ा से आने के कारण यह वंश 'जनवार वंश' कहलाया। इकौना में अपनी राजधानी स्थापित करने से पूर्व बरियार शाह धरसवाँ ग्राम में सबसे पहले आकर आबाद हुए थे, जो बहराइच-बलरामपुर मार्ग पर स्थित है।

इकौना में (जिसका प्राचीन नाम खानपुर महादेव था) बरियार शाह दुर्ग बनाकर राज प्रबंध करने लगे। उन्होंने 1269 से 1305 ई. तक राज किया। उसके पश्चात् उनके पुत्र राजा अचल देव उत्तराधिकारी हुए। इन्होंने 1305-1321 तक राज किया। 16 वर्ष तक राज करने के बाद वे स्वर्गवासी हुए। सन् 1321 तक उनके पुत्र राजा धीर शाह ने राज-काज सँभाला। सन् 1363 से 1388 ई. तक आपके पुत्र राजा राम शाह उत्तराधिकारी रहे। उसके पश्चात् इनके पुत्र राजा विष्णु शाह ने सन् 1388 से 1404 ई. तक राज प्रबंध किया। सन् 1404 से 1439 ई. तक इनके पुत्र राजा गंगा सिंह ने गद्दी सँभाली और राज-काज के कार्य संपन्न किए। राजा गंगा सिंह का वास्तविक नाम लक्ष्मी नारायण शाह था। इस राजवंश में राजा गंगा सिंह के बारे में एक किंवदंती प्रचलित है। कहते हैं कि एक बार राजा गंगा सिंह बाहर कहीं से लौटकर घर में प्रवेश कर रहे थे। भीतर पहुँचते ही उन्होंने देखा कि उनकी पत्नी अपने देवर से बात कर रही थीं। उन्होंने बातों-बातों में राजमुकुट अपने देवर को पहना दिया। यह देखकर राजा साहब ने कहा, "रानी, यह तुमने क्या कर दिया? मुकुट तो राजा के सिर पर ही रहता है।" उन्होंने उसी समय राज

त्याग दिया और वैराग्य धारण करके निकट ही धुसाह ग्राम में जा बसे। राजा गंगा सिंह को लोग 'गंगा बाबा' कहकर पुकारने लगे। कालांतर में अपभ्रंश होकर वे 'गंजे बाबा' के नाम से प्रसिद्ध हुए।

उनकी मृत्यु हो जाने पर उनके ज्येष्ठ पुत्र राजा माधव सिंह गद्दी पर बैठे। इनके समय में इकौना राज की पूर्वी सीमा पर स्थित रामगढ़ गौरी परगने के तत्कालीन भू-स्वामी खेमू चौधरी का वर्चस्व था। यह अपनी चौधर इकौना राज में जमा करते थे। विगत कई वर्षों से चौधर (कर) अदा न करने के कारण इकौना के राजा माधव सिंह ने खेमू चौधरी पर चढ़ाई कर दी। खेमू चौधरी की सहायतार्थ बल्लभ बढ़ई भी आ गया। खेमू चौधरी और बल्लभ बढ़ई से हुए संघर्ष में इन्हीं माधव सिंह के द्वितीय पुत्र बलराम शाह अल्पायु में ही मारे गए थे। राजा माधव सिंह ने काफी संघर्ष के बाद बल्लभ बढ़ई को पराजित करके उनका राज्य अपने अधीन कर लिया। वर्तमान खंमौआ ग्राम में खेमू चौधरी की गढ़ी के ध्वंसावशेष अब तक विद्यमान हैं। राजा माधव सिंह ने अपने इस विजित प्रदेश में शासन व्यवस्था सुदृढ़ करने के उद्देश्य से अपने छोटे भाई गणेश सिंह को इकौना राज का प्रबंध सौंपकर स्वयं रामगढ़ गौरी आ बसे। इन्होंने 1439 से 1480 ई. तक रामगढ़ गौरी पर शासन किया।

राजा माधव सिंह ने अपने स्वर्गीय पुत्र बलराम शाह की स्मृति को चिरस्थायी बनाए रखने के लिए उनके नाम पर बलरामपुर नगर की स्थापना की। तब से रामगढ़ गौरी के स्थान पर बलरामपुर ही जनवार वंश के राज्य का प्रभावशाली राजनीतिक केंद्र बन गया। सन् 1480 में राजा माधव शाह के मृत्यूपरांत उनके पुत्र राजा कल्याण शाह गद्दी पर बैठे। (1480-1500 ई.) सन् 1500 से 1546 ई. तक इनके पुत्र राजा प्राण चंद्र ने बलरामपुर पर शासन किया। इनकी मृत्यु के बाद 1546 से 1600 ई. तक राजा तेज शाह ने तथा सन् 1600 से 1645 तक राजा हरिवंश सिंह ने राज किया।

हरिवंश सिंह अपने समय के कुशल योद्धा और बहुत वीर राजा हुए। इनके शासन काल के समय की एक घटना 'बलरामपुर दरबार का हिंदी काव्य' में पढ़ने को मिली। पुस्तक के अनुसार हरिवंश सिंह के तप्त शासन काल में एक बार जल्हौरी के चौहान राजा चतुर्भुज दास ने दिल्लीश्वर शाह जहाँ का हुक्म पाकर धौरहरा के राजा को दबाने का प्रयास किया। चतुर्भुज दास राजा का पीछा करते हुए बलरामपुर आए और राप्ती के तट पर पड़ाव डालकर उसे पकड़ने की बात की। इसी पर हरिवंश सिंह के पाँच पुत्रों में सबसे बड़े छत्र सिंह ने चतुर्भुज दास को घेर लिया। चतुर्भुज दास ने सन्धि का प्रस्ताव रखा और डरकर वहाँ से भाग गया। वापस जाकर चतुर्भुज दास ने दिल्लीश्वर से बलरामपुर नरेश की

शिकायत की। सुलतान ने अवध के नवाब को इस समस्या के निदान के लिए पत्र लिखा। फलतः सैयदवादी नवाब ने बलरामपुर पर चढ़ाई कर दी। भयंकर युद्ध की प्रस्तावना रची गई। बलरामपुर की धरती पर पठानों एवं जनवार क्षत्रियों के बीच तोपें दग उठीं। इस युद्ध में क्षत्रियों की विजय हुई। विरोधी पराजित होकर हो-हल्ला करते भाग गए। इस घटना से राजा साहब के मन में अवध के नवाबों के प्रति वैमनस्यता की खाई उत्पन्न हो गई।

राजा हरिवंश सिंह के पाँच पुत्र थे। उनकी मृत्यु हो जाने पर ज्येष्ठ पुत्र छत्र सिंह राजा हुए। उन्होंने सन् 1645 से 1695 ई. तक राज किया। उनके तीन पुत्र हुए—फतेह सिंह, इज्जत सिंह और राजा नारायण सिंह। फतेह सिंह के ती न पुत्र—अनूप सिंह, रूप सिंह और पहाड़ सिंह हुए। पहाड़ सिंह के पाँच पुत्र—ककुलति सिंह, सांवल सिंह (निःसंतान), जसवंत सिंह (निःसंतान), राम सिंह (निःसंतान) और दलेल सिंह (निःसंतान) हुए। राजा नारायण सिंह की कोई औलाद न होने के कारण वे पहाड़ सिंह के पुत्र (फतेह सिंह के पुत्र अनूप सिंह) को अपने पुत्र की तरह मानते थे। अनूप सिंह का उत्तराधिकारी बनना लगभग तय ही था कि राजा नारायण सिंह के यहाँ पृथ्वी पाल सिंह का जन्म हो गया। पिता के निधन के बाद राजा पृथ्वी पाल सिंह गद्दीनशीं हुए।

अवध गजेटियर लिखता है कि घाघरा पार के रैकवार स्वतंत्र थे या नहीं, इसका स्पष्ट प्रमाण नहीं मिलता, पर सन् 1751 में रैकवार घराना मुसलिम सरकार की जड़ें हिला देने के लिए हिंदुओं के प्रमुख अगुवा थे। सफदरजंग दिल्ली गए हुए थे। उनके नायक नवल राय तीन वर्ष पूर्व फर्रुखाबाद के अफगान बंगशों के द्वारा काली नदी के किनारे युद्ध में हार गए अथवा मार डाले गए थे। कुछ विशिष्ट स्थानों को छोड़कर बंगश पूरे प्रांत में फैले हुए थे। 1749 में सफदरजंग ने स्वयं 60,000 की सेना लेकर बंगशों को पराजित किया। रामनगर धमेड़ी के राजा अनूप सिंह के नेतृत्व में निकटवर्ती क्षत्रिय राजा एकत्रित हुए, जिसमें गोंडा के बिसेन, बलरामपुर के जनवार तथा बहुत-से अन्य क्षत्रियों ने लखनऊ पर धावा बोलने के लिए अपनी सेनाएँ एकत्रित कीं। लखनऊ के शेखजादे दुश्मनों से मिलने बाहर आए। वे महमूदाबाद और बिलहरा के शेखजादों से मिल चुके थे, बल्कि उनके बीच वैवाहिक संबंध भी बन चुके थे। वे युद्ध का सामना करने जा डटे। यह युद्ध कल्याणी नदी स्थित चिउलहा घाट पर लखनऊ जानेवाले मार्ग पर हुआ था। मुसलमानों की ओर से मुईजुद्दीन खाँ और हिंदुओं की ओर से रामनगर धमेड़ी के राजा अनूप सिंह नेतृत्व कर रहे थे।

इस युद्ध में मुसलमान विजयी रहे। बलरामपुर के जनवार युवराज सहित इस युद्ध में दोनों ओर के लगभग 15,000 लोग मारे गए थे। इस युद्ध में मुसलमानों की विजय से

हिंदू राजघरानों में वैमनस्य की भावना पैठ कर गई। इन लोगों ने कभी भी लखनऊ की अधीनता स्वीकार नहीं की, जिसके कारण ये सदैव उनकी आँख की किरकिरी बने रहे। 'मैनुअल ऑफ टाइटल' भी इस घटना की पुष्टि करती है। यही वैमनस्यता पीढ़ी दर पीढ़ी चलते हुए महाराजा दिग्विजय सिंह तक बनी रही, जिसके फलस्वरूप उन्होंने लखनऊ की नवाबी सरकार का विरोध करते हुए अंग्रेजों का साथ दिया।

राजा पृथ्वी पाल सिंह ने सन् 1751 से 1781 ई. तक राज किया। राजा पृथ्वी पाल सिंह के निधन के बाद (नि:संतान होने के कारण) गद्दी के लिए भाई-भतीजों में संघर्ष की स्थिति उत्पन्न हो गई थी। अनूप सिंह के पुत्र के पुत्र नवल सिंह ने गद्दी हथिया ली और राजा हुए। इन्हें गद्दी पर बैठे अभी कुछ ही दिन हुए थे कि कलवारी के भैया (जो स्वयं गद्दी के दावेदार थे) ने नवल सिंह को भगा दिया। नवल सिंह ने निकटवर्ती नेपाल स्थित दाँग के चौहान राजा (संयोगवश, उनका नाम भी नवल सिंह था) के पास पनाह ली। दाँग के राजा नवल सिंह ने अपनी दो हजार थारू सेना को साथ लेकर बलरामपुर पर चढ़ाई करके जनवार राजा नवल सिंह को उनके खोए राज पर कब्जा दिलाया। राजा नवल सिंह बहुत ही बहादुर योद्धा थे। उन्होंने शाही नाजिमों को भी परास्त किया था।

एक समय (लगभग 1794-95) की बात है, नेपाल की सीमा पर शिकार खेलते हुए राजा नवल सिंह की भेंट चौहान वंश के दाँग (नेपाल) के उन नवल सिंह से हुई जो उनके हितैषी थे तथा उस समय दाँग का राज नेपाल के शाहवंशी राजाओं ने छीन लिया था। इन्हीं परिस्थितियों में संयोग की बात थी कि उसी समय अवध के नवाब आसफुद्दौला भी शिकार के लिए नेपाल के सीमावर्ती इलाके में आए हुए थे।

1816 की सन्धि के अनुसार अंग्रेजों ने नेपाल के खैरीगढ़ और तुलसीपुर के भू-खंड को कर्ज माफ करने की एवज में अवध को दे दिया था। जनवार राजा नवल सिंह ने अवध के नवाब से आग्रह किया कि इस भू-खंड को दाँग के राजा को दे दें। जंगलों को काटकर वे इसे आबाद करेंगे, जिससे राजस्व में भी लाभ मिलेगा। नवाब को यह सुझाव पसंद आया। अत: उसने बलरामपुर नरेश के अनुरोध पर तुलसीपुर क्षेत्र के कुछ गाँवों का पट्टा तुलसीपुर के राजा नवल सिंह को दे दिया। तुलसीपुर नरेश ने इस उपकार के बदले बलरामपुर नरेश को चौधर (कर) देने का वायदा किया, जिसे उनके पुत्र दलेल सिंह ने देना बंद कर दिया। बलरामपुर नरेश नवल सिंह के पुत्र बहादुर सिंह ने ससैन्य तुलसीपुर के कोट को घेर लिया। दलेल सिंह को झुकना पड़ा। उसने चौधर देना स्वीकार कर लिया। बहादुर सिंह की आयु तुलसीपुर राज से लड़ते-लड़ते गुजर गई।

राजा नवल सिंह ने सन् 1781-1817 ई. राज किया। राजा नवल सिंह के दूसरे पुत्र अर्जुन सिंह सन् 1817 ई. में अपने बड़े भाई बहादुर सिंह के निधन के बाद ताल्लुके के स्वामी हुए।

सन् 1830 में अपने करीबी राजा भिनगा से राजा अर्जुन सिंह का दो बार युद्ध हुआ। सन् 1830 ई. में कवियों के आश्रयदाता राजा अर्जुन सिंह का निधन हो गया।

इनके बाद राजा जय नारायण सिंह (1830-1836 ई.) ने बलरामपुर राज की बागडोर सँभाली। सन् 1836 ई. में राजा जय नारायण सिंह निःसंतान परलोकवासी हुए तो राज की बागडोर उनके अनुज 17 वर्षीय दिग्विजय सिंह के हाथ में आई।

महाराजा सर दिग्विजय सिंह बहादुर के. सी. एस. आई.

सन् 1817 ई. में राजा नवल सिंह की मृत्यु हो जाने पर राजा अर्जुन सिंह राज्य के स्वामी हुए। इनके दो पुत्र थे—जय नारायण सिंह तथा दिग्विजय सिंह। दिग्विजय सिंह जी का जन्म आश्विन कृष्ण द्वादशी, बुधवार, संवत् 1876 (सन् 1819 ई.) में हुआ था। राजा अर्जुन सिंह के निधन के बाद जय नारायण सिंह राजा हुए। छह वर्ष तक राज करने के बाद सन् 1836 ई. में इनका निधन हो गया। इनके कोई संतान न थी, अत: 17 वर्षीय अनुज दिग्विजय सिंह ने राज्य का कार्यभार सँभाला। राजा दिग्विजय सिंह कुशाग्र बुद्धि के धनी व्यक्ति थे। इनके अंदर अपूर्व साहस, उद्यमशीलता और अवसर को पहचानने तथा उसका सदुपयोग करने की अद्‌भुत क्षमता थी। वे एक दूरदर्शी, व्यवहार कुशल तथा सूझबूझ के व्यक्ति थे। इनमें अवसर को पहचानने और वातावरण को अनुकूल बनाने की क्षमता बड़ी विलक्षण थी। अवध की सरकार के नाजिमों के षड्यंत्र से उनका समूचा राज्य हाथ से निकल चुका था परंतु वह हिम्मत न हारे। अंतत: सतत उद्योग और विवेक से प्रदेश के सबसे बड़े राज्य के स्वामी हुए। नायब नल सिंह के आतंक से बलरामपुर का बच्चा-बच्चा काँपता था, परंतु उसे दंडित करने के लिए ये अकेले निर्भीकतापूर्वक पहुँचे और उसके क्षमायाचना करने (हाथ में आ जाने) पर उसे मुक्त कर दिया। सन् 1857 ई. की क्रांति के समय कभी अंग्रेजों की ओर से भारतीय सैनिकों के विरुद्ध न वे स्वयं लड़े और न अपनी सेना ही भेजी। सत्तावनी क्रांति के समय बेगम हजरत महल की संरक्षणकर्ता में नवाब बिरजीस कद्र की सरकार बनी (ज्ञातव्य है कि अवध के वास्तविक बादशाह कलकत्ता में उपस्थित थे तथा इस ताजपोशी का कोई प्रामाणिक आदेश नहीं था)। अत: महाराजा दिग्विजय सिंह ने इस स्वयंभू सरकार को मान्यता न देते हुए अपने स्थान पर तटस्थ बैठ

गए। नवाब बिरजीस कद्र ने बलरामपुर रियासत के विरुद्ध एक फरमान जारी करने का हुक्म देते हुए बलरामपुर राज को उतरौला और तुलसीपुर में समाहित कर देने को कहा। क्रांति की ज्वाला तीव्र हो जाने के कारण इस हुक्म की तामील न हो सकी।

1857 की क्रांति भड़कने पर जब सकरौरा की ब्रिटिश छावनी के भारतीय सिपाही विद्रोही बने तो प्राण संकट में देखकर कमिश्नर विंग फील्ड ने राजा दिग्विजय सिंह को पत्र लिखकर शरण की याचना की। उस समय सकरौरा में अंग्रेज अधिकारियों के 30 व्यक्ति रह रहे थे। राजा ने शरणागत की रक्षा करना अपना क्षत्रिय धर्मपालन समझा। राजा दिग्विजय ने अपनी सेना की सुरक्षा में अंग्रेज स्त्रियों और बच्चों को बलरामपुर रखा और बाद में गोरखपुर पहुँचाने के उद्देश्य से बाँसी पहुँचकर पड़ाव डाला। विंग फील्ड के कहने पर दिग्विजय सिंह बाँसी से बलरामपुर वापस चले आए। ठाकुर हररत्न सिंह अपने पाँच सौ सवारों के साथ 26 जून, 1857 को अंग्रेज परिवारों को सकुशल गोरखपुर पहुँचा आए। शरण की याचना करने पर आपने जहाँ अंग्रेज परिवारों को बचाया तो दूसरी ओर सशस्त्र क्रांति के सेनानियों को भी अन्न, धन और पनाह देकर अपना क्षत्रिय धर्म निभाया।

गोरखपुर के कमिश्नर रीड साहब, लखनऊ के रेसीडेंट कर्नल स्लीमन, बहराइच-गोंडा के कमिश्नर विंग फील्ड और अवध के चीफ कमिश्नर मि. जैक्सन से महाराजा दिग्विजय सिंह की न केवल मित्रता थी अपितु यह उनके परम विश्वासपात्र और आत्मीय बन चुके थे। उधर, अवध के नवाबों से मैत्रीपूर्ण संबंध भी बना लिए थे। वे उदारचेता, उपकारी प्रकृति के समयोजित बुद्धि-विवेक वाले कुशल राजनीतिज्ञ थे। शाही सरकार की अधीनता, अंग्रेजों की मित्रता तथा स्वतंत्रता संग्राम के राजाओं का समान संबंध इन्होंने बड़ी योग्यता से निभाया। अपनी व्यवहार कुशलता से परस्पर विरोधी पक्षों के साथ उन्होंने इतनी योग्यता पूर्वक संबंध निभाया कि दोनों के विश्वासपात्र बने रहे। वे महान कूटनीतिज्ञ थे। महाराजा दिग्विजय सिंह शस्त्र और शास्त्र, दोनों में निपुण थे। उनकी युवावस्था अपने राज्य की रक्षा के लिए नाजिमों से संघर्ष करते बीती। कभी कमदा कोट तो कभी पटोहा कोट, कभी बाँसी तो कभी नेपाल में, कभी गोरखपुर तो कभी प्रयाग में लुकते-छिपते राज्य की सुरक्षा के उपाय ढूँढ़ते फिरते। मुट्ठीभर सैनिकों के साथ नाजिमों की विशाल सेना का मुकाबला करना बड़े जीवट का काम था।

महाराजा दिग्विजय सिंह ने पाँच विवाह किए थे। पहला विवाह सुलतानपुर में, दूसरा गोला गोपालपुर, तीसरा विद्या नगर गोंडा की महारानी इंद्र कुँवरि से, चौथा महारानी इंद्र कुँवरि की सगी बहन से तथा पाँचवाँ विवाह जयपाल कुँवरि से हुआ था। सन् 1851 ई.

में बलरामपुर में चेचक का भयंकर प्रकोप हुआ। राजा-रानी भी उसकी चपेट में आ गए। राजा साहब तो अच्छे हो गए, परंतु रानी साहिबा का निधन हो गया। सन् 1854 ई. में आपने बिसेन वंश की कन्या से पुन: विवाह कर गृहस्थी बसाई।

सन् 1858 में मिस्टर काल्विन कैम्पवेल कमांडर इन चीफ और जनरल होप ग्रांट ने विशाल सेना के साथ घाघरा पार किया और बहराइच पहुँचे। राजा दिग्विजय सिंह की यहीं पर उनसे भेंट हुई। महाराजा दिग्विजय सिंह द्वारा अंग्रेज स्त्रियों और बच्चों की जान बचाने की जानकारी कैम्पवेल को हुई। उसने तुलसीपुर तथा बांकी का इलाका पुरस्कार स्वरूप में उनके नाम पट्टा कर दिया। कुछ दिनों बाद जब कैम्पवेल बलरामपुर आया तो उसने बांकी के बदले चर्दा का ताल्लुका और दो तोपें इन्हें प्रदान की।

22 सितंबर, 1860 ई. को वायसरॉय लॉर्ड कैनिंग ने लखनऊ में दरबार किया। राजा दिग्विजय सिंह को वायसरॉय के दाहिनी ओर प्रथम कुरसी दी गई। ताल्लुकेदारी की सनद तथा दीवानी, फौजदारी के अधिकार प्रदान किए। इन्हें सात हजार रुपयों का 16 पारचों का खिलअत जिसमें कलगी, सिपर, दुशाला, कमरबंद, सरपेच, दीवाल घड़ी, रूमाल नीमजरी, माला, दूरबीन, दस्तकार चौबी, जामाजरी, शमशीर विलायती घोड़ों से युक्त फिटन गाड़ी, गोशवारा, रूमाल दस्ती और कारचोबी वस्तुएँ थीं। अक्टूबर 1861 ई. में अवध के रजवाड़ों की एक संस्था स्थापित की गई, जिसका नाम 'ब्रिटिश इंडिया एसोसिएशन अवध' (जिसे स्थानीय भाषा में 'अंजुमन ए हिंद अवध' कहा गया है) रखा गया, जिसके प्रथम चुनाव में महाराजा दिग्विजय सिंह अध्यक्ष चुने गए। 30 अक्टूबर, 1861 ई. को केसर बाग बारादरी में इसका प्रथम सम्मेलन हुआ। राजा साहब ने क्षत्रियों में उन दिनों प्रचलित पुत्री हत्या की क्रूर प्रथा को समाप्त करने के विषय पर प्रभावशाली भाषण दिया। इनके प्रस्ताव को सर्वसम्मति से स्वीकार किया गया कि इस प्रथा को अपने राज्यों से बहिष्कार किया जाएगा। पुत्री वध कानूनन अपराध माना गया और सामाजिक बहिष्कार करने का ऐतिहासिक निश्चय किया गया।

कैनिंग कॉलेज की स्थापना (अक्टूबर 1862 ई.) के अवसर पर महाराजा दिग्विजय सिंह ने शिक्षा के महत्त्व पर प्रभावशाली भाषण दिया, जो अपने ढंग का अनूठा था। 1867 ई. में ताल्लुकेदारान एसोसिएशन आगरा के दरबार में 'नाइट कमांडर ऑफ द स्टार ऑफ इंडिया' की उपाधि से उन्हें अलंकृत किया गया। सन् 1877 ई. में देहली दरबार के अवसर पर महारानी विक्टोरिया की ओर से इन्हें नौ तोपों की सलामी दी गई। यह ऐसा सम्मान था जो इसके पूर्व स्वतंत्र रियासतों के राजाओं के अलावा अन्य किसी को नहीं मिला था।

युद्धजीवी होते हुए भी वे बुद्धिजीवी थे। सन् सत्तावन की क्रांति के पूर्व यदि उनका प्रथम रूप प्रधान रहा तो क्रांति काल से सफल बुद्धिजीवी के रूप में उन्होंने अमित वैभव और ऐश्वर्य प्राप्त किया। उनका युग अंग्रेज राज्य की स्थापना का काल था। उस समय राज-काज की भाषा उर्दू थी। दरबारों में उर्दू का ही बोलबाला था। उस उर्दू प्रधान युग में महाराजा दिग्विजय सिंह अवध के प्रथम महाराजा थे, जिन्होंने हिंदी को अपने दरबार की भाषा बनाया। उनके राज-काज की भाषा हिंदी थी। कितनी विलक्षण बात है कि जिसके दरबार में सभी उच्च पदों पर अंग्रेज अफसर रहते आए हों और जिस कुल में शिक्षा-दीक्षा के लिए अंग्रेज ट्यूटर नियुक्त किए जाते रहे हों, और जिसके यहाँ सदैव दस-बीस अंग्रेज परिवार रहते रहे हों, उसके नगर में ही नहीं, समूचे राज्य की सीमा के भीतर एक भी चर्च न बन पाया हो। कितनी निष्ठा थी उन्हें अपनी मातृभाषा में, कितनी आस्था थी उन्हें अपनी संस्कृति में, इसकी सहज कल्पना की जा सकती है। महाराज सदैव भारतीय वेशभूषा धारण करते थे—चूड़ीदार पाजामा, शेरवानी और साफा। प्राय: नित्य ही गवर्नर अथवा वायसरॉय से उनका मिलना-जुलना होता था परंतु वे 'अंग्रेजी ड्रेस' के मोह में कभी नहीं पड़े। वे अंग्रेजियत के हिमायती कभी नहीं रहे, परंतु अंग्रेजों के विशिष्ट गुण, कर्मठता और चतुरता को उन्होंने अपने जीवन में उतारा।

वे परम सहृदय और साहित्यानुरागी थे। काव्य मर्मज्ञ होने के साथ स्वयं अच्छे कवि भी थे। उनका उप नाम 'भूप विजय' था। उनकी गुण ग्राहकता से आकृष्ट होकर सुदूर प्रदेशों से कवि आने लगे। वे कवियों के आश्रयदाता होने के साथ स्वयं भी कविता करते थे। उनकी लिखी कुछ रचनाओं को गोकुल कवि ने 'नीति रत्नाकर' में संकलित किया है।

6 अप्रैल, 1880 ई. को संखोर नामक स्थान पर शेर के शिकार के अवसर पर इनका हाथी बिगड़ गया। हाथी के भागने से हौदा पेड़ से टकराया। महाराजा के मस्तिष्क में भीषण चोट लगी, फिर भी घायल शेर को उन्होंने दूसरी गोली से मार डाला। इस घटना के बाद स्वस्थ होकर उन्होंने दो वर्ष तक राज्य का कार्यभार सँभाला। इनके द्वारा सन् 1878 ई. में लिखा गया 'वसीयतनामा' समाज-सुधार के क्षेत्र में उनके उदार हृदय की कहानी कहता है। 15 मार्च, 1878 ई. को महाराजा साहब ने एक वसीयत लिखकर महारानी साहिबा को गोद लेने का अधिकार दिया। उन्होंने राज्य द्वारा स्थापित व संचालित सार्वजनिक कार्यों के व्यय एवं रखरखाव की व्यवस्था के नियम भी बनाए। 27 मई, 1882 ई. को जलोदर रोग से पीड़ित होकर तीर्थ राज प्रयाग में आप परलोकवासी हुए। अवध के दरबार में ताल्लुकेदारों की सूची में पहला नंबर कपूरथला का और दूसरा स्थान आपका था।

महाराजा बहादुर सर भगवती प्रसाद सिंह के.सी.आई.ई., के.बी.ई.

आपका जन्म 19 जुलाई, 1879 को ज्योनार ग्राम के ठाकुर गुमान सिंह के घर हुआ। 8 नवंबर, 1883 ई. को महारानी इंद्रकुँवरि ने आपको गोद ले लिया। आपने अंग्रेजी, हिंदी, संस्कृत व उर्दू की शिक्षा ग्रहण की। महारानी साहिबा के निधन के पश्चात् सोलह वर्ष की आयु में आप रियासत के स्वामी हुए, परंतु अवयस्क होने के कारण ताल्लुका कोर्ट ऑफ वाड्र्स की देखभाल में रहा। 19 जुलाई, 1900 को आप बालिग हुए और ताल्लुका कोर्ट ऑफ वाड्र्स से मुक्त हुआ। 20 जुलाई, 1900 ई. को आपका राज्याभिषेक हुआ, जिसमें एंटोनी लॉर्ड मैकडॉनल्ड (लेफ्टिनेंट गवर्नर) भी शामिल हुए थे। 3 नवंबर, 1900 को एक दरबार-ए-आम आयोजित करके सर एंटोनी लॉर्ड मैकडॉनल्ड (लेफ्टिनेंट गवर्नर) ने आपको मसनदनशीं करके 'महाराजा' की उपाधि प्रदान की। महाराजा साहब का पहला विवाह रामपुर, बलरामपुर की बिसेन वंशीय महारानी देवेंद्र कुँवरि से संपन्न हुआ था। पुत्रोत्पत्ति की निराशा में गौतम गोत्रीय क्षत्रिय (रियासत नगर बस्ती) की महारानी सरताज कुँवरि के साथ हुआ। इनसे एक पुत्र-रत्न की प्राप्ति हुई, किंतु बाल्यावस्था में ही उसका निधन हो गया। तीसरी पत्नी से एक जनवरी, 1914 ई. को एक पुत्र पाटेश्वरी प्रसाद सिंह का जन्म हुआ। तीसरा विवाह बिलोका राज के भाटी यदुवंशी महारानी लाल कुँवरि से संपन्न हुआ था।

1 नवंबर, 1901 ई. को एनीसन साहब रियासत के एजेंट पद से मुक्त हुए और राज का कार्यभार महाराजा साहब ने अपने हाथ में ले लिया। सन् 1903 में ताजपोशी के लिए आप दिल्ली के दरबार में सम्मिलित हुए। इस अवसर पर उन्होंने अपनी प्रजा को पचास हजार रुपए क्षमा किए। 29 जून, 1906 ई. में आपको के.सी.आई.ई. की उपाधि प्राप्त हुई। 4 दिसंबर, 1906 को आप 'अंजुमन-ए-हिंद' के अध्यक्ष निर्वाचित हुए। 1 जनवरी, 1909 ई. को आपको 'महाराजा' का मौरूसी का खिताब मिला। जून 1916 ई. में आप के.बी.ई. की उपाधि से विभूषित हुए। इन्होंने बलरामपुर से सटे बाजार को भगवतीगंज नाम देकर उसे अपने नाम पर आबाद किया।

महाराजा साहब को हाथियों का खेदा देखने का बड़ा शौक था। सन् 1837 ई. में हरिद्वार के जंगलों से अपनी देखरेख में 52 हाथी पकड़वाए थे, जिसमें 6 रास्ते में ही मर गए थे। 46 हाथी बलरामपुर तक पहुँचे। इनके समय बलरामपुर पीलखाने में 100 से अधिक हाथी रहते थे। कहते हैं कि गोंडा से बलरामपुर रेल लाइन मार्ग तैयार करवाने में महाराजा भगवती प्रसाद सिंह का बहुत बड़ा योगदान था। जब इस मार्ग पर पहली रेल गाड़ी चली तो इंजन के अगले भाग में विशेष रूप से एक सिंहासन लगाया गया, जिस पर बैठकर महाराजा भगवती प्रसाद सिंह गोंडा से बलरामपुर आए थे। 2 जून, 1920 ई.

को आप इंफ्लूएंजा रोग से ग्रस्त हुए। ग्यारह माह तक रोग से जूझते हुए अंततः 24 मई, 1921 ई. को आप परलोकवासी हो गए।

महाराजा सर पाटेश्वरी प्रसाद सिंह

महाराजा पाटेश्वरी प्रसाद सिंह का जन्म 2 जनवरी, 1914 में हुआ। मेयो प्रिंस कॉलेज, अजमेर से आपने सीनियर कैंब्रिज तक की शिक्षा प्राप्त की। अठारह वर्ष की अवस्था में इनका विवाह नेपाल के प्रधानमंत्री हिज हाइनेस महाराजा सर चंद्र शमशेरजंगबहादुर राणा जी.सी.बी., जी.सी. एम.जी., जी.सी.एस.आई., जी.सी.वी.ओ., डी.सी.एल. की, सुपुत्री महा राजकुमारी राजलक्ष्मी कुमारी देवी के साथ 11 नवंबर, 1932 को काठमांडू में संपन्न हुआ। 22 मार्च, 1937 में वयस्कता प्राप्त कर आपने राज्य का शासन प्रबंध समस्त अधिकारों सहित अपने हाथों में लिया और जीवनपर्यंत सच्चे प्रजापालक की भाँति प्रजा की सुख-समृद्धि के लिए जनहित के कार्य करते रहे। दया, करुणा और सहानुभूति की वे मूर्ति थे।

सन् 1930 में महात्मा गांधी के आगमन पर महाराजा तथा महारानी ने उन्हें बलरामपुर पधारने के लिए आमंत्रित किया। कुआनो पर जाकर उनकी अगवानी की तथा अपने यूरोपियन गेस्ट हाउस को खद्दर से सजाकर उन्हें ठहराया तथा सत्याग्रह कोष में महाराजा तथा महारानी ने पृथक्-पृथक् प्रभूत धनराशि अर्पित की।

महाराजा धर्मेंद्र प्रसाद सिंह

बलरामपुर के गौरवशाली राजवंश के वर्तमान उत्तराधिकारी महाराजा धर्मेंद्र प्रसाद सिंह का जन्म 25 अगस्त, 1958 को जनवार वंश के ही गंगवल राजकुल में हुआ। गंगवल रियासत में आपका नाम रघुवंश भूषण सिंह था। बलरामपुर आने पर आपका नया नाम धर्मेंद्र प्रसाद सिंह रखा गया। आपके पिता कुँवर भरत सिंह गंगवल रियासत के राजा बजरंग बहादुर सिंह के कनिष्ठ पुत्र थे। कोसलेंद्र भरत के सदृश सौम्य स्वभाव के शीलवान गृहस्थ संत थे। महाराजा पाटेश्वरी प्रसाद सिंह और उनकी धर्मपरायण महारानी ने 28 फरवरी, 1963 ई. को इन्हें गोद लिया। महाराजा धर्मेंद्र प्रसाद सिंह का शुभ विवाह नेपाल के सुप्रतिष्ठित राज्य परिवार में कर्नल ईना शमशेरजंगबहादुर राणा की सुपुत्री महा राजकुमारी वंदना सिंह के साथ 6 मार्च, 1980 को संपन्न हुआ। 29 दिसंबर, 1980 को शुभ मुहूर्त में महारानी

के पुत्र-रत्न के रूप में महाराज कुमार जयेंद्र प्रताप सिंह का जन्म हुआ। 21 अप्रैल, 1984 को महारानी से एक कन्या-रत्न राजकुमारी विजयश्री ने जन्म पाया। 26 अगस्त, 1976 को वयस्कता प्राप्ति के साथ आपने विशाल राजवंश का गुरुतर भार ग्रहण किया।

29 जुलाई, 2018 रविवार की शाम को महाराजा धर्मेंद्र प्रसाद सिंह का दिल का दौरा पड़ने के कारण आकस्मिक निधन हो गया।

महाराजा जयेंद्र प्रताप सिंह : महाराजा धर्मेंद्र प्रसाद सिंह जी के इकलौते पुत्र महाराज कुमार जयेंद्र प्रताप सिंह का जन्म 29 दिसंबर, 1980 को हुआ। परिवार के सदस्य इन्हें प्यार से 'बाबा राजा' कहकर पुकारते थे।[1]

उतरौला रियासत

उतरौला रियासत को बिलासपुर के नाम से भी जाना जाता है। बलरामपुर मुख्यालय से पूर्वोत्तर 26 किमी. पर उतरौला नगर स्थित है। इसे 'भर' राजा उत्तर कुँवर ने अपनी राजधानी के रूप में बसाया था। उनके उत्तराधिकारी अशक्त थे। उस समय बाबर का आक्रमण उत्तर भारत को नया रूप दे रहा था। यह समय उतरौला के लिए संक्रांतिकाल सिद्ध हुआ। उतरौला का पुराना नाम बिलासपुर भी पाया गया है। ताल्लुके की सनद भी बिलासपुर के नाम से मिली थी। उतरौला रियासत पर मुसलमानों का आधिपत्य अली खाँ के समय हुआ। अली खाँ, अहमद खाँ नामक एक कांकर पठान का पुत्र था। वो मुजफ्फरनगर के मनौआ स्थान का रहनेवाला था। अहमद खाँ बहलोल लोदी का कर्मचारी था। उसका पुत्र अली खाँ भी उसकी सेना में भरती हुआ। अली खाँ भाग्यशाली था। पानीपत में इब्राहिम लोदी की पराजय के बाद वह बाबर के साथ ही गया, लेकिन आगे चलकर शेरशाह का समर्थक बनकर पूरब के अफगान सरदारों से मिल गया। उसने बस्ती में गौतम क्षत्रियों के रियासत नगर को घेर लिया, किंतु हिंदुओं के द्वारा खदेड़ दिया गया। तब उसने 1550 ई. में उतरौला पर आक्रमण किया, परंतु वह उस पर कब्जा न कर सका। उसने उतरौला पर पुन: 1552 ई. में आक्रमण किया। इस बार हिंदू पराजित हो गए। अली खाँ को बहुत बड़ी संपत्ति हस्तगत हुई। उसने मुगलशाही को स्वीकार नहीं किया एवं मालगुजारी अदा नहीं की। उसकी स्वेच्छाचारिता पर आखिरकार ऊपर के शासकों का ध्यान गया और अवध के सूबेदार को इस स्वेच्छाचारी का दमन करने के लिए कदम उठाना पड़ा। वृद्ध अली खाँ ने तब भी अधीनता स्वीकार करने से इनकार कर दिया।

---

1. अवध के ताल्लुकेदार, पवन बख्शी, पृ. 337-357

1571 ई. में उनका बेटा शेखन खाँ अकबर से मिल गया। शेखन खाँ को विशाल शाही फौज का सेनापति बनाकर अली खाँ को दबाने के लिए भेजा गया। अली खाँ उससे निपटने के लिए बाहर निकल आया। सादुल्लाह नगर में सराय नामक स्थान पर पिता और पुत्र के बीच भयंकर लड़ाई हुई। अली खाँ हार गया और मारा गया। उसका सिर दिल्ली भेजा गया, जहाँ उसे कुछ समय के लिए अजमेरी गेट के दरवाजे पर लटका दिया गया था। शेखन खाँ को पुरस्कारस्वरूप 'खान-ए-आजम मनसब अली' की उपाधि उतरौला की ताल्लुकेदारी का फरमान और तोहफे के तौर पर उसके पिता का सिर दिया गया। शेखन खाँ वापस आया और पिता के चिरकाल पीड़ित अवशेष दफनाकर, उस पर खूबसूरत मकबरा बनवाकर पुत्र धर्म का पालन किया। 'शॉर्ट मेमोरीज ऑफ राजास ऑफ अवध 1880' के पृष्ठ 28 के अनुसार, सन् 1551 में जब सम्राट् अकबर दिल्ली की गद्दी पर बैठे, उस समय अली खाँ पहाड़ों से उतरकर नीचे आए और अतरौली पर चढ़ाई कर दी, जहाँ उत्तर कुँवर नामक एक भर का शासन था। अली खाँ ने उत्तर कुँवर को मार भगाया और उसके राज उतरौला पर कब्जा करके उसने स्वयं को राजा घोषित कर दिया। सम्राट् अकबर अली खाँ के इस अनधिकृत कृत्य से काफी क्रोधित हुए। अकबर अली खाँ के दोनों पुत्रों—सजन खाँ, गालिब खाँ को पिता का सर काटकर लाने को कहा और बदले में राज देने का वायदा किया। पुत्रों ने बाप का सर काटा और दिल्ली ले गए। गालिब खाँ पुन: अपने देश लौट गए और सजन खाँ यहीं रहने लगे। तब से उनके उत्तराधिकारियों का राज बरकरार रहा। बीस साल बाद शेखन खाँ की मृत्यु हो गई। दाऊद खाँ उसका उत्तराधिकारी बना। वह बड़ा योद्धा था। एक बार वह बहराइच से भिनगा तक चढ़ता चला गया। उसने अपने पीछे दो पुत्र छोड़े। उनमें से बड़ा अलावल खाँ था, जिसने बभनी पायर के कलहंस राजा बूढ़ा पायर छीनकर अपने लिए एक नई रियासत बना ली। छोटा भाई आदम खाँ उतरौला में ही रह गया और उसने पुरानी उपाधि 'मालिक' हटाकर 'राजा' की उपाधि धारण की। सन् 1659 ई. में उसका बेटा सलीम खाँ उत्तराधिकारी बना, जिसने उतरौला पर सत्ताईस साल तक उल्लेखनीय रूप में शासन किया। उसके जीवन का अंतिम समय पारिवारिक कलह के कारण बड़ा दुखदायी हो गया था। उसे पहले बूढ़ा पायर में अपने भतीजे के विद्रोह का सामना करना पड़ा। उसके बाद उसके बेटे अपने-अपने हिस्से के लिए आपस में ही लड़ने लगे। राजा ने अपने सबसे बड़े बेटे फतेह खाँ को उत्तराधिकारी घोषित किया, लेकिन दूसरे लड़के संतुष्ट नहीं हुए और बराबर के हिस्सों का दावा करने लगे। तदनुसार सारी संपत्ति पाँच समान भागों में बाँट दी गई। राजा ने एक हिस्सा अपने लिए रख शेष

चार पुत्रों को दे दिए। पाँचवें पुत्र गालिब खाँ को सिर्फ पाँच गाँव मिले। सारी रियासत तब उतरौला और सादुल्लाह नगर परगनों तक सीमित थी।

पाँचों भाइयों में से केवल दो के संतानें हुईं, जिनमें से पहाड़ खाँ ने 'राजा' की उपाधि प्राप्त की और अन्य संतति विहीन भाइयों के तीन हिस्से पाए। दूसरा भाई मुबारक खाँ था। पहाड़ खाँ का बलरामपुर के जनवारों से जब-तब युद्ध होता रहा, जिसका कोई उल्लेखनीय परिणाम नहीं निकला। उसके बाद उसका बेटा पुरदिल खाँ रियासत का स्वामी बना, किंतु वह थोड़े ही दिन जीवित रहा और अपने पीछे नाबालिग बेटे तरबियत खाँ को छोड़कर परलोकवासी हो गया। उसका उत्तराधिकारी सादुल्लाह खाँ विद्वान था, किंतु दुर्बल चरित्र और अपने पद के सर्वथा अयोग्य था। उसके समय 1784 ई. में भयंकर अकाल पड़ा, जिसने उतरौला को इस कदर बर्बाद कर दिया कि फिर वह कभी सँभल नहीं सका।

उसी के समय सादुल्लाह खाँ के चचेरे भाई मुहम्मद नवाज खाँ गद्दी पर बिठाया गया। वह शराब के नशे में धुत्त रहनेवाला राज-काज के लिए बिलकुल ही अयोग्य था। इसके परिणामस्वरूप उतरौला के राजाओं को अपनी रियासत की भूमि कर वसूल करने की अनुमति शायद ही कभी दी गई हो।

सन् 1804 ई. में लुत्फ अली खाँ अपने पिता का उत्तराधिकारी बना। उसे करीम दाद खाँ से कुछ दिनों तक लड़ाई लड़नी पड़ी। करीम दाद खाँ, मुबारक खाँ का पोता था। उसने अपने पूर्वजों के हिस्से, रियासत के पाँचवें भाग पर दावा पेश किया। जब उसके प्रार्थना-पत्र पर कोई ध्यान नहीं दिया गया, तो उसने गाँवों को लूटना, जलाना तथा फसलों को काटना आरंभ कर मालगुजारी वसूल करना असंभव बना दिया। अंततः 1831 में वह मार डाला गया। उसने अपने भाई के लिए 12 गाँवों की छोटी-सी रियासत अपने पीछे छोड़ी, जिसमें और गाँव बाद में मिला दिए गए। इस अवधि में अमोढ़ा के सूर्यवंशी और फैजाबाद के गर्गवंशियों ने उतरौला पर आक्रमण किए, किंतु वे बुरी तरह पराजित हुए। लुत्फ अली खाँ के बाद उसका बेटा मुहम्मद खाँ गद्दी का मालिक बना। उसका समय लगभग बरबादी का युग था। अचलपुर के कायस्थ चौधरियों ने उसकी अवहेलना की, जिसके कारण उनको उन पर हमला बोलना पड़ा। उसने उनका किला जला दिया। मुबारक खाँ के वंशधरों ने उसे सताया और अपने पुरखों के हिस्से हथियाते चले गए। इटावा के जमींदारों ने उसका खुलकर विरोध किया। जब उसने अपने भाई अमीर अली खाँ को उनका दमन करने के लिए भेजा तो उन्होंने उसे गोली से उड़ा दिया।

अंततः बलरामपुर के राजा ने एक रोज अचानक उतरौला पर आक्रमण करके उसे जलाकर राख कर दिया। इस हार से राजा का दिल टूट गया और 1837 में वह

चल बसा। उसका बेटा उमराव अली खाँ उत्तराधिकारी बना। वह अठारह वर्षों तक बलरामपुर के साथ सीमा विवाद में उलझा रहा। इसके बाद अवध पर अंग्रेजी शासन की काली घटा छा गई।

प्रथम स्वाधीनता संग्राम के समय उसके बेटे रियासत अली खाँ ने जो बीस वर्ष का नवयुवक था, ने नेतृत्व सँभाला और बेगम को बयासी हजार रुपए देकर पूरे परगने का सौदा कर लिया, परंतु उस धनराशि का आधा अंश उसके द्वारा किए गए समर्थन के निमित्त बेगम द्वारा वापस कर दिया गया। उमराव अली खाँ की मृत्यु सन् 1858 ई. में हुई और उसके बेटे ने ताल्लुके की सनद प्राप्त की। वह भी सन् 1865 ई. में चल बसा। उसके निधन के उपरांत उसके पुत्र मुमताज अली खाँ को उत्तराधिकारी घोषित किया गया। रियासत का प्रबंध 1886 तक कोर्ट ऑफ वाड्र्स के हाथों में रहा, जो उसी वर्ष राजा को हस्तांतरित किया गया। संत स्वभाव का यह शासक लुटेरे दरबारियों की लंबी फेहरिस्त, दो बेटों, धर्मपरायण पत्नी व पुत्री तथा अपनी खोखली रियासत को छोड़ सन् 1933 ई. में चिरशांति की गोद में सो गया।

राजा मुमताज अली खाँ के दो पुत्र—राजा मुस्तफा अली खाँ और कुं. इकबाल अली खाँ हुए। राजा मुस्तफा अली खाँ का स्वभाव भी अपने पिता की भाँति था। राजा होते हुए भी वे एक सूफी-संत की भाँति रहते थे। सदैव दीन-दुखियों की सहायतार्थ जो भी उनसे बन पड़ता, कभी पीछे नहीं हटते थे। 14 जनवरी, 1986 को संत स्वभाव के इस शासक का निधन हो गया। वर्तमान में उनके पुत्र अली अकबर हैं। उतरौला राज महल को डिग्री कॉलेज बना दिया गया जोकि क्षेत्र में शैक्षिक विकास की दिशा में एक महान कार्य है।[1]

तुलसीपुर रियासत

तुलसीपुर तहसील रिकॉर्ड में 'बलरामपुर कैफियतनामा' के अनुसार कोलाराव को अधिक कर देने के वायदे पर अजमेर का हाकिम नियुक्त कर दिया और स्वयं गजनी की तरफ रवाना हो गया। सुलतान के चले जाने के बाद उसके गुलाम कुतुबुद्दीन ने कोलाराव को हुकूमत से निकाल दिया और उसके खानदान का कत्ल करने पर आमादा हो गया। उस वक्त कोलाराव और उसके खानदान के लोग जिधर सूझा, उधर भाग गए।

राजा मेहवाराव उर्फ भूरा राव जो राजा पिथौरा (पृथ्वीराज) का भतीजा था, चित्तौड़गढ़ से भागकर शिवालिक की पहाड़ियों की तरफ शरण हेतु भागा और नेपाल

1. अवध के ताल्लुकेदार, पवन बख्शी, पृ. 395-400

के एक राजा की पनाह में पहुँचा, जिसने नेपाल स्थित दांग शिवालिक का कुछ भू-भाग अपने कब्जे में कर रखा था। नेपाल के राजा ने दांग शिवालिक के कुछ हिस्सों को कायम (आबाद) करने की दृष्टि से भूरा राव को दांग शिवालिक देवखुर दांग, भाला दांग, झबलीदांग और समाधि कोट आदि दे दिए, जहाँ उन्होंने अपना राज स्थापित किया। जब भूरा राव मर गया तब उसका बेटा हुज्जत राव बादशाह दिल्ली के पास हाजिर हुआ और उसने परगना तुलसीपुर की सनद प्राप्त की।

हुज्जत राव ने दिल्ली के सुलतान से तुलसीपुर का स्वामित्व प्राप्त करने के बावजूद अपने राज को नेपाली राजा का भू-भाग समझते हुए उसका अहसानमन्द रहा। शिवालिक की पहाड़ियों के तराई के जिस भाग पर ठेकेदार व जमींदार कौम थारू व भर थे, जिनकी आबादी जंगल के अंदर बसे ग्रामों में थी,उनसे कर एकत्र करके नेपाल के राजा के उस उपकार के कारण राजा तुलसीपुर वक्त-बेवक्त उसे हसब तजवीज (कर आदि) देता रहा। राजा हुज्जत राव के मरने के बाद उसका पुत्र पृथा राव राजा हुआ। इन्हीं दिनों नेपाल राज्य से उनकी अनबन हो गई। परिणामस्वरूप, नेपाल स्थित अपने राज्य से इन्हें हाथ धोना पड़ा। पाटन का इलाका ही उनके अधिकार में शेष रहा। उन दिनों पाटन का इलाका दांग देवखुर तक फैला हुआ था और भारत का ही भू-भाग था। पृथा राव का इलाका जब्त करके राज नेपाल में शामिल कर दिया गया। कुछ हिस्सा राजा पृथा राव के लिए छोड़ दिया गया, जिसमें गुजर करने लायक आमदनी मुमकिन न थी। राजा पृथा राव को गुजारे के लिए कमी का अहसास होने लगा तो उसने अपनी हिम्मत से कुछ अधिक आबादी इस क्षेत्र में जमा की और उसकी आमदनी से अपनी ताकत को बढ़ाया। नेपाल स्थित उस क्षेत्र में सरदी और गरमी के दिनों में तुलसीपुर में गरमी ज्यादा पड़ती थी। इसीलिए वह सर्दी भर तुलसीपुर रहता था और गरमी-बरसात के दिनों में पहाड़ पर रहता था। यही तरीका उनके पुत्र, पौत्रों एवं प्रपौत्रों द्वारा अपनाया गया। राजा नवल सिंह इस वंश के तेरहवें उत्तराधिकारी हुए।

तुलसीपुर के इतिहास पर प्रकाश डालते हुए बलरामपुर का इतिहास 'तारीख राज बलरामपुर' लिखता है कि सन् 1695 में राजा नारायण सिंह बलरामपुर रियासत के मालिक बने। राजा नारायण सिंह को जब बुढ़ापे तक कोई संतान न हुई तो उन्होंने अपने भाई फतेह सिंह के पुत्र अनूप सिंह को गोद लिया। ईश्वर की कृपा से सन् 1725 में राजा नारायण सिंह को बुढ़ापे में संतान प्राप्त होने का सुख मिला, जिसका नाम नवल सिंह था। 1781 में नवल सिंह रियासत बलरामपुर के मालिक बने। राजा के मरते ही राजा नवल सिंह के चाचा के लड़के कलवारी के भैया साहब ने चढ़ाई कर दी। उनका मानना था कि राजा नारायण सिंह ने अनूप सिंह को गोद लिया था, अतः वे ही रियासत

के असली वारिस हैं। उन्होंने रियासत के असली वारिस राजा नवल सिंह को भगा दिया। नवल सिंह ने नेपाल में पनाह ली। नेपाल स्थित तुलसीपुर के चौहान राजा (संयोग से उनका नाम भी नवल सिंह था) ने राजा बलरामपुर को अपनी 2,000 थारू सेना के साथ बलरामपुर वापस भेजा और कलवारी के भैया साहब को गद्दी से उतारकर राजा नवल सिंह को बलरामपुर की गद्दी पर बैठाया।

संयोग से इस घटना के कुछ ही दिनों बाद दांग नेपाल के चौहान राजा नवल सिंह विपत्ति में फँस गए। नेपाल के महाराजा ने 52 राजाओं को अपने अधिकार क्षेत्र से बाहर निकाल दिया था, जिसमें दांग के राजा नवल सिंह भी एक थे। उनकी रियासत नेपाल में जब्त कर ली गई। नवल सिंह भागकर बलरामपुर आए और बलरामपुर के राजा से अपनी व्यथा कही। पुराने अहसानों के बदले राजा बलरामपुर ने उनकी सुरक्षा की जिम्मेदारी लेते हुए उन्हें विश्वास दिलाया और अपना मेहमान बनाया।

सन् 1795 का समय था। अवध के नवाब आसफुद्दौला शिकार करने के इरादे से तुलसीपुर के जंगलों में आए। उनके साथ बलरामपुर के राजा भी थे। अवसर पाकर राजा बलरामपुर ने दांग के राजा नवल सिंह को नवाब से मिलवाया और उनकी व्यथा से नवाब को अवगत कराया। नवाब जब हालात से अवगत हुए तो उन्हें दांग के राजा से सहानुभूति हुई। उन्होंने बलरामपुर के राजा को कोई ताल्लुका तलाशने को कहा। राजा बलरामपुर ने आठ तप्पे जंगल के, जिसके वो मालिक थे तथा जो बाद में परगना तुलसीपुर के नाम से मशहूर हुआ था, थारुओं से निकालकर दांग के राजा को इस शर्त पर लिख दिए कि मालिकाना हक जैसे कि चौथ व देवी पाटन के मेले की आमदनी का चौथाई वार्षिक बलरामपुर को दिया करें। चौहान राजा ने इसे कबूल किया और इस तरह तुलसीपुर में अवध सरकार दाखिल हुई। इस प्रकार रियासत तुलसीपुर की स्थापना हुई।

उल्लेखनीय है कि तारीख राज बलरामपुर सन् 1909 ई. में लिखा गया है जबकि सत्तावनी क्रांति के दौरान जब तुलसीपुर की रियासत को जब्त करके अंग्रेजों की मदद करने के बदले बलरामपुर को दी गई थी। अंग्रेजों ने 1857 में तुलसीपुर रियासत को बलरामपुर रियासत को सौंपे जाने के समय जो दस्तावेज बलरामपुर को दिए थे, उसमें तुलसीपुर का जो विवरण दिया गया है, वह अधिक विश्वसनीय प्रतीत होता है। उर्दू और फारसी मिश्रित उक्त दस्तावेज को 'कैफियतनामा बलरामपुर' कहा गया है।[1]

1. अवध के ताल्लुकेदार, पवन बख्शी, पृ. 167-169 से उद्धृत

अध्याय : 3

प्रथम स्वाधीनता संघर्ष की पृष्ठभूमि और स्वातंत्र्य समर में बलरामपुरवासियों की भूमिका

बलरामपुर जिला पहले गोंडा जनपद की एक तहसील था। स्वतंत्रता संग्राम के समाचार लखनऊ से निकलकर गोंडा और बहराइच पहुँचते। गोंडा और बहराइच जिलों से यह संचार आसपास के क्षेत्रों में फैलते थे। गोंडा जनपद में राजा देवीबख्श सिंह ने और बहराइच में बूँदी के राजा बलभद्र सिंह ने स्वतंत्रता की अलख जगा रखी थी। ये दोनों बेगम हजरत महल के एक इशारे पर अपना तन-मन-धन न्योछावर करने को हर पल तैयार रहते थे।

श्री तेज प्रताप सिंह अपने एक लेख में लिखते हैं कि 10 मई, 1857 को मेरठ में क्रांति की ज्वाला प्रकट होने पर जहाँ अंग्रेजों ने भारी दमन चक्र प्रारंभ किया, वहीं संपूर्ण उत्तर भारत में स्वातंत्र्य चेतना जाग्रत हुई। इस मुक्ति संग्राम को प्रारंभिक दौर में आंशिक सफलता मिली। ईस्ट इंडिया कंपनी ने अवध में बहराइच को मुख्यालय बनाकर विंग फील्ड कमिश्नर और कैप्टन बनबरी को डिप्टी कमिश्नर नियुक्त किया था। इन दोनों ने सत्ता सँभालते ही दमन चक्र चलाना शुरू कर दिया। तब अंग्रेजी शासन के खिलाफ बहराइच में बिगुल फूँका गया। इस महा क्रांति की अंतिम लड़ाइयाँ अवध की बेगम हजरत महल के नेतृत्व में लड़ी गईं। गजेटियर गोंडा के अनुसार, लखनऊ पर कब्जे के बाद अंग्रेजों ने अवध के नवाब वाजिद अली शाह को गिरफ्तार कर लिया। इसके बाद उनकी बेगम हजरत महल ने अपने शहजादे बिरजीस कद्र और मम्मू खाँ जैसे कुछ विश्वासपात्र सैनिकों के साथ लखनऊ से भागकर बहराइच में बौंडी नरेश हर दत्त सिंह के किले में शरण ली। वहाँ उन्होंने 40 दिन बिताए और उसी को संघर्ष की रणनीति का केंद्र बनाया। अवध की राजधानी लखनऊ को अंग्रेजों से मुक्त कराने के लिए उन्होंने वहाँ अपने विश्वासपात्र

राजाओं, जमींदारों तथा स्वाधीनता सेनानियों की बैठक बुलाकर सबको इस महासंग्राम में कूदने का आह्वान किया। बौंडी के किले में हुई बैठक में राजा हरिदत्त सिंह के साथ गोंडा नरेश राजा देवीबख्श सिंह, भिठौली (सीतापुर) के गुरुबख्श सिंह, रायबरेली के राणा बेनी माधव सिंह, रुइया (हरदोई) के राजा नरपति सिंह, फैजाबाद के विद्रोही मौलवी अहमद उल्लाह, इकौना के राजा उदित प्रकाश सिंह, चरदा के राजा जगजोत सिंह, रेहुआ के राजा रघुनाथ सिंह, शाहगंज के राजा मान सिंह, ईसा नगर के राजा जांगड़ा, कम्यिार गोंडा के ताल्लुकेदार शेर बहादुर सिंह और फिरोजशाह बेरुआ के गुलाब सिंह मौजूद रहे। भयारा (बाराबंकी) के जागीरदार यासीन अली किदवई के अलावा भिनगा, रामनगर और पयागपुर के राजाओं ने भी बैठक में लिये गए निर्णय का स्वागत किया। सभी की उपस्थिति में मात्र 18 साल की आयु में पराक्रमी योद्धा चहलारी नरेश बलभद्र सिंह ने सेना के नेतृत्व का जिम्मा उठाया तो बेगम हजरत महल समेत सभी की आँखें नम हो गईं। बेगम ने अँगूठा चीरकर अपने रक्त से तिलक लगाया और 100 गाँवों की जागीर देने की घोषणा करते हुए रानी कल्याणी देवी को उपहारस्वरूप अपना दिव्य हार प्रदान किया। मात्र कुछ दिन पहले ही बलभद्र और कल्याणी के विवाह की जानकारी मिली तो बेगम की आँखों में वात्सल्य के आँसू छलक आए।

जब बलभद्र सिंह सेना के साथ प्रस्थान करने लगे तो उनकी पत्नी रानी कल्याणी ने उनके माथे पर रोली-अक्षत का टीका लगाया और अपने हाथ से कमर में तलवार और कलाई में रक्षासूत्र बाँधकर विदा किया। राजमाता ने भी बेटे को आशीर्वाद देकर अंतिम साँस तक अपने वंश और देश की मर्यादा की रक्षा करने को कहा। तयशुदा कार्यक्रम के तहत अंग्रेजी सेना से युद्ध के लिए निकली बेगम हजरत महल और दर्जनों देशभक्त राजाओं समेत 20 हजार सैनिकों की भारी-भरकम सेना का पहला पड़ाव घाघरा के उस पार भयारा (बाराबंकी) में यासीन अली किदवई के गाँव में हुआ। अगले दिन सेना नवाबगंज के जमुरिया नाले को पार कर रेठ नदी के पूरब ओबरी गाँव के मैदान में युद्ध के लिए पहुँची। सेनापति जनरल होप ग्रांट के नेतृत्व में सुसज्जित अंग्रेजी सेना में मेजर हडसन, कर्नल डैली, विलियम रसेल, कालिन कैम्पवेल, हार्षफील्ड जैसे दक्ष सेना नायकों और सिख सेना के साथ नेपाल के जंगबहादुर राणा समेत उनके बड़ी संख्या में गोरखा सैनिक भी थे। अंग्रेज सेना में 10 हजार घुड़सवार, 15 हजार पैदल सेना के साथ भारी संख्या में इनफील्ड गनें और तोपखाना भी था जबकि क्रांतिकारी सेना के पास पुरानी तोपें और घिसे-पिटे हथियार थे। मातृभूमि के इस महासमर में सर्वस्व न्योछावर का जज्बा ही उनका मुख्य संबल था। 12 जून, 1858 को युद्ध

प्रारंभ हुआ और 16 हजार सैनिकों के साथ बलभद्र सिंह ने फिरंगी सेना पर हमला कर दिया। अवध के जांबाज फुर्तीले सैनिकों और बलभद्र सिंह ने देखते ही देखते युद्ध के मैदान में लाशों का अंबार लगा दिया तो अंग्रेज सैनिकों में भगदड़ मच गई और सेनापति होप भाग गया।

पराजय से आहत होप ग्रांट ने बड़ी संख्या में तोपें और राइफलें मँगाईं और 13 जून को पुनः युद्ध के लिए आ डटा। अंग्रेजी सेना के जबरदस्त तैयारियों को देखकर बेगम चिंतित हुईं और उन्होंने बलभद्र की कम उम्र को देखते हुए उन्हें एक दिन विश्राम करने की सलाह देते हुए स्वयं नेतृत्व की इच्छा जताई। उन्होंने स्वयं को उनकी माँ बताते हुए नववधू रानी के भविष्य का वास्ता दिया तो वीर बलभद्र ने 'युद्ध में सेनापति का आदेश चलता है, माँ का नहीं' कहकर उन्हें निरुत्तर कर दिया। तब विवश होकर बेगम ने सुरक्षा कवच पहनाकर आशीर्वाद देकर विदा किया। सेना को तीन भागों में बाँटकर 'खल्क खुदा का, मुल्क बादशाह का और हुक्म सेनापति बलभद्र सिंह का' नारे के साथ क्रांतिकारी सेना फिरंगियों पर टूट पड़ी। बलभद्र सिंह चीते की भाँति फिरंगी सैनिकों को काट रहे थे। युद्ध क्षेत्र में लाशों का अंबार लग गया, लेकिन बलभद्र के काका वीर योद्धा हीरा सिंह मारे गए। राजा देवीबख्श सिंह की मार से कैम्पवेल, बलभद्र की तलवार से घायल हडसन और राना बेनी माधव के वार से रसेल का घोड़ा मरा तो रसेल भाग खड़ा हुआ। अंततः बलभद्र और सेनापति होप ग्रांट आमने-सामने आ गए। बलभद्र के वार से होप ग्रांट का यूनियन जैक कटकर गिर गया और वह बेहोश हो गया, किंतु तभी तोप के गोले ने उनके हाथी को धराशायी कर दिया। महावत सुभान खाँ ने बच निकलने की सलाह दी तो बलभद्र ने फटकार लगाई और घोड़े पर बैठकर नरसंहार शुरू कर दिया। लेकिन भाग्य ने फिर धोखा दिया और गोला लगने से उनका घोड़ा भी चल बसा। तब बलभद्र पैदल ही दोनों हाथों में तलवार लेकर अंग्रेज सैनिकों का संहार करने लगे। इसी बीच होप ग्रांट ने धोखे से पीछे से वार किया और उनका सिर धड़ से अलग कर दिया। कहा जाता है कि सिर कट जाने के बाद भी उनका शरीर खड़ा रहा और दोनों तलवारें लगातार वार कर रही थीं। इस दृश्य को देखकर होप ग्रांट के भी होश उड़ गए। इसके बाद भी 800 क्रांतिकारी सैनिक अंतिम साँस तक लड़े और मातृभूमि की बलिबेदी पर न्योछावर हो गए। 13 जून को दोनों सेनाओं में भयानक युद्ध हुआ। बलभद्र सिंह ने अपनी सेना को चार भागों में बाँटकर युद्ध किया। एक बार तो अंग्रेजों के पाँव उखड़ गए, पर तभी दो नई अंग्रेज टुकड़ियाँ आ गईं, जिससे पासा पलट गया। कई जमींदार और राजा डरकर भाग खड़े हुए। पर बलभद्र सिंह चहलारी

वहीं डटे रहे। अंग्रेजों ने तोपों से गोलों की झड़ी लगा दी, जिससे अपने हजारों साथियों के साथ राजा बलभद्र सिंह भी वीरगति को प्राप्त हुए। इस युद्ध में चहलारी के प्रत्येक परिवार का लाल वीरगति को प्राप्त हुआ।

ओबरी युद्ध के अप्रतिम योद्धा बलभद्र के साहस और शौर्य की प्रशंसा करते हुए अंग्रेज सेनापति जनरल होप ग्रांट ने 'दि सिपॉय वार इन इंडिया' शीर्षक से अपनी डायरी में लिखा, "मैंने तमाम युद्ध और वीर योद्धाओं को देखा, लेकिन बलभद्र सिंह जैसा शानदार सैनिक, जांबाज योद्धा और अनूठा सेनापति नहीं देखा। इस लंबे-चौड़े और निर्भीक योद्धा को मृत्यु का भय भी नहीं झुका सका।" ओबरी के युद्ध में नायक रहे राजा बलभद्र सिंह की करिश्माई वीरता का समाचार 'लंदन टाइम्स' और 'न्यूयॉर्क टाइम्स' में छपा तो वे दुनिया भर में चर्चित हुए। विद्वान लेखक परनेश्वर सिंह ने अपनी पुस्तक 'राजपूत' में लिखा है कि इसी वीरता से प्रभावित होकर महारानी विक्टोरिया ने चहलारी नरेश बलभद्र सिंह का भव्य और दिव्य चित्र अपने राजमहल बकिंघम पैलेस में सम्मान के साथ लगवाया।[1]

राजा देवीबख्श सिंह

राजा देवीबख्श सिंह का जन्म गोंडा जिले के जिगना गाँव में हुआ था। उनके पिता दलजीत सिंह एक छोटे जमींदार थे। गोंडा के राजा के कोई लड़का नहीं था, इसलिए उन्होंने देवीबख्श सिंह को गोद ले लिया। गोंडा के राजा की जिम्मेदारी सँभालने के बाद राजा देवीबख्श सिंह की शोहरत अवध के नवाब तक पहुँची।

पत्रकार श्री तेज प्रताप सिंह ने अपने एक लेख में लिखा है कि एक बार वे अवध के दरबार में बैठे थे। तभी वहाँ एक घोड़ा लाया गया। उस पर बैठने का कोई साहस नहीं कर पा रहा था। देवीबख्श सिंह ने दौड़कर घोड़े की लगाम पकड़ी और इतनी जोर-से उसे डाँटा कि पूरा दरबार काँप उठा। फिर वह घोड़े की नंगी पीठ पर सवार हो गए। उस घोड़े को वह लखनऊ की सड़कों पर दौड़ाते रहे। जब वापस दरबार पहुँचे तो घोड़े के मुँह से फेना बह रहा था। यह दृश्य देख बेगम हजरत महल ने देवीबख्श सिंह को बुलाया और 'बेटा' कहकर उन्हें सीने से लगा लिया। देवीबख्श सिंह ने भी उन्हें 'माँ' शब्द से संबोधित किया। इस घटना का विवरण डॉ. जगदेव सिंह ने अपनी पुस्तक 'गोंडा : अतीत और वर्तमान' में भी दिया है।

---

1. AAPKIKHABAR.COM/ में प्रकाशित श्री तेज प्रताप सिंह का एक लेख

राजा देवीबख्श सिंह गोंडा-बहराइच के प्रधान नाजिम तो थे ही, उन्हें बस्ती और बाराबंकी के भी आठ रजवाड़ों को मिलाकर कुल तीस रजवाड़ों के नायक के रूप में क्रांति का संचालन सँभालने की जिम्मेदारी दी गई थी। फरवरी 1856 में ब्रिटिश राज्य में अवध का विलय करने के बाद जब कर्नल ब्वायलू यहाँ पर तैनात होकर आए तो उन्होंने राजा देवीबख्श सिंह के पास मिलने के लिए बुलावा भेजा, किंतु वे आने को तैयार नहीं हुए। ब्रिटिश अमलदारी में हुए सरसरी बंदोबस्त में गोंडा के राजा के 400 गाँवों में से 30 गाँव कम कर दिए गए थे। बेगम हजरत महल के आमंत्रण पर गोंडा राजा अपनी सेना के साथ लखनऊ गए थे, जिसमें करीब तीन हजार सैनिक थे। वहाँ पर पहुँचकर उन्होंने अंग्रेजों के खिलाफ जमकर लड़ाई लड़ी। यहाँ पर अंग्रेजों से हुए कई मुकाबलों के बाद 16 मार्च, 1958 को बेगम ने चौलक्खी कोठी छोड़ दी। इसके बाद वह जहाँ भी ठहरी, अंग्रेजों ने वहाँ पर उनका पीछा किया।

राजा देवीबख्श सिंह वैसे तो पूरे जीवन अंग्रेजों से लड़ते रहे। एक बार फैजाबाद से आ रही अंग्रेजी सेना का राजा देवीबख्श सिंह से लमती लोलपुर में आमना-सामना हुआ। 15 दिनों तक यहाँ पर मोर्चा चला। बाद में गुपचुप तरीके से अंग्रेजी सेना घाघरा के इस पार उतर आई। लमती में दोनों के बीच भयंकर युद्ध हुआ। यहाँ से राजा को पीछे हटना पड़ा। उन्होंने नेपाल में जाकर शरण ली। वह वहाँ पर दांग घाटी के देवखुर नामक स्थान पर ठहरे थे। यही नहीं, राजा देवीबख्श सिंह के पास समर्पण के भी कई प्रस्ताव आए, लेकिन उन्होंने सब ठुकरा दिए। वहीं पर उनकी मृत्यु की बात बताई जा रही है।

राजा देवीबख्श सिंह को सांप्रदायिक सौहार्द का प्रतीक माना जाता है। आज भी उनकी ड्योढ़ी पर ताजिया झुका दी जाती है। उनका नाम और किए गए कार्यों को गोंडा और उसके आसपास के जिलों में बहुत आदर के साथ लिया जाता था। आज उनका नाम लेनेवाले कम हैं, लेकिन उस दौर में उन्होंने न केवल वीरता की चरम मिसाल पेश की थी बल्कि हिंदू-मुसलिम सौहार्द को बढ़ावा दिया था। अवध क्रांति की बागडोर सँभालने के बाद लखनऊ की बेगम हजरत महल ने गोंडा के राजा देवीबख्श सिंह से सहायता माँगी थी।

5 जुलाई, 1857 को बेगम शाही सेना के कैप्टन गजाधर पांडेय अनुरोध-पत्र लेकर राजा के पास आए थे। यह पत्र बहुत ही मार्मिक था। जिसमें उन्होंने अंग्रेजों द्वारा अन्याय पूर्वक छीने गए राज्य, अवध के अवयस्क उत्तराधिकारी व बेघर की गई एक महिला को उसका हक दिलाने के लिए अन्यायी के विरुद्ध कमान सँभालने का आग्रह किया था, जिस पर यहाँ से गोंडा राजा ने अपनी सेना के साथ पहुँचकर उनका साथ दिया।

राजा देवीबख्श सिंह ने लखनऊ व चौका घाट पर लड़ाई के बाद बेलवा के समीप अपना कैंप बनाया। यहाँ पर उन्होंने 2 तोपों व 800 सैनिकों के साथ बेलवा को अपने कब्जे में कर लिया। हर मोड़ पर अंग्रेजों से मुकाबला होता रहा। ऐसे में नवंबर के प्रथम सप्ताह में गोंडा क्रांतिकारियों की गतिविधियों का मुख्य केंद्र बन गया। सत्तावनी क्रांति का आरंभ भले ही सिपाही विद्रोह से हुआ था, लेकिन इसने जन क्रांति का रूप ले लिया था। कई मोर्चों पर युद्ध होता रहा। 25 नवंबर से 6 दिसंबर तक गोंडा की धरती पर अंग्रेजों और क्रांतिकारियों के बीच घमासान युद्ध हुआ। आखिरकार जनरल होप ग्रांट ने विशाल सेना के साथ 25 नवंबर, 1858 को घाघरा पार कर राजा गोंडा की फौज को तितर-बितर कर दिया। बावजूद इसके, गोंडा राजा ने हार नहीं मानी। लखनऊ की बेगम उन्हें अपना बेटा मानती थी। 1857वीं क्रांति के अमर सेनानी राजा देवीबख्श सिंह पूरी जिंदगी अंग्रेजों के हाथ नहीं आ सके।

अमृतलाल नागर की किताब बताती है कि 'सन् सत्तावन के बहुत पूर्व ही उसके दरबार की यह परिपाटी थी कि मुहर्रम के अंतिम दिन (अशरे के दिन) ताजिये करबला जाते हुए उनके सिंहद्वार पर आदर पाते थे, वहाँ रखे जाते थे। मुसलमान इसमें अपना गौरव मानते थे।[1]

वीरांगना रानी ईश्वरी देवी

ईश्वर कुमारी गोंडा (वर्तमान बलरामपुर जिले) के तुलसीपुर स्टेट की रानी थीं। राजा दृगराज सिंह की 1857 के विद्रोह के समय ही मृत्यु हो चुकी थी। फिर भी, तुलसीपुर के लोग उस समय विद्रोही सैनिकों का साथ देने का निर्णय कर चुके थे। रानी स्वयं सैनिकों का नेतृत्व कर रही थीं। अंग्रेजों ने अनेक प्रलोभन देकर उन्हें शांत करना चाहा, लेकिन उन्होंने बेगम हजरत महल की तरह निर्वासित जीवन व्यतीत करना पसंद किया और अंतिम समय तक अत्याचार का मुकाबला करती रहीं। जब बेगम हजरत महल नेपाल जा रही थीं तो रानी ने उन्हें आश्रय दिया। अचवा गढ़ में बेगम तीन दिन रुकी रहीं। ईश्वर कुमारी ने न केवल सुरक्षा प्रदान की बल्कि नेपाल की सीमा तक पहुँचाया। कहा जाता है कि उन्होंने अपना शेष जीवन भी नेपाल की सीमा पर ही व्यतीत कर दिया। गोंडा जनपद में आज भी ईश्वर कुमारी का नाम आदर और सम्मान से लिया जाता है।

---

1. ग़दर के फूल, अमृतलाल नागर, पृ. 84

तुलसीपुर के गौरवशाली इतिहास को अधिकतर दबाया गया अथवा तोड़-मरोड़कर प्रस्तुत किया गया। रानी तुलसीपुर ही ऐसी वीरांगना थीं, जिन्होंने बेगम हजरत महल को सुरक्षित नेपाल पहुँचाने में सहायता की थी। उनके पति दृग नारायण सिंह को अंग्रेजों ने पहले बंदी बनाकर बेली गार्ड में रखा। बाद में वहीं उनकी मृत्यु हो गई।[1] 1857 के बाद तुलसीपुर का राज्य बलरामपुर का हिस्सा बन गया। अमृतलाल नागर जी अपनी पुस्तक में लिखते हैं कि—रानी तुलसीपुर बड़ी मनस्विनी और अहंकारिणी थीं। तुलसीपुर में मिट्टी का एक किला था एयर ग़दर में। बाद को राजा बलरामपुर ने अपने सेनापति जनरल बेनीमाधव को उसे उजाड़ने के लिए भेजा था।[2] बाद में तुलसीपुर राज्य के 313 गाँव जब्त कर लिए गए।[3]

स्वतंत्रता संग्राम के अंतर्गत गोंडा तथा बहराइच में हुए संग्राम में तुलसीपुर की रानी ईश्वरी देवी ने बढ़-चढ़कर हिस्सा लिया था, परंतु इतिहास में इस वीरांगना को कहीं कोई उचित स्थान नहीं मिल पाया। चहलारी के राजा बलभद्र सिंह रैकवार के राज में किसी कवि ने युद्ध के आँखों देखे हाल को एक लंबे गीत में लिखा था, जिसे उन्होंने 'जंगनामा' नाम दिया था। इस जंगनामे के कुछ अंश अमृतलाल नागर जी ने अपनी पुस्तक 'ग़दर के फूल' में भी दिए हैं। उस जंगनामे की विशेषता यही है कि युद्ध में भाग लेनेवाले राजवंशों के अतिरिक्त जन-साधारण के विभिन्न जातियों के अनेक शूरवीरों के नाम भी लिखे हैं। उक्त कवित्त की कुछ पंक्तियों द्वारा सत्तावनी क्रांति के अंतिम समर में अन्य राजवंशों के साथ रानी तुलसीपुर के युद्ध करने का भी स्पष्ट उल्लेख मिलता है।

कवित्त

चरदा व इकौना नानपारा ओ पयागपुर भींगा समेत रहे भूप तोन जान लीजिए।
बलरामपुर छयो द्वारा गंगवलि जरबुलि तुलसीपुर को मानिए।
रामनगर खानजादे व रामपुर कठवलि जान्गारे समेत सुधा सबको बखानिए।
बौंडी के राजा रैकवारी के ठाकुर हरिहरपुर रेहुवा ओ टपरुहा समेत सब भूपन गनाइए।

1. बेचारा छोटी-सी रियासत का राजा अंग्रेज शक्ति का सामना न कर सका, अंत में बंदी बनाकर लखनऊ भेज दिया गया। बेली गार्द में ही यातनाएँ सह-सहकर उसकी मृत्यु हो गई। (ग़दर के फूल, अमृतलाल नागर, पृ. 88)
2. ग़दर के फूल, अमृतलाल नागर, पृ. 85
3. उप., पृ. 90

बलरामपुर के राजा नवल सिंह

नवल सिंह सन् 1781 (संवत् 1838 वि.) में बलरामपुर के राजा का भी नाम संयोगवश नवल सिंह था। नवल सिंह को अवध के नाजिमों से कई बार युद्ध करना पड़ा। उन्होंने तुलसीपुर नाम से नया परगना बनाया। अनुमान है कि बलरामपुर के बादल बढ़ई के भाई तुलसी बढ़ई का यहाँ कब्जा था।

अवध के नाजिमों से राहत पाने की दशा में घने वृक्षों से आच्छादित इससे उपयुक्त और कोई स्थान नहीं हो सकता था। बलरामपुर नरेश नवल सिंह शिकार के लिए तुलसीपुर के सीमावर्ती वन में गए हुए थे। वहीं उनकी मुलाकात सिसोदिया क्षत्रिय राजा नवल सिंह (राजा तुलसीपुर) से हुई। दोनों की मुलाकात ने मैत्री का रूप ले लिया। बलरामपुर नरेश ने फलांबाग (तुलसीपुर) नरेश को परामर्श दिया कि तुलसीपुर को ही अपनी राजधानी बनाए। मैदानी भाग में स्थित होने के कारण यहाँ की जलवायु भी हितकर रहेगी, साथ ही प्रबंध की दृष्टि से भी यह अधिक सुविधाजनक रहेगा। फलांबाग नरेश को यह राय उचित प्रतीत हुई और उन्होंने तुलसीपुर को अपना मुख्यालय बनाने का निश्चय किया। तुलसीपुर नरेश राजा नवल सिंह बलरामपुर आए। इन्हीं दिनों नवाब आसफुद्दौला शिकार के लिए इस क्षेत्र में आए हुए थे। बलरामपुर के राजा के अनुरोध पर नवाब सुलतान ने आठ पट्टे जंगल के जो 'परगना तुलसीपुर' के नाम से प्रसिद्ध है, थारुओं से निकालकर नवल सिंह सिसोदिया को लिख दिए। बलरामपुर राज्य के प्रति कृतज्ञता स्वरूप नवल सिंह सिसोदिया ने राजा वलरामपुर को चौधर देना स्वीकार किया।[1]

तुलसीपुर के राजा नवल सिंह का देहांत हो जाने के बाद उनके पुत्र दलेल सिंह तुलसीपुर की गद्दी पर बैठे। अपने राज्य काल में उन्होंने बलरामपुर को चौथ-चौधर देना बंद कर दिया था। सन् 1817 ई. में बलरामपुर के राजा नवल सिंह का भी निधन हो गया। उनके दो पुत्र थे, बहादुर सिंह व अर्जुन सिंह। तुलसीपुर के राजा दलेल सिंह द्वारा मालिकाना हक बंद कर दिया। राजा बलरामपुर के ज्येष्ठ पुत्र बहादुर सिंह मालिकाना हक की वसूली के लिए अपनी सेना लेकर तुलसीपुर की ओर चल दिए। उन्होंने तुलसीपुर के किले को घेर लिया। यह किला तुलसीपुर-बिस्कोहर मार्ग पर पुरवा के दक्षिण में था। तुलसीपुर का पुरवा मुहल्ला राजा नवल सिंह के पिता तेज सिंह के नाम पर बसा था। इसका पुराना नाम 'तेजा पुरवा' था। किला मिट्टी की दीवारों का बना था। उस किले की कुछ निशानियाँ—कुएँ, तालाब, मन्दिर तथा पीपल का पेड़ आज भी तुलसीपुर के राजा-रानी की शौर्य गाथाएँ कह रही हैं।

---

1. कैफियत नामा बलरामपुर

बहादुर सिंह ने सेना के साथ तुलसीपुर कोट को घेर लिया। किले की घेराबंदी के बाद लड़ाई हुई। तुलसीपुर के राजा दलेल सिंह ने विवश होकर समस्त देनदारी अदा कर दी और 1,500 रुपया खिराज देना स्वीकार करके एक दस्तावेज लिखकर राजकुमार बहादुर सिंह को दिया। इस सन्धि में पुराना बकाया चुकाकर भविष्य में चौधर चुकाते रहने का लिखित इकरारनामा हो गया था।[1]

राजा दलेल सिंह के दो पुत्र थे—बड़े थे, दान बहादुर सिंह तथा छोटे थे, दृगराज सिंह। राजा दलेल सिंह के निधन के पश्चात् दान बहादुर सिंह तुलसीपुर रियासत के मालिक बने। उन्होंने राजा बलरामपुर को मालिकाना हक देना बंद कर दिया। उनका मानना था कि सैनिक सहायता के बदले में उक्त धनराशि बलरामपुर को दी जाती रही है, जिसकी अब हमें आवश्यकता नहीं है। सन् 1828 ई. में गवर्नर जनरल ने शिकार खेलने की इच्छा से तराई का दौरा किया। राजा दान बहादुर सिंह ने उनका खूब आदर-सत्कार किया। उनकी इस सेवा से प्रसन्न होकर गवर्नर ने अयोध्या के राजा को आदेश दिया कि राजा तुलसीपुर को मुस्तकिल पट्टा पर निर्धारित वार्षिक लगान पर दे दिया जाए। अयोध्या के राजा यहाँ के नाजिम थे। दान बहादुर सिंह को 62,759 रु. निर्धारित वार्षिक लगान पर पट्टा मिल गया। राजा दान बहादुर सिंह की यह एक कूटनीतिक सफलता थी क्योंकि सन् 1800 में इसका वार्षिक लगान 75,649 रु. था तथा अगले बीस वर्ष तक 42 हजार से 70 हजार रुपए के बीच चलता रहा था।[2] राजा दान बहादुर सिंह तुलसीपुर के सभी सिसोदिया राजाओं में श्रेष्ठ राजा हुए। उन्होंने सबसे अधिक समय तक शासन किया। तुलसीपुर पुरवा के निकट उनका बनवाया हुआ शिव मन्दिर और तालाब आज भी उनकी याद को ताजा रखे हुए हैं।

कर्नल सलीमन ने अपनी डायरी 'ए जर्नी थ्रू द किंगडम ऑफ अवध' में तुलसीपुर के राजा को बंदी बनाए जाने की घटना को इस प्रकार लिखा है कि तुलसीपुर के राजा दृगराज सिंह का केवल एक पुत्र है, जिसका नाम साहब जी (दृग नारायण सिंह) है तथा उसकी आयु सत्रह वर्ष की है। उसके पुराने कर्मचारियों ने इस विचार से कि चालाक बाप की तुलना में अल्पावस्था के पुत्र से अधिक रुपया हाथ लगेगा, पहले उन्होंने जहाँ तक हो सका, धन-संपदा एकत्र कराकर उसे गोरखपुर भगा दिया। वहाँ उसने दस महीने की विलासिता में सब कुछ उड़ा दिया। दो महीने हुए तो पिता ने उसे इस शर्त पर बुलाया कि वह अकेला आए, परंतु जब वह तुलसीपुर से छह मील की दूरी पर था तब राजा

1. तारीख राज बलरामपुर 1909, पृ. 8-9
2. गोंडा गजेटियर, 1905, पृ. 262-63

के कारिन्दों ने देखा कि उसने तीन हजार सशस्त्र जवान एकत्र कर रखे हैं कि राजा को कैद करके रियासत पर कब्जा कर ले। पिता ने इस आशंका से कि राज नष्ट हो जाएगा और स्वयं कैद ही नहीं संभवतः कत्ल भी कर दिया जाएगा, उसने भागकर मित्र राजा बलरामपुर की शरण ली।

कर्नल सलीमन ने स्थिति का लाभ उठाकर कुछ बड़े ताल्लुकेदारों और जमींदारों को निकाल बाहर करने का कार्य किया, जिससे अवध में कर वसूली के कार्य में अक्षमता आ गई। अंग्रेजों को इस बहाने भी अवध पर कुप्रशासन के बहाने कब्जा करने में लाभ मिलता था। अवध के बादशाह को इस प्रकार गुमराह करने के प्रयास किए जाते थे, जिससे कर वसूली में बाधाएँ उत्पन्न होती थीं। कर वसूल न हो पाने के कारण नुकसान बादशाह का ही होता था। यह कार्य सलीमन से लेकर आउट्रम तक सभी रेजीडेंटों ने किया था। इस तथ्य की पुष्टि इस पत्र से भी होती है, जो बादशाह की ओर से रेजीडेंट के नाम 16 सितंबर, 1850 को भेजा गया था, "मुझे आपको फिर से याद दिलाना है कि फसली 1256, 1849-50 में तुलसीपुर के ताल्लुकेदार दृगराज सिंह ने सरकार के लगभग 1,000 रुपयों का भुगतान नहीं किया था।" बाद में दृगराज सिंह के पुत्र साहब जी द्वारा यह धन चुका दिया गया था। कुछ महीनों बाद साहब जी से ताल्लुका छीन लिये जाने का आपने आदेश भेजा और उस पर दृगराज का पुनः कब्जा हो गया। इस घटना से दृगराज सिंह का दुःसाहस इतना बढ़ गया है कि अपने इलाके के सभी कर वसूल लेने पर भी वह भुगतान करने को बिलकुल तैयार नहीं है। एक वर्ष की अवधि बीत चुकी है और दृगराज पर रकम बाकी है। ऐसी स्थिति में किस प्रकार कर वसूलना चाहिए?

इस प्रकार रेजीडेंट द्वारा बादशाह को नीचा दिखाने के इरादों के परिणामस्वरूप दृगराज सिंह अंग्रेज समर्थक बन गए और उनके पुत्र दृग नारायण सिंह बादशाह के समर्थक बन गए। बाप-बेटे के बीच शुरू हुए इस संघर्ष को अंत तक हवा दी गई। दृग नारायण सिंह अंग्रेजों के शत्रु बन गए।[1]

कुछ महीनों बाद फौजों के वापस जाते ही दृग नारायण सिंह ने पुनः तुलसीपुर रियासत पर कब्जा कर लिया। उसने अपने पिता को कैद कर लिया। कुछ ही दिनों बाद बूढ़े राजा की बंदीगृह में ही मृत्यु हो गई। गजेटियर लेखक का अनुमान है कि राजा को विष दिया गया। लगान सीधे सरकार अवध के प्रशासकों द्वारा वसूला गया।

सन् 1853 ई. में कर्नल मैकडॉनल्ड शिकार के लिए तुलसीपुर आए और तीन दिन रहे। सन् 1854 ई. में वे दोबारा आए। उन्होंने खैरीगढ़ जंगल में 32 शेरों का शिकार किया।

---

1. स्मारिका, 1857 संकल्प संस्था, तुलसीपुर।

राजा दृग नारायण सिंह स्वाधीनता प्रेमी थे। वह आरंभ से ही अंग्रेजों की नीति-रीति के कट्टर विरोधी थे। अत: अंग्रेजों ने इस परिवार में फूट का बीज बोया। अवध हड़पने से पूर्व अंग्रेजों ने नवाब वाजिद अली शाह के निकम्मा और विलासी होने का प्रचार किया था। वही नीति यहाँ भी अपनाई। इसमें संदेह नहीं है कि तुलसीपुर राजवंश का इतिहास अंग्रेजों तथा अंग्रेजी सरकार के पिट्ठुओं ने तोड़-मरोड़कर प्रस्तुत किया।

7 फरवरी, 1856 को ईस्ट इंडिया कंपनी ने अवध का अधिग्रहण कर लिया। कंपनी ने अवध के समस्त राजाओं और ताल्लुकेदारों के पास अपने शाही घुड़सवारों के माध्यम से शाही फरमान प्रेषित किए कि माबदौलत आज की तारीख से सब राजाओं और ताल्लुकेदारों को सरकार कंपनी अंग्रेज बहादुर के हवाले किया। तुम सबको चाहिए कि सरकार अंग्रेज बहादुर के अहकाम की तामील करो और अपने तईं उन्हीं की रियाया समझो। इसी के साथ एक इश्तिहार अंग्रेजी सरकार से भी जारी हुआ।

12 फरवरी, 1856 ई. को विंग फील्ड बहराइच का कमिश्नर होकर आया। वह घाघरा पार करके सकरौरा (कर्नलगंज,जनपद गोंडा जहाँ अंग्रेजों की सैनिक छावनी थी) पहुँचा। तीन दिन के दौरे के बाद वो बहराइच पहुँचा। उसके साथ जंगी पलटनें, एक रिसालाखाना तथा एक तोपखाना था। बहराइच से नानपारा व चरदा देखते हुए फिर गोंडा वापस आया। विंग फील्ड के इस दौरे में सिवाय राजा तुलसीपुर दृग नारायण सिंह के अलावा जनपद के सभी ताल्लुकेदार उसकी सेवा में हाजिर थे। कमिश्नर विंग फील्ड ने बलरामपुर के महाराजा से राजा तुलसीपुर के विषय में उनके न आने का कारण पूछा तो महाराजा बलरामपुर ने कहा कि किसी विशेष कारण या समय अभाव के कारण नहीं आ सके हैं। मुझे विश्वास है कि वो जरूर आएँगे। कुछ समय बाद विंग फील्ड गोंडा से उतरौला गया और वहाँ से तुलसीपुर के इलाके में आया।

राजा दृग नारायण सिंह उर्फ साहब जी कमिश्नर विंग फील्ड के सामने हाजिर हुए और मुलाकात में इधर-उधर की बातों के बाद उन्होंने महाराजा बलरामपुर की काफी शिकायत की, लेकिन विंग फील्ड ने कोई उत्तर न दिया। दो-तीन दिन बाद कमिश्नर विंग फील्ड की मुलाकात जब महाराजा बलरामपुर से हुई तो उन्होंने तुलसीपुर के राजा की बात बताई। महाराजा बलरामपुर मुस्कराते हुए बोले, "वो अक्सर बीमार रहते हैं और कभी कभी उनका मानसिक संतुलन भी ठीक नहीं रहता।" इसके कुछ दिन बाद कमिश्नर विंग फील्ड ने राजा तुलसीपुर को बलरामपुर तलब किया और इस विषय पर एक इकरारनामा लिखने को कहा कि एक महीने के अंदर लगान जमा कर दें। अपनी फौज को बरखास्त कर दें तथा तोपें सरकार के

पास जमा कर दें। इस आदेश के अनुसार राजा दृग नारायण सिंह (राजा तुलसीपुर) ने इकरारनामा लिख दिया।

जब इकरारनामा लिखे हुए तीन महीने बीत गए तो और वादा पूरा न हुआ तो कमिश्नर विंग फील्ड ने महाराजा बलरामपुर को एक पत्र लिखा कि वायदा खिलाफी के कारण वो राजा तुलसीपुर को सजा देना चाहते हैं, आप अपनी सेना सहित तैयार रहिए। पत्र पहुँचने के तीसरे दिन कमिश्नर सेना सहित बलरामपुर पहुँचा और महाराजा बलरामपुर को तुलसीपुर साथ चलने को कहा। महाराजा साहब ने कहा कि मैं चलने को तैयार हूँ, पर मेरा जाना अभी ठीक नहीं है। अगर मैं अभी जाऊँगा तो वो समझेंगे कि मैं ही आपको प्रेरित करके लाया हूँ। मुझे विश्वास है कि वह आपके आने का समाचार सुनकर हाजिर होंगे। यदि वो सरकशी करेंगे तो मैं तुरंत पहुँच जाऊँगा। कमिश्नर को सलाह पसंद आई और वो थोड़ी-सी सेना लेकर तुलसीपुर आया।

कमिश्नर विंग फील्ड के आने का समाचार सुनते ही राजा तुलसीपुर दृग नारायण सिंह अपनी सेना को कमदा के किले में छोड़कर तुलसीपुर से लगभग बीस मील दूर डोकम नामक स्थान पर छिप गए (लेखक एक बार इतिहास की खोज में शिशुपाल सिंह के भाई के पास डोकम गया था। वहाँ बताया गया कि उनका घराना तुलसीपुर राज के प्रबंधक शिव दीन सिंह के वंशजों का है। उनके पास एक शाही जैकेट है जो उनके पूर्वज पहना करते थे। उल्लेखनीय है कि शिवदीन सिंह राजा दृग नारायण सिंह के मामा थे)।

जून के महीने में विंग फील्ड ने फौज लेकर तुलसीपुर पर चढ़ाई कर दी। तुलसीपुर राजा की सेना कमदा कोट में थी। विंग फील्ड ने यह कहकर कि राजा तुलसीपुर ने हमारी अधीनता स्वीकार करके इकरारनामा लिख दिया है, सैनिकों से हथियार रखवा लिए। उसके पश्चात् विश्वासघाती विंग फील्ड ने अचानक डोकम पर चढ़ाई कर दी और राजा दृग नारायण सिंह व उनके विश्वस्त कर्मचारियों और चार हजार सैनिकों को कैद करके तुलसीपुर ले आया।

तुलसीपुर राज को भी जब्त कर लिया गया। पूरे तुलसीपुर परगना को गाँव के मुखिया लोगों को कुल मालगुजारी का 10 प्रतिशत राजा के भरण-पोषण के लिए सुरक्षित रखने का आदेश दिया। राजा के कर्मचारियों को तनख्वाहें देकर सेवा मुक्त कर दिया गया। राजा दृग नारायण सिंह को कैद करके तुलसीपुर से लखनऊ भेज दिया गया। वहाँ कुछ दिनों तक रेजिडेंसी (बेली गारद) में कैद रखा गया। बाद में सन् 1857 में क्रांति भड़कने पर उन्हें गोली मार दी गई।[1]

राजा तुलसीपुर दृग नारायण सिंह के साथ दिल्ली के शाही परिवार के दो सदस्यों मिर्जा हैदर शिकोह और हुमायूँ शिकोह के साथ बादशाह के बड़े भाई राजकुमार मुस्तफा अली खाँ भी कैद थे। नवाब मुहम्मद हसन को भी एक गाड़ी में ले जाया गया था। इन सब पर संदेह था कि इनके संबंध विशेषकर नाना साहब से बना हुआ है। मुहम्मद हसन को इतनी यातनाएँ दी गईं कि उसने दम तोड़ दिया।[2]

वीरांगना रानी तुलसीपुर का प्रतिशोध

तुलसीपुर नरेश के साथ किए गए कूटनीतिक षड्यंत्र से प्रजा बड़ी क्षुब्ध थी। कैद के दौरान अपने पति को दी गई अमानवीय यातनाओं और बाद में उनको गोली मार दिए जाने के कारण राजा दृग नारायण सिंह की विधवा रानी का मन में अंग्रेजों के विरुद्ध नफरत और प्रतिशोध से भर गया। रानी अब केवल एक स्त्री नहीं रह गई थीं, वो एक वीरांगना बन चुकी थीं। उसने अंग्रेजों व उनके समर्थकों से चुन-चुनकर बदला लेने की प्रतिज्ञा कर ली थी। इसीलिए रानी ने पहले अपनी रियासत पर कब्जा करने का प्रयास किया और अपनी सेना का पुनर्गठन किया। उस वीरांगना ने सबसे पहले अपने सेनानायक राम सिंह तथा रियासत के अगले उत्तराधिकारी पृथ्वी पाल सिंह को बंदी बनाकर एक मकान में कैद कर दिया। कहीं ये दोनों भाग न निकलें, इस डर से रानी तुलसीपुर ने उन दोनों को फूस की एक झोंपड़ी में कैद करके उसके चारों तरफ अपने सिपाही खड़े कर दिए। रानी ने फूस की उस झोंपड़ी में आग लगवा दी। हृदय विदारक चीखों के साथ आग से झुलसकर उन दोनों का अंत हो गया। इस घटना का जिक्र 'इंपीरियल गजेटियर ऑफ अवध' में भी किया गया है। रानी तुलसीपुर को बाद में ज्ञात हुआ था कि इन दोनों के षड्यंत्र के कारण ही उनका पति अपनी सेना छोड़कर कमदा से डोकम भागा था और इन्हीं की सहायता से कमिश्नर विंग फील्ड ने राजा दृग नारायण सिंह को गिरफ्तार किया था।

रानी तुलसीपुर ने अवध के विशेष रूप से अपने पड़ोसी जनपदों के क्रांतिकारियों से अपना संपर्क बढ़ाया। इनमें से बलभद्र सिंह चहलारी, फैजाबाद के मौलवी अहमद जमा खान, बौंडी के राजा हरदत्त सिंह, इकौना के उदित प्रकाश सिंह, बूढ़ापारा के राजा अशरफ बख्श सिंह,नाना साहब और बाला राव, अमरोहा के मेहदी हसन, बरेली के खान बहादुर

1. गोंडा गजेटियर 1905, पृ. 262-63
2. नैरेटिव ऑफ इवेंट्स इन अवध : हच्चीसन, पृ. 71-75

खाँ, शंकरपुर रायबरेली के बेनी माधव सिंह, फर्रुखाबाद के नवाब तफज्जुल हुसैन आदि जो बेगम हजरत महल के नेतृत्व में क्रांति की मशाल सँभाले हुए थे।

संकल्प संस्था तुलसीपुर की 'स्मारिका 1857' के एक लेख के अनुसार, अपनी मातृभूमि की रक्षा और अंग्रेजों से बदला लेने के लिए रानी तुलसीपुर ने राजा देवीबख्श सिंह से एक विश्वासपात्र सेनापति देने की माँग की। राजा देवीबख्श सिंह ने अपनी सेना के सिपहसालार फजल अली को ही भेज दिया। संकट की उस घड़ी में रानी तुलसीपुर की रक्षा करना ही फजल अली की जिम्मेदारी थी। सेना नायक फजल अली मोतीगंज बाजार (जनपद गोंडा) से 6 किमी. उत्तर-पूर्व में मनोरमा नदी के तट पर स्थित ग्राम निर्जा पुरवा के निवासी थे। उन्हें तैराकी, लाठी चलाना, भाला फेंकना, तीर चलाना तथा बंदूक चलाने में महारत हासिल थी। देश भक्ति की भावना ने उन्हें अंग्रेजों का प्रबल शत्रु बना दिया था।

7 फरवरी, 1856 के दिन अंग्रेजों ने अवध को ईस्ट इंडिया कंपनी में मिला लिया था। उसी दिन बहराइच जिले को विभक्त करके गोंडा को पृथक् जनपद बना दिया गया था। विंग फील्ड को बहराइच का कमिश्नर और कर्नल ब्वायलू को गोंडा का डिप्टी कमिश्नर नियुक्त किया गया। कर्नल ब्वायलू ने सुरक्षा की दृष्टि से सकरौरा (वर्तमान में गोंडा जनपद की तहसील कर्नलगंज में है) में छावनी बनाई, जिससे घाघरा पार के राजाओं और जमींदारों को अंग्रेजी सरकार की अधीनता में रखा जा सके। अवध के समायोजन से पहले ही इस जनपद में क्रांति की शुरुआत हो चुकी थी। यहाँ के देशभक्त राजाओं ने अंग्रेज सरकार को लगान देना स्वीकार न किया। इसी संदर्भ में राजा दृग नारायण सिंह को कैद करके तुलसीपुर से लखनऊ भेज दिया गया था। वहाँ कुछ दिनों तक रेजिडेंसी (बेली गारद) में कैद रखा गया। बाद में सन् 1857 में क्रांति भड़कने पर उन्हें गोली मार दी गई। कर्नल ब्वायलू डिप्टी कमिश्नर गोंडा लगातार तुलसीपुर की रियासत पर दृष्टि जमाए हुए था। रानी तुलसीपुर उसका पहला निशाना थीं। उसने शांति व्यवस्था के नाम पर तुलसीपुर की रानी ईश्वरी देवी (रानी ऐश्वर्य राजेश्वरी देवी) के समर्थकों को झूठे इल्जाम लगाकर अमानवीय यातनाएँ दीं।

रानी तुलसीपुर के सेनापति फजल अली द्वारा तुलसीपुर में कर्नल ब्वायलू का सिर काट देना

'संकल्प संस्था तुलसीपुर की स्मारिका' फजल अली को रानी तुलसीपुर का सेनापति दर्शाती है जबकि 'राष्ट्रीय स्वतंत्रता संघर्ष और गोंडा जनपद' की पुस्तक में लेखक डॉ.

भगवती प्रसाद सिंह ने उसे डाकू बताते हुए लिखते हैं कि—गोंडा के स्वाधीनता संघर्ष का विस्फोट 10 जून, 1857 को सकरौरा के सैनिकों द्वारा किया गया, जिसमें तीन अंग्रेज अधिकारियों का वध कर दिया गया था। इस जिले में अंग्रेज अधिकारियों की हत्या की एक घटना उक्त विस्फोट के एक वर्ष पूर्व भी घट चुकी थी, जिसमें साहसी दस्यु फजल अली ने गोंडा के नवनियुक्त प्रथम जिला अधिकारी कर्नल मोबाइलो की हत्या कर दी थी, किंतु उक्त घटना व्यक्तिगत मुठभेड़ का परिणाम थी। स्वाधीनता के राष्ट्रीय आंदोलन से उसका तनिक भी संबंध न होने के कारण उसे स्वाधीनता की क्रांति से जोड़ना अनुचित होगा।

वर्ष 1853 में अयोध्या में राजा मान सिंह बहराइच के आमिल नियुक्त हुए। नानपारा की छोटी रानी जो मेहदी कुली खाँ की बेटी थी, ने राज का प्रबंध हथियाने के प्रयास शुरू कर दिए। नवाब वाजिद अली शाह की माँ मल्लिका-ए-किश्वर ने भी उनकी मदद की, परंतु उसके मंसूबे पूरे न हो सके। बड़ी रानी की सेना के कमांडर फजल अली थे। उन्होंने नवाब वाजिद अली के शासन काल में अनेक दुस्साहस पूर्ण वारदातें की थीं तथा उनके प्रधानमंत्री नवाज अमीरनुद्दौला पर 8 अप्रैल, 1847 को प्राण घातक आक्रमण करनेवाले एक फरार अभियुक्त थे। कहा जाता है कि यह आक्रमण अली नाकि खाँ की शह पर फजल अली ने अपने तीन अन्य साथियों के साथ नवाब अमीरनुद्दौला का सफाया करने के लिए किया था। इस घटना में आक्रमणकारी तफज्जुल खाँ और हैदर खाँ पकड़ लिए गए थे, किंतु फजल अली अपने चौथे साथी के साथ भाग निकलने में सफल हो गया। वह लखनऊ से भागकर बहराइच के शक्तिशाली ताल्लुकेदार राजा नानपारा के यहाँ छिपे तौर से रहने लगा।

छोटी रानी के पक्षधर मेहदी कुली खाँ अवध के नवाब से बिसवाँ के शक्तिशाली ताल्लुकेदार नवाब अली के लिए यह हुकुम जारी कराने में सफल रहे कि वह अपनी फौज के साथ छोटी रानी को नानपारा राज्य पर काबिज कराने में शाही सेना की मदद करें। नवाब अली और शाह अवध की संयुक्त सेनाओं के आक्रमणों को फजल अली ने कई बार अपने कुशल नेतृत्व से विफल कर दिया तथा उन्हें भारी क्षति पहुँचाई। फजल अली को अंत में पराजित होना पड़ा और बड़ी रानी अपने पुत्र के साथ राज्य से बाहर कर दी गईं।

फजल अली के गिरोह में फर्रुखाबाद का इनामी दस्यु फैजू था, जिसकी आशनाई वेश्या उमराव जान अदा से हो गई थी। उमराव जान को लखनऊ से फर्रुखाबाद ले जाने के चक्कर में लालगंज रायबरेली के पास में फजल अली और फैजू के साथियों की मुठभेड़

राजा ध्यान सिंह के आदमियों से हुई थी, जिसमें फजल अली और फैजू भाग निकले थे। किंतु उनके कई साथी सवार घायल हुए और उमराव जान के साथ राजा ध्यान सिंह द्वारा पकड़े गए थे।

फजल अली कानपुर में नवाब मुहम्मद तकी खाँ की कोठी पर डकैती डालने गए गिरोह का मुखिया था। लखनऊ में करोड़पति सर्राफ पन्ना लाल चौधरी, लाला हर प्रसाद तथा नवाब मल्लिका-ए-आलम के यहाँ हुई चोरी-डकैती की वारदातों में भी फजल अली नामजद था।

फजल अली के लिए लखनऊ जाना अथवा नानपारा में छिपे रहना संभव नहीं रह गया तब कुछ साथियों के साथ गोंडा जिले में उतरौला राज्य के अंतर्गत स्थित अपने क्षेत्र में वापस आ गया और तराई के जंगलों में जरवा के निकट रहने लगा इसकी सूचना मिलने पर गोंडा के जिलाधिकारी ने उसे जा घेरा। मुठभेड़ के बीच फजल अली ने गोली मारकर कर्नल ब्वायलू की हत्या कर दी और उनका सिर काटकर उत्तर के घने सघन जंगलों में जा छिपा। उसके कुछ ही महीनों के अंदर बाद में लेफ्टिनेंट क्लार्क ने फजल अली को जा घेरा और भारी मुठभेड़ के बाद उसे मार गिराया।

फजल अली ने जिस स्थान पर कर्नल बालू का सिर काटा था, वह स्थान आज भी जरवा नामक स्थान पर 'मुड़कटवा बाग' के नाम से प्रसिद्ध है। यह स्थान तुलसीपुर से कोयलाबासा जानेवाले मार्ग पर नेपाल से 5 किमी. पहले है। ब्वायलू हत्याकांड के मुकदमे में लौकहवा (तुलसीपुर) गाँव के नरसिंह ब्राह्मण और महेश ब्राह्मण को फजल अली का साथी होने के जुर्म में दो-दो सौ रुपए जुर्माना या इसके बदले एक वर्ष कैद की सजा हुई थी।[1] फजल अली को उकसाने के अपराध में ग्राम गुगोली, ब्लॉक शिवपुरा के अनूप गिरि पुत्र श्री केवल गिरि गोसाईं को एक वर्ष की कैद हुई थी।

फजल अली के बारे में 'तुलसीपुर की संस्था संकल्प स्मारिका 1857' के अनुसार—अपनी मातृभूमि की रक्षा और अंग्रेजों से बदला लेने के लिए रानी तुलसीपुर ने गोंडा के राजा देवीबख्श सिंह से एक विश्वासपात्र सेनापति देने की माँग की थी। राजा देवीबख्श सिंह ने अपनी सेना के सिपहसालार फजल अली को ही भेज दिया था।

'संकल्प स्मारिका 1857' के अनुसार—रानी तुलसीपुर को फजल अली जैसा योद्धा और कुशल सेनापति मिल जाने के कारण उनका हौसला बुलंदियों पर था। इसीलिए कर्नल ब्वायलू का पहला लक्ष्य फजल अली बन गया। फजल अली ने सर्वप्रथम अपना मोर्चा राप्ती के तट पर लगाया ताकि अंग्रेजी सेना को तुलसीपुर में घुसने ही न दिया जाए।

1. राष्ट्रीय स्वतंत्रता संघर्ष और गोंडा जनपद, पृ. 74 -76 से उद्धृत

फजल अली और उसकी सेना से अंग्रेजों का युद्ध हुआ। फजल अली ने अपनी रणनीति में परिवर्तन किया और वे अपनी सेना के साथ तुलसीपुर के घने जंगलों में छुप गए। तुलसीपुर की रानी भी अपना किला छोड़कर जंगल की ओर भागीं। नेपाल की सीमा से तीन कोस पहले बेतहनिया नामक ग्राम के निकट एक बाग में जहाँ से कुछ ही दूरी पर घना जंगल था, फजल अली वहाँ विश्राम के उद्देश्य से रुके। कर्नल ब्वायलू ने तुलसीपुर के किले में घुसकर काफी लूटपाट की। उसके बाद वो फजल अली की तलाश में निकला। फजल अली अपने भांजे कासिम तथा सैनिकों के साथ अगली रणनीति पर विचार कर ही रहे थे कि कर्नल ब्वायलू की सेना ने उन्हें घेर लिया। कर्नल ब्वायलू ने पहुँचते ही फजल अली को आत्मसमर्पण के लिए ललकारा। प्रत्युत्तर में फजल अली की बंदूक से एक गोली निकली, जो कर्नल ब्वायलू को घायल कर गई। वह अपने घोड़े से गिर पड़ा। उसके गिरते ही फजल अली ने कर्नल ब्वायलू का सर काटकर वहीं एक पीपल के पेड़ पर टाँग दिया। आज भी लोग उसे 'मुड़कटवा (सर कटा) बाग' से नाम से पुकारते हैं। कर्नल ब्वायलू के अत्याचारों से तंग आकर 10 फरवरी, 1857 को स्वामीभक्त बहादुर नवयुवक फजल अली ने डिप्टी कमिश्नर कर्नल ब्वायलू का सर काटकर अपनी बहादुरी से तुलसीपुर की रानी का नमक अदा कर दिया।

सत्तावनी क्रांति के अंतिम युद्ध की नायिका रानी तुलसीपुर ईश्वरी देवी

कर्नल ब्वायलू के मारे जाने से एक ओर जहाँ रानी तुलसीपुर को काफी मनोबल मिला था, वहीं वीर सेना नायक फजल अली की मृत्यु ने उन्हें उतना ही हतोत्साहित कर दिया। अंग्रेज सरकार का कोप तुलसीपुर पर बरसा। सैकड़ों निरीह व्यक्तियों को तलवार के घाट उतारा गया। 9 जून, 1857 को सकरौरा की छावनी में सैनिकों ने विद्रोह कर दिया था। धीरे-धीरे पूरा जनपद क्रांति की लपेट में आ गया। उसके समर्थन में साहस और शौर्य की देवी तुलसीपुर की रानी ईश्वरी देवी ने विद्रोह का झंडा उठाए रखा था।

साहस और शौर्य की देवी तुलसीपुर की रानी ईश्वरी देवी ने बहुत ही कम शब्दों वाला एक अत्यंत मार्मिक पत्र नेपाल नरेश को अपनी सहायतार्थ लिखा। नेपाली भाषा में लिखा उनका यह पत्र मुझे (लेखक को) नेपाल की एक पुस्तक 'इतिहास प्रकाश सन्धि-पत्र संग्रह', लेखक : योगी नरहरि नाथ (नेपाली इतिहास के इतिहास विज्ञ) के पृष्ठ 611

पर छपा मिला था। रानी तुलसीपुर के उस प्रकाशित पत्र को ठीक वैसा ही नीचे दिया जा रहा है,जैसा कि वह छपा था।

स्वस्ति श्रीगगन गिरिराज चक्र चूड़ामणि नर नारायणेत्यादि विविध विरुदावलि मान मानोन्नत श्री श्री श्री श्री श्री श्री मद्राज कुमार कुमारात्मज मिनिस्टर जंगबहादुर कुँवर रानाजी स्वस्ति श्रीगगन गिरिराज चक्र चूड़ामणि नरनारायणेत्यादि विविध विरुदावलि मानमानोन्नत श्री श्री श्रीमद्राजकुमारी ऐश्वर्येश्वरी जो हारसतम्उ भयो कुशलंच इक निक तहाँ क्षेमकुशल भया मेरा उध्दार होला। उप्रांत बहुत रोज भयाकेहि हाल मिलेन। जियमा वड़े रंज छ मेहरबानी साथ खुशी मिजाज को हाल कीर्पा भया चित आनंद होला। औ मेरा मामला का अर्थ लाई सब बेवरा हाल अधि गाकै छ। सो मालुमै होला मेरो दमता: तहाँ का पिछा छ अब यस्तो मेहरबानी गरी बक्से ओस की म आप्ना घर मावस्नपांऊ। अर्लोक परलोक को उध्दार नगर्न पांऊ यति मेरो अर्ज छ भरदतांहि को छ चेत देखि म फैजाबाद बस्या की छुं। अंग्रेज का बुलौवा साथ अंग्रेज संग हाजिर मा सो तुलसीपुर देखि गोंडा चलानभो सो मामला की सुनवाई भै न। हलाका बलिरामपुर का सिपुरद भाको छ बेकसुरे हलाका घर बार मेरो छुटिगो मलाई। ताहिं को आस भरोसा छ जो मर्जी। संवत् 1914 साल मिति आश्वीन बदी 6 रोज 1 शुभम—

दांग छाड़ि तुलसीपुर माराज गरीव सेका दांग का अंतिम राजा दीर्घ नारायणसिंह की रानी ले सन् 1857 को विद्रह पछि जंगबहादुर लाई लेखे को पत्र हो। यस को सकल शिवराज जिल्ला मध्ये शिवानगर वसने शिव प्रसाद रजु या संग छ।

पत्र की ये पंक्तियाँ रानी तुलसीपुर की मन:स्थिति को स्पष्ट प्रकट करती हैं। रानी लिखती हैं कि मेरे मामले के प्रति आपको मालूम ही है। कृपया मुझ पर अपनी मेहरबानी करें ताकि मैं अपने आलोक-परलोक का उद्धार कर सकूँ। मैं चैत्र देखकर मैं फैजाबाद की ओर जाऊँगी। अंग्रेजों का बुलावा आता है। मेरे मामले की कोई सुनवाई नहीं हो रही। मेरा इलाका बलरामपुर के सुपुर्द कर दिया गया है। बेकसूर मेरा घर-बार सब छूट गया है। अब मुझे आप ही का भरोसा है। आप जैसा चाहें मुझे सहयोग करें।

लेखक योगी नरहरि नाथ जी ने अंत में पत्र का हवाला देते हुए लिखा है कि यह पत्र दांग छोड़ तुलसीपुर में राज करनेवाले दांग के अंतिम राजा दृग नारायण सिंह की पत्नी रानी तुलसीपुर ने 1857 के विद्रोह के बाद नेपाल के प्रधानमंत्री जंगबहादुर को लिखा था। नेपाल स्थित शिवराज जिले के अंतर्गत शिवानगर निवासी शिव प्रसाद के माध्यम से उन्हें इस पत्र की जानकारी मिली थी।

रानी तुलसीपुर ने सारी कठिनाइयाँ सहन करके भी अंग्रेजों से अपने प्रतिशोध की भावना को सार्थक करना चाहती थीं। उन्होंने क्रांति के सिपाहियों से संपर्क तेज किया। धीरे-धीरे परिस्थितियाँ गम्भीर होती गईं। सभी क्षेत्रों में भयंकर मार-काट और संघर्ष के बाद अंग्रेजी सत्ता का कब्जा होता चला गया। क्रांतिकारियों को नेपाल भागने के लिए बहराइच और तुलसीपुर ही सबसे अधिक सुरक्षित थे। बहराइच की अपेक्षा तुलसीपुर अधिक सुरक्षित था। इसका कारण यह था कि तुलसीपुर के जंगल भारतीय सीमा से होकर सुदूर नेपाल की सीमा के भीतर तक फैले हुए थे, जिससे वे निर्विरोध नेपाल सीमा में प्रवेश कर सकते थे। दूसरे यह कि तुलसीपुर रियासत की सीमा नेपाल के भीतर तक थी। दांग नेपाल की जनता में रानी तुलसीपुर के प्रति काफी सम्मान और सहानुभूति व्याप्त थी। यही कारण है कि अंत में सभी क्रांतिकारी तुलसीपुर में एकत्र हुए और तुलसीपुर में ही रानी तुलसीपुर तथा अन्य क्रांतिकारियों के साथ अंग्रेजों का भयंकर और निर्णायक युद्ध हुआ।

समूचा अवध 1857 तक अंग्रेजों के नियंत्रण में आ चुका था। तुलसीपुर के फजल अली और कर्नल ब्वायलू की हत्याओं के कारण सकरौरा की छावनी में अंग्रेजी सेना का जमाव शुरू हो गया। सेना कई बटालियनों में विभक्त थी। कमिश्नर विंग फील्ड घाघरा नदी के उत्तर में बहराइच डिवीजन देख रहा था।[1]

थर्ड अवध इरेगुलर गोंडा में (फर्स्ट इरेगुलर हॉर्स सेकेंड अवध इर्रेगुलर तथा एक रेगुलर लाइट हॉर्स बैट्री लेफ्टिनेंट बोन्हम के नेतृत्व में सकरौरा में) मौजूद थी।[2] गोंडा क्रांति के कगार पर था, वहीं सकरौरा में पहले ही अग्नि भड़क उठी थी। विंग फील्ड जो इस समय गोंडा पहुँच गए थे, वे अब यहाँ अधिक दिनों तक रुकना नहीं चाहते थे। सिपाहियों की नीयत खराब हो गई थी।[2] अतः विंग फील्ड बलरामपुर चले गए। क्रांतिकारियों के पास 1,500 पैदल, तथा 400 घुड़सवार थे। इनका उद्‌देश्य केवल धन और बंदूकें छीनना था। बाला राव ने अपने 4,000 सैनिकों के साथ बलरामपुर को चारों तरफ से घेर लिया। संकटमय स्थिति को देखते हुए कमिश्नर विंग फील्ड ने गोरखपुर जाने की सलाह दी। बड़ी कठिनाइयों के बाद बलरामपुर के शासक और क्रांतिकारियों के चंगुल से मुक्त हुए।[3] विंग फील्ड ने महाराजा बलरामपुर से कहा कि यहाँ उनका रहना खतरे से खाली नहीं है, अतः किसी प्रकार उन्हें गोरखपुर पहुँचाने का प्रयास करें। 12 जून, 1857 की शाम कमिश्नर विंग फील्ड महाराजा बलरामपुर और उनके 500 विश्वस्त सिपाहियों के साथ बलरामपुर

1. गब्बिंस : एन अकाउंट ऑफ दि म्युटिनीस इन अवध, लन्दन 1858, पृष्ठ-7
2. बोन्हम : ए अवध इन 1857, पृ. 7
3. सुरेंद्र सेन 1857, पृ. 189
4. रिजवी, फ्रीडमस्ट्रगल इन यू.पी., भाग 2 पृ. 334

से गोरखपुर की ओर चल दिए। 14 जून, 1857 को बाँसी पहुँचकर उसने अकेले राजा बलरामपुर को वापस भेज दिया और 26 जून, 1857 को सिपाहियों की सहायता से वह गोरखपुर पहुँच गया। फिर वहाँ से कलकत्ता पहुँचकर उसने महाराजा बलरामपुर को पत्र लिखा कि वह अपने परिवार सहित नेपाल चले जाएँ। यदि ऐसा न कर सकें तो अपने किले में ही रहें। महाराजा बलरामपुर नेपाल न जाकर अपने पटोहाँ के किले में ही कई महीने छिपे रहे। क्रांतिकारियों ने किले को चारों तरफ से घेर लिया, पर किले की मजबूती के कारण वे कुछ कर न सके।[1]

गोंडा के राजा देवीबख्श सिंह समझ गए थे कि अंग्रेजों से निपटना कोई सरल काम नहीं है। इसलिए सेना में बढ़ोतरी अनिवार्य है। वे अपने 1,000 सैनिकों की सेना के साथ लखनऊ पहुँचे और बेगम हजरत महल की संरक्षता स्वीकार की। कुछ समय बाद इन सभी क्रांतिकारियों ने लखनऊ रेजिडेंसी को घेर लिया। बिरजीस कद्र को अपना बादशाह बनाया। सरफुद्दौला इब्राहिम अली खाँ को मंत्री तथा मम्मू खाँ को सेना का अधिकारी बनाया। लगभग दस महीने बाद गोरखा और सिखों की सेना लखनऊ पहुँच गई, अतः क्रांतिकारियों को लखनऊ छोड़ना पड़ा। लखनऊ छोड़ने से पहले दरबार-ए-शाही (क्रांतिकारियों की सरकार) से एक फरमान जारी किया गया कि रियासत बलरामपुर की शत्रुतापूर्ण कार्रवाइयों के कारण इसे उतरौला,तुलसीपुर और इकौना की रियासतों में विभाजित कर दिया जाए, जिसे लागू करने के लिए क्रांतिकारियों की सेना बलरामपुर पहुँच गई, परंतु ऐन वक्त पर उन्हें अन्यत्र जाना पड़ गया। तुलसीपुर की रानी ने क्रांतिकारियों का साथ दिया। तुलसीपुर की रानी की ओर से 500 सिपाही सम्मिलित थे। रानी तुलसीपुर की वीरता के बारे में जॉन पंब्ले ने अपनी पुस्तक में सराहना भी की है।[4]

---

1. तारीख राज बलरामपुर 1909, पृ. 83 से 86
2. The Raj, The Indian mutiny and the Kingdom of Oudh बी जॉन Pumble पेज 237. 'The predatory element endemic in Oudh society was doubly active under the conditions that obtained throughout the hot and rainy seasons of 1858. Many of the so-called mutineers of the countryside were in fact buccaneers of the perennial sort, whose malefactions had little to do with either the sepoy mutiny or the popular revolt, and whose tenuous association with these was never anything more than a marriage of convenience. Babu Ram Bakhsh, the taluqdar of Dhundiakhera in Unnao District, a proscribed outlaw who had returned to Oudh at the outbreak of the disturbances, took advantage of the power vacuum to rustle and plunder at the head of a band of freebooters. Others of the same ilk were Bhagwan Bakhsh, one of the notorious Kanhpuria Rajputs of Nain, in Rae Bareli; the bloodstained Rani of Tulsipur; and, most infamous of all, Raja Digvijay Singh of Mahona in Lucknow District, whose lust for plunder had been an embarrassment 16 After the retaking of the even to the rebel government. capital he became a scourge of the countryside.

गोरखपुर में जिस समय मोर्चाबंदी जोरों पर थी, उस समय विद्रोहियों का एक दल बेलवा घाट पर-मोर्चाबंदी में जुटा था। इस युद्ध में गोरखपुर के अतिरिक्त बहराइच, इकौना, गोंडा, नानपारा तथा उतरौला की सेनाएँ भी सम्मिलित थीं। सन् 1858 के प्रारंभ में हुए इस युद्ध में क्रांतिकारियों को काफी हानि हुई। अंग्रेजी फौजों ने लगभग क्रांतिकारियों को मौत के घाट उतार दिया और इनकी आठ बंदूकें छीन लीं। इस समय रानी तुलसीपुर ने तुलसीपुर की उत्तरी सीमा पर स्थित पुलिस चौकी पर आक्रमण कर दिया, जिसमें उनके दो सिपाही मारे गए।[1]

अंग्रेजी सेना अवध के अधिकांश हिस्से पर अपना अधिकार जमा चुकी थी। क्रांतिकारियों में आपसी फूट बढ़ती जा रही थी। कुशल नेतृत्व का अभाव था, जिसका लाभ अंग्रेजों ने उठाया। उन्होंने पूरे अवध पर अपना कब्जा जमा लिया था। केवल गोंडा और तुलसीपुर उनकी पकड़ से बाहर थे। आसपास के अधिकांश ताल्लुकेदार अंग्रेज समर्थक बन चुके थे, जिसके कारण क्रांतिकारियों को और भी अधिक समस्याओं का सामना करना पड़ रहा था। उनके हौसले पस्त हो रहे थे।

नवंबर 1858 में अंग्रेजों ने गोंडा के राजा देवीबख्श सिंह पर चढ़ाई कर दी। इस युद्ध में राजा देवीबख्श सिंह की सेना को पराजय का मुख देखना पड़ा। राजा देवीबख्श सिंह ने फिर भी साहस नहीं छोड़ा। राजा देवीबख्श सिंह क्रांतिकारियों के सरदार थे। मछली गाँव, टिकरी जंगल, बनकसिया तथा बनगाँव की लड़ाइयों ने उन्हें परास्त कर दिया। बनकसिया कोट पर अंग्रेजों का कब्जा होने के बाद वे बहुत दुखी हुए। नवंबर 1858 के अंत में राजा देवीबख्श सिंह भी अपनी बड़ी महारानी के साथ तुलसीपुर आ गए। यहाँ के जंगलों में भी क्रांतिकारियों के साथ रानी तुलसीपुर भी थीं। राजा देवीबख्श सिंह तुलसीपुर आए और यहाँ से फिर भिनगा चले गए।[2]

बरजिदिया से महजिदिया की ओर

महजिदिया का किला नेपाल की सीमा से निकट और रानी तुलसीपुर के राज्य में था और बरजिदिया में चरदा के राजा का दुर्ग था। बेगम हजरत महल, गोंडा के राजा देवीबख्श सिंह और उनके साथ अन्य तमाम सेनानियों ने इसी रास्ते से नेपाल में प्रवेश किया था क्योंकि यह रानी तुलसीपुर का क्षेत्र था। अत: उन्होंने सभी को आगे जाने दिया और और स्वयं सुरक्षा पंक्ति बनाती हुई अंत में नेपाल में प्रवेश किया।

1. सत्तावनी क्रान्ति का अंतिम युद्ध, लेखक पवन बख्शी, से साभार
2. संकल्प संस्था की स्मारिका 1857, पृ. 63

'राष्ट्रीय स्वतंत्रता संघर्ष और गोंडा जनपद' के लेखक के अनुसार—24 दिसंबर, 1958 को लाल ड्राइड और होम ग्राउंड के नेतृत्व में अंग्रेजी सेनाएँ भिनगा के उत्तर में पहुँच गईं तो क्रांतिकारियों का दल उत्तर दिशा में और आगे निकल गया। इस समय अंग्रेजों के अनुमान के अनुसार क्रांतिकारियों की सेना में लगभग 20,000 सिपाही थे, जिनमें से कुछ अगले भाग में तथा कुछ पृष्ठ भाग में। क्रांतिकारियों का डेरा दो-तीन मील चौड़ी पट्टी में जंगलों में फैला था। साथ में 800-900 सवार, हाथी, ऊँट, बैलगाड़ियाँ आदि भी थे।

26 दिसंबर की शाम को क्रांतिकारियों ने 604 तोपों से आक्रमण किया और उत्तर की ओर बढ़ गई गोलीबारी में लाल किला का पूरा उतर गया। क्रांतिकारी जख्मी लंबी पट्टी में बिखरे थे, जिससे उन पर आक्रमण करना असंभव था। नाना साहब राजा के स्थिति थे। अंग्रेजों को इसकी भनक बाद में तब लगी जब दिसंबर को नानपारा से बाकी क्षेत्र के अंतर्गत था पहुँच चुके थे अंग्रेजी सेना की थी और जंगलों में चक्कर काटती रही परंतु क्रांतिकारियों के गुप्त स्थानों का पता लगा कि अंग्रेजों अंग्रेजी ना पाया तो और उसे ध्वस्त कर दिया

बरजिदिया से अंग्रेजी सेना महजिदिया की ओर बढ़ी। दुर्ग में बैठे क्रांतिकारी अंग्रेजों की निगरानी कर रहे थे और पास के क्षेत्र में क्रांतिकारी सिपाहियों का निर्देशन कर रहे थे। उसके चारों ओर अंगरक्षक क्रांतिकारियों की गोला था, जिसने पीछे से आकर अंग्रेजी सेना को घेर लिया। दोनों ओर से 4:00 बजे शाम तक गोलियाँ चलती रहीं। क्रांतिकारी दुर्ग छोड़ने पर विवश हो गए। अंग्रेजों ने दुर्ग पर अधिकार कर लिया। इस मुठभेड़ में अंग्रेजी सेना का काफी बड़ा नुकसान हुआ, परंतु कोई भी क्रांतिकारी नेता अंग्रेजों के हाथ नहीं लगा।

साठ हजार भारतीय स्वत्रंताभिमानियों का बलिदान

सन् 1858 के आरंभ में भारत के स्वतंत्रता संग्राम की विफलता के बाद भारतीय नेताओं के साथ 60,000(साठ हजार) व्यक्तियों का विशाल समूह पश्चिमी नेपाल के सुरैया नामक जंगल में शरणागत था। अंग्रेजों ने तत्कालीन प्रधानमंत्री जंगबहादुर राणा को इन शरणागत विद्रोहियों को सुपुर्द करने के लिए लिखा था। इन शरणागतों में विशेष रूप से अंग्रेज भारतीय राजाओं को चाहते थे।

अंग्रेजों के पत्र-प्राप्ति के साथ ही प्रधानमंत्री जंगबहादुर ने तत्क्षण ही सिधिमान सिंह के नेतृत्व में एक फौज इन शरणागतों को पकड़ने के लिए भेज दी। इन 60,000 भारतीय शरणार्थियों में बेनी माधव तथा मम्मू खाँ आदि के अलावा 500 अन्य भारतीय नेताओं को बंदी बनाकर अंग्रेजों के सुपुर्द कर दिया।[1] आगे चलकर इन विद्रोहियों की दर्दनाक मौत किस प्रकार हुई, पाठक उसे पढ़ लें।

बलरामपुर जिला के उत्तरी सीमा के नेपाली अधिराज्य के अंतर्गत दक्षिणी सीमा पर स्थित भीतरी मधेस का जिला दांग देवखुर है। जिले की सीमा तक भारत की राजनीतिक सीमा शिवालिक पर्वत श्रेणी तक है। इसे पार करने के बाद देवखुरी नाम की उपत्यका नेपाल की सर्वोत्तम उपजाऊ भू-खंड है। इस भू-भाग पर थारू जाति के लोग आबाद हैं। यह स्थान मलेरिया का गढ़ है।

इसके पश्चिम में सुनार नामक घाटी है। यह सबसे कम आबादी का क्षेत्र है। आज भी यहाँ का अधिकांश भू-भाग जंगलों की घनी छाया में सिमटा हुआ है। यह घाटी वर्तमान नेपाल के बाँके जिला के अंतर्गत है, देवखुर और सुनार के बीचोबीच पूरब से पश्चिम की ओर राप्ती प्रवाहित होती है जो सुनार के बाद तथागत की कर्मभूमि श्रावस्ती,बलरामपुर से होती हुई गोरखपुर की ओर मुड़ जाती है। देवखुर और सुनार के बीच में दुंद्रवा (दुडुवा) पर्वत पार करने के बाद दांग उपत्यका आता है। इसकी ऊँचाई लगभग 2,500 फीट है। यहाँ की जलवायु काला पानी के समान प्राणनाशक है।[2]

घने जंगलों एवं दो विकट पर्वत श्रृंखलाओं को पार करने के बाद दांग की समथर उपत्यका आती है। वास्तव में वह एक दुर्ग के समान भीतरी क्षेत्र का भू-भाग है। इस स्थान का बलरामपुर जिला स्थित तुलसीपुर के देवीपाटन से उसका अति प्राचीन संबंध रहा है। यहाँ के राजा क्रमश: नवल सिंह, दलेल सिंह, दान बहादुर सिंह तथा दृग नारायण सिंह थे। इनके दरबार का अवशेष आज भी फलांबाग में मौजूद है। इस राज्य के अंतिम राजा दृग नारायण सिंह की संतानें सन् 1857 के गदर में अंग्रेजों के विरुद्ध बगावत में शामिल थीं। इनकी संतानें देवखुर में आज भी मौजूद हैं। दांग पर गोरखा राज का अधिकार होने के बाद (श्री 5 रण बहादुर शाह के समय में) दांग का राजा तुलसीपुर पलायन कर गया था और वहीं पर अनेक समय तक राज्य करता रहा। अब भी चैत्र की शुक्ल दशमी को जब तक दांग के चौघरा स्थान से रतननाथ का देवीपाटन आगमन नहीं होता, तब तक देवी की पूजा नहीं होती। इसी सांस्कृतिक पृष्ठभूमि ने दांग

1. पं. सुंदरलाल द्वारा लिखित, भारत में अंग्रेजी राज्य से उद्धृत
2. हिमवर्ष और नेपाल, शेखर सिंह गौतम से उद्धृत

की सुरक्षित भूमि में 1857 के भारतीय क्रांतिकारियों को शरणागत के लिए आकर्षित किया गया था।

सर्वप्रथम सुनार की ओर सुराही दर्रे से होते हुए देवखुर में भारतीय क्रांतिकारियों ने प्रवेश किया था। मलेरिया बाहुल्य क्षेत्र होने तथा घनघोर जंगलात के कारण उस क्षेत्र में जन आबादी की न्यूनता थी। इसलिए उस क्षेत्र में कोई कार्यालय नहीं थ। दांग देवखुर का शासन सल्यान के बड़े हाकिम के माध्यम से होता था।[1]

क्रांतिकारियों को अंग्रेजों ने 'काला' नाम से संबोधन करते हुए पत्र लिखा था और तदनुसार ही जंगबहादुर राणा ने भी काला नामक स्थान का पता लगाने के लिए अपने सिपाहियों को फरमान के साथ भेजा था, किंतु सिपाही और फौजें भयंकर मलेरिया के कारण बिना पता लगाए सल्यान लौट गई थीं। इसलिए कोई भी सिपाही इन भारतीय क्रांतिकारियों को वहाँ ढूँढ़नेवाला नहीं था। इस प्रकार सन् 1858 के चैत्र से आषाढ़ तक हजारों की संख्या में क्रांतिकारियों का अबाध गति से आवागमन जारी रहा।

इस प्रकार क्रांतिकारियों का एक विशाल समूह दांग के पश्चिमी पठार से देवखुर के पूर्वी छोर तक फैलकर गाँवों के पास-पड़ोस के परती जमीन एवं झाड़-झंखाड़ों में खेमे गाड़कर अथवा झोंपड़ियों का निर्माण कर रहने लगा। एक नेपाली इतिहासकार के अनुसार, दांग देवखुर में उन दिनों क्रांतिकारियों की संख्या यहाँ के निवासियों से अधिक हो गई थी। ऐसा कोई भी गाँव न था, ऐसी कोई भी झुरमुट न थी, जहाँ वे क्रांतिकारी आबाद न हो गए थे। इस तरह लगभग 40,000 की संख्या में ये विद्रोही केवल दांग देवखुर में आबाद थे। बाकी 2 हजार के लगभग बाँके, शिवराज, खजहनी आदि क्षेत्रों में फैल गए थे।

इन क्रांतिकारियों को नेपाल नरेश की शरण में आने में कोई भय का कारण न था। यद्यपि विद्रोही जंगबहादुर राणा के कारनामों से सशंकित अवश्य थे। अंग्रेजों की ओर से आक्रमण का उन्हें भय था। इसलिए क्रांतिकारियों का एक दल दांग देवखुर के प्रवेश द्वारों पर जमा हुआ था और दांग देवखुर में क्रांतिकारियों के नेतागण, बाल-बच्चे, वृद्ध तथा महिलाएँ आदि अपने को सुरक्षित समझकर आबाद थीं।

स्वास्थ्य की दृष्टि से अत्यंत खराब होने के बाद भी सुरक्षा एवं शरणागत की दृष्टि से विद्रोही दांग देवखुर में शरण लिये हुए थे। बीहड़ पर्वत, शृंग तथा घनघोर जंगलों से घिरे इस भू-भाग में शत्रुओं के आक्रमण का कोई भय न था और साथ ही यहाँ के घने जंगलों एवं दर्रों में छिपकर शत्रुओं से मुकाबला करना भी विद्रोहियों के हक में था।

1. हिमवर्ष और नेपाल, शेखर सिंह गौतम से उद्धृत

वर्षा ऋतु का आगमन हो चुका था। वहाँ के निवासी अपने मकानों कों छोड़कर पहाड़ों में चले गए थे। अतएव उनके मकानों में विद्रोही आबाद हो गए। सुनार घाटी से जो विद्रोही वर्षा आरंभ के पूर्व ही दांग आ चुके थे, वे लोग अपने आवास के लिए फूस का मकान बना चुके थे आकस्मिक आक्रमण से बचाव के लिए वे लोग पत्थरों की दीवार खड़ी कर लिये थे। दांग स्थित काला गढ़ी नामक स्थान में आज भी क्रांतिकारियों द्वारा निर्मित दीवार उनका स्मरण दिलाती है। जहाँ-जहाँ पानी का अभाव था, उन लोगों ने कुएँ खोदे। उनके द्वारा निर्मित काला किला और काला कुआँ का भग्नावशेष आज भी स्मरण दिलाने के लिए मौजूद है। किंतु पूर्वी सुराही दर्रे से होकर वे कुछ देर में आए और उनके आते-आते वर्षारंभ हो गई थी। वे तो न कोई किला बना सके और न झोंपड़ी ही। वे लोग जमींदारों के खाली मकानों तथा साधुओं के अखाड़े में ही रहने लगे।

सन् 1857 के भारतीय विद्रोहियों के दांग आगमन के पूर्व ही महाराजाधिराज सुरेंद्र वीरेंद्र विक्रम शाह और उच्चाधिकारियों की बिना सलाह लिये ही तत्कालीन प्रधानमंत्री जंगबहादुर राणा ने अनेक ऐसे अशोभनीय फरमान निकाले, जिनमें क्रांतिकारियों को 'चोर', 'डाकू', 'हत्यारे' आदि कुत्सिल शब्दों का प्रयोग किया गया था। इस पर वहाँ की जनता में उन विद्रोहियों के प्रति घृणा उत्पन्न कराने की कुचेष्टा जंगबहादुर राण की ओर से की गई थी। अंत में अमाननीय आदेश तक जंगबहादुर ने जारी कर दांग निवासियों को चेतावनी दी कि विद्रोहियों की किसी भी प्रकार की सहा़यता देनेवाले, उनसे संपर्क स्थापित करनेवाले की सारी संपत्ति नीलाम कर दी जाएगी तथा उनको सपरिवार मौत के घाट उतार दिया जाएगा।

इन फरमानों के साथ ही विद्रोहियों के दांग आगमन की सूचना अपने गौरांग महाप्रभुओं अंग्रेजों से पाते ही जंगबहादुर ने कर्नल पहलवान सिंह वस्नेत के नेतृत्व में पाल्पा से दांग की ओर फौज भेज दी। फौज के आगमन तक वर्षारंभ हो गई थी। वर्षा ऋतु तथा मलेरिया के प्रकोप को देखते हुए कर्नल पहलवान सिंह वस्नेत ने उन लोगों पर आक्रमण करना मुनासिब नहीं समझा। विद्रोही आगे बढ़ने न पाएँ जो उत्तर-पूर्वी छोर के याग्मों नामक गढ़ी में मोर्चाबंदी कर अपना खेमा गाड़ दिया। आले एवं घाले नामक दो कप्तानों के नेतृत्व में कुछ फौज की टुकड़ी देवखुर के पूर्वोत्तर मार्ग को रोकने के लिए दुंगे गढ़ी में नियुक्त कर दी।

यहाँ आते ही विद्रोहियों ने यहाँ के लोगों के साथ हेल-मेल बढ़ाना आरंभ कर दिया था। जो जहाँ गाँव में या पड़ोस में रहता था, वह वहाँ के लोगों को अपनी कहानी सुनाता, विशेषकर अपने पुराने ध्येय, धर्म रक्षा की बात बताता। सरकार जिन्हें 'चोर', 'डाकू', 'हत्यारे' आदि कहती थी, वे लोग पेड़ के पके फल भी कीमत देकर ही ग्रहण करते थे।

फलतः यहाँ की जनता उन्हें धर्म रक्षक समझकर उनकी ओर झुक गई और परिणामस्वरूप दांग देवखुर की जनता सच्चे धर्म रक्षकों की सहायता करने लगी।

यद्यपि जंगबहादुर के फरमान के अनुसार शरणार्थियों को महापराधी घोषित किया जा चुका था, किंतु घर में पड़ा अनाज सड़े और पास रहनेवाला पड़ोसी भूखों मरे, यह यहाँ की धर्मभीरु एवं सरल प्रकृत जनता देख नहीं सकती थी। अतः जहाँ जो वस्तु मिलती थी। रातोंरात शरणार्थियों के पास पहुँचा दी जाती थी। यदि कहीं इक्के-दुक्के सरकारी मामले आकर पूछते कि इन्हें मकान क्यों दिया तो वे कहते कि स्वयं आकर रहने लगे हैं। राशन की बात पूछते तो साफ इनकारी बयान देते। इस प्रकार उन वीर सपूतों की रक्षा होती रही। फिर भी उनके कष्टों की कोई सीमा नहीं रही।[1]

ऐसे स्थान में शताब्दी पूर्व जहाँ कौवे भी मलेरिया ग्रसित रहते थे, उस समय वे विपन्न लोग जिन्हें हर बात की तकलीफ थी, क्यों न बीमार पड़ते? उपयुक्त भोजनादि के अभाव से वे लोग यों ही अधमरे हो गए थे। फलतः भादों के आगमन के साथ ही हजारों की संख्या में विद्रोही लोग बीमार होने लगे। प्रत्येक पड़ाव में आधे से अधिक लोग काल-कवलित हो गए।

सो रहे विशाल भूमि के प्रतीर पर यहाँ
चिरनवीन पुनीत ये प्रतीक क्रांति के

नित्य आधे दर्जन शहीदों की अर्थियाँ पड़ावों से निकलने लगीं नित्य इतनी लाशों के लिए लकड़ियाँ जमाकर जलाना अथवा गड्ढे खोदकर गाड़ना भी उन लोगों की शक्ति के बाहर हो गया। शहीदों के शव नदियों या नालों में फेंक दिए जाते थे। न कोई रोता और न ही किसी का संस्कार होता था। इसी तरह मार्गशीर्ष तक पड़ाव खाली हो गया।

जो बचे थे, उनके हृदय में न साहस था और न ही भुजाओं में बल। इसी दर्दनाक हालत में मार्गशीर्ष के अंत में निरंजन सिंह माँझी का आगमन हुआ। पहलवान सिंह यद्यपि पहले से ही फौज के साथ चाग्मी में विराजमान थे, फिर भी शरणार्थियों पर गोली चलाना अपने लिए शर्म की बात मानते थे।

इतनी बड़ी संख्या में शस्त्रधारियों की समूह को जो भी यहाँ रहने देना अपने देश के ऊपर खतरा समझते थे। अतः किसी प्रकार डरा-धमकाकर भारतीय विद्रोहियों से अपनी जगह खाली कराना चाहते थे। उन्होंने अनेक बार विद्रोहियों को यहाँ से जाने का आदेश

1. हिमवर्ष और नेपाल, शेखर सिंह गौतम से उद्धृत

दिया था, किंतु जो गोली से नहीं डरते थे, आदेश से क्या डरते? अंग्रेजों के सामने भारत में आकर गिड़गिड़ाने से यहीं मर जाना उन विद्रोहियों ने श्रेयस्कर समझा था। अत: उन्होंने इस क्षेत्र को छोड़ने से इनकार कर दिया।

निरंजन सिंह माँझी के काठमांडू से आने पर 15 दिन के अंदर दांग देवखुर खाली करने की आखिरी आज्ञा जंगबहादुर ने दी। कुछ लोग तो इस आज्ञा को मान अपने शस्त्रों को वहीं छोड़ भारत की ओर चले गए, किंतु बहुतों ने जाना पसंद नहीं किया और यही रहने की आज्ञा तत्कालीन नेपाल सरकार से माँगी। साधारण लोगों को तो रहने की आज्ञा मिल गई, किंतु मुख्य-मुख्य लोगों के खेमे फौज द्वारा घेर ली गईं।

क्रांतिकारियों से कहा गया कि प्रधानमंत्री जंगबहादुर देवखुरी के मलमला नामक स्थान पर आए हैं और वहीं आप लोगों का निर्णय होगा। इस प्रकार प्रधान लोगों को मलमला नामक स्थान से कुछ पूर्व इकट्ठा किया गया। वहाँ जंगबहादुर तो नहीं आए थे, पर उनके भाई आए थे। सर्वप्रथम उनके समक्ष नाना साहब के परिवार के लोग और बेगम हजरत महल पहुँचीं। उनके कुछेक अनुयायियों को देवखुरी के देवकोट नामक स्थान में रहने की आज्ञा मिली। बाकी सब लोगों को काठमांडू की ओर भेज दिया गया। इसके बाद बहुत सरदारों ने तथा उनके अनुयायियों को जंगबहादुर के भाई ने समझा-बुझा कर उनके अस्त्र-शस्त्र रखवा लिए।

क्रांतिकारियों को उन तक इस बात की कोई भी खबर न थी कि अंग्रेज भी देवखुर में घुस आए हैं। जब उन लोगों ने अस्त्र-शस्त्र रख दिए तो अंग्रेजों के दबाव के कारण बेनी माधव और मम्मू खाँ आदि अनेक सरदारों को अंग्रेजों के सुपुर्द कर दिया गया और कुछ लोगों को वे पकड़ाना भी चाहे। परिणाम हुआ कि सब क्रांतिकारी इस प्रकार के धोखे से बिगड़ गए और जीने की आशा का त्याग कर बचे-बचाए, छिपाए हथियारों से ही लड़ने को तैयार हो गए। गोलियाँ चलने लगीं, गोलियों का जवाब गोरखा फौज ने गोली से दिया। फिर क्या था? दोनों ओर से गोलियों की वर्षा शुरू हो गई और कुछ ही देर बाद गोरी फौज भी सहायता में आ गई।

उत्तर में राप्ती नदी के दक्षिणी तट में शिवलिंग पर्वत इन लोगों को रोके हुए था। परिणामस्वरूप, राणाओं की फौज ने पाँच-छह घंटों के अंदर ही लगभग दस हजार भारतीय सपूतों का काम तमाम कर दिया। उसी दिन से अंग्रेजों के पिट्ठू जंगबहादुर की डायरी में उस स्थान का नाम गौरांग महाप्रभुओं को खुश करने के लिए 'काला काटे' (कालों को काटे जाने का स्थान) रख दिया। चूँकि भारत में विद्रोहियों का सफाया युद्ध द्वारा नहीं किया जा सकता था, इसलिए अंग्रेजों के साजिशों का शिकार तथा उनके परम उपासक जंगबहादुर

राणा ने भारतीय सपूतों की हत्या घृणित ढंग से तथा क्षत्रिय धर्म से च्युत होकर करई। इसके बाद भी बचे-खुचे विद्रोही रह गए थे। उनके साथ गोरखों की मुठभेड़ हुई और उसमें कुछ तो वहीं शहीद हो गए तथा कुछ यों ही अपने अस्त्र-शस्त्र त्यागकर खिसक गए

उन दिनों बेगम हजरत महल तथा मिर्जा दांग के बेलभार में रहते रहे। उस अवस्था में उनकी दानशीलता का बखाँ कुछ वर्ष पूर्व तक की बूढ़ी स्त्रियाँ और वहाँ के वृद्ध लोग बड़े ही कारुणिक शब्दों में सुनाया करते हैं। जहाँ वे लोग रहते थे, वहाँ पानी का अभाव था। बेगम हजरत महल ने वहाँ कुआँ खुदवा दिया था। बाद में वह कुआँ भूतों की आशंका से पाट दिया गया था, किंतु सुनने में आया है कि बाद में अब उसका जीर्णोद्धार भी किया गया है। यह कुआँ भी काले कुआँ के नाम से प्रख्यात है। पाँच-छह मास तक यहाँ रहने के बाद उस स्थान को भी निरापद न देख उसके उत्तर जंगल में जहाँ अब गुर्जे नाम गाँव बसा है, वे लोग चले गए थे। किंतु वहाँ भी राणाओं के सिपाहियों द्वारा वे लोग घेर लिए गए। वहाँ से उन्हें देवखुरी के मलमला नामक स्थान में,फिर वहाँ अर्धा खाँची (गुल्मी जिला में) होते हुए उन्हें नुवा कोट भेज दिया गया था। बाद में काठमांडू के थापाथप जी नामक स्थान में उन्हें बसाया गया था। उनके कुछ अनुयायियों को देवखुरी के देवीकोट में, कुछ को अर्धा खाँची में तथा बहुत-से लोगों को नुवा कोट के धादिंग नामक स्थान तथा शेष को काठमांडू में बसने की आज्ञा हुई थी।[1]

इन शहीदों के बारे में जॉन पंब्ले ने अपनी पुस्तक 'The Raj, The Indian mutiny and the Kingdom of Oudh' में भी किया है।[2]

1. तपोभूमि, लेखक पवन बख्शी, पृ. 165-69 से उद्धृत
2. The Raj, The Indian mutiny and the Kingdom of Oudh. By John Pemble, p. 247. 'That, dramatic though it was, was not quite the end of the story. Maharaja Jung Bahadur, the Prime Minister of Nepal, hesitated to commit himself on the issue of the rebels' extradition. He was reluctant to offend the British by granting them asylum; but he feared to antagonize his own troops by seizing and surrendering them. So, the Begam and her followers lingered for months in the borderland, occasionally making forays into the territory that was once their homeland, but invariably forced back into the inhospitable hills and jungles of the country of their exile. A few, including Mammu Khan, Loni Singh of Mithauli and Raja Jai Lal Singh, ultimately gave themselves up to the British authorities, and Digvijay Singh of Mahona and Babu Ram Bakhsh of Dhundiakhera were captured. The others, comprising the Begam herself, the Raja of Gonda, Beni Madho, the Rani of Tulsipur and perhaps half a dozen taluqdars, remained outlaws, and finally died of exposure or disease. The Begam appears to have been a virtual prisoner of the sepoys, and in her mortification, she heaped invective on their heads, complaining that they had made goats of herself and her son, who had never sought their support and patronage.'

अंग्रेजों को अपना लोहा मनवानेवाली तुलसीपुर महारानी ऐश्वर्य राजेश्वरी देवी उर्फ ईश्वरी देवी की अमर गाथा आज भी बड़े-बूढ़ों की जुबान पर है। यह उनकी गौरव गाथा ही थी कि तुलसीपुर के लोग उन्हें 'लक्ष्मीबाई' कहते थे। 25 वर्षीय रानी ईश्वरी देवी भी अपने ढाई वर्षीय दुधमुँहे बच्चे के साथ अंग्रेजों के विरुद्ध कई दिनों तक मोर्चा सँभालकर युद्ध करती रहीं। अंग्रेजों द्वारा पीछा किए जाने पर बेगम हजरत महल, शहजादा बिरजीस कद्र, नानाजी व बाला जी राव ने भी आकर तुलसीपुर रानी के यहाँ शरण ली। शरणार्थियों को बचाने की खातिर वे युद्ध से पीछे हट गईं और सभी को लेकर नेपाल चली गईं। वहाँ भी तुलसीपुर के नाम से नगर बसाया, जो आज नेपाल में दांग जिले का मुख्यालय है।

राजा बलरामपुर द्वारा तटस्थता की नीति

सत्तावनी क्रांति में महाराजा बलरामपुर की स्थिति भिन्न थी। वे प्रारंभ से ही अवध के नवाबों के विरुद्ध थे। वो अपने को सीधे दिल्ली शासन के अधीन मानते थे और अपनी रियासत का टैक्स दिल्ली दरबार में जमा करते थे। इसीलिए अवध के नवाबों से उनके संबंध कभी भी अच्छे नहीं रहे।

अवध के नवाब द्वारा वर्ष 1856 में उनके 144 गाँव निकल गए थे। फिर भी उन्होंने नवाब को कभी समर्थन नहीं दिया और क्रांति काल में भी एक भी पैसा नहीं दिया।

महाराजा दिग्विजय सिंह

प्रथम स्वाधीनता संग्राम के समय अंग्रेजों का पक्ष लेने की पृष्ठभूमि उनकी नीति पटुता और व्यवहार कुशलता का प्रमाण है। अवध में सशस्त्र क्रांति छिड़ने से पूर्व बाराबंकी जिले में बहराम घाट पर गोंडा, बहराइच, अयोध्या और अमोड़ा (बस्ती) के राजाओं की बैठक हुई थी। सत्तावनी क्रांति के वीर बहादुर नरेश जगजोत सिंह के पुत्र राजा शिवराज सिंह और पूर्व महाराज सिंह के द्वारा उक्त कॉन्फ्रेंस के संबंध में कहे गए विवरण को अपनी पुस्तक 'गदर के फूल' में स्वर्गीय अमृतलाल नागर

जी ने उद्धृत किया है, जो इस प्रकार है—कॉन्फ्रेंस में चहलारी, चरदा, गोंडा और बलरामपुर इकौना एकत्र भए। पास भया कि अंग्रेजों से लड़ना तो चाहिए, परंतु हम में से किसी एक को अंग्रेजों की तरफ रहना भी चाहिए, जिससे कि अगर हमारी हार हो जाए, या समर में खेत रहे तो हमारे बच्चों की परवरिश करनेवाला भी कोई रहे। बलरामपुर रियासत उस समय छोटी थी। उनसे अंग्रेजों का पक्ष लेने के लिए कहा गया। हमारे पास एक कागज था जिसमें बाराबंकी जिले की कॉन्फ्रेंस का हवाला था। वास्तव में वह महाराजा दिग्विजय सिंह की चिट्ठी थी कि हम अंग्रेजों के रहेंगे और जो आप लोग हैं, तो आपके बल-बच्चों की परवरिश करेंगे। वह कागज के हमने उनके गुप्तचर को दे दिया था। उस कागज एवज में हमारे गुजारे की रकम भी बढ़ाई गई थी। उस कागज को संभवत: नष्ट कर दिया गया क्योंकि उसकी भाषा उजागर होने से बलरामपुर राजा की तटस्थता की नीति पर्दाफाश हो जाती। दिग्विजय सिंह ने स्वतंत्रता सेनानियों को धन, अन्न और पनाह देकर अपना क्षत्रिय धर्म निभाया। स्वतंत्रता संघर्ष में चर्दा के राजा ज्योति सिंह खेत रहे। उनके परिवार के भरण-पोषण हेतु 50 रुपए की आर्थिक सहायता देनी प्रारंभ की, जिसका भुगतान आज भी जारी है और इससे उसकी बातों की पुष्टि भी होती है। महाराज ने अंग्रेजों की जान बचाने के 1857 की क्रांति में अंग्रेजों को किसी प्रकार से कोई सहायता नहीं की थी।[1]

बलरामपुर के महाराजा दिग्विजय सिंह ने क्रांति के विस्फोट के समय जब चार्ज विंग फील्ड को अपने यहाँ शरण दी तो उनके पुराने सचिव लखनऊ के विद्रोहियों की मदद से उन पर टूट पड़े और उनका राज बाँटकर तुलसीपुर, इकौना तथा उतरौला के दावेदारों को दे देने का आदेश हो गया और आज्ञा का पालन कराने के लिए एक नाजिम की भी नियुक्ति कर दी गई। फिर भी राजा बलरामपुर को ब्रिटिश शासन जारी होने तक बचाए रखने में सफल रहे।[2]

---

1. अवध के ताल्लुकेदार, लेखक पवन बख्शी, पृ. 344-45

अध्याय : 4

1857 के बाद स्वाधीनता संग्राम से संबंधित विभिन्न गतिविधियाँ और जनपद बलरामपुर

भारत की स्वतंत्रता के लिए अंग्रेजों के विरुद्ध आंदोलन दो प्रकार का था—एक, अहिंसक आंदोलन एवं दूसरा, सशस्त्र क्रांतिकारी आंदोलन। भारत की आजादी के लिए 1857 से 1947 के बीच जितने भी प्रयत्न हुए, उनमें स्वतंत्रता का सपना सँजोए क्रांतिकारियों और शहीदों की उपस्थिति सबसे अधिक प्रेरणादायी सिद्ध हुई। वस्तुतः भारतीय क्रांतिकारी आंदोलन भारतीय इतिहास का स्वर्ण युग है। भारत की धरती के प्रति जितनी भक्ति और मातृ-भावना उस युग में थी, उतनी कभी नहीं रही। मातृभूमि की सेवा और उसके लिए मर-मिटने की जो भावना उस समय थी, आज उसका नितांत अभाव हो गया है।

प्रथम स्वतंत्रता संग्राम के बाद स्वाधीनता के संदर्भ हेतु भारत में जो आंदोलन हुए, उनमें से मुख्य रूप से इस प्रकार हैं—

भारतीय राष्ट्रीय कांग्रेस

1885 में सुरेंद्र नाथ बैनर्जी ने 'भारतीय राष्ट्रीय कांग्रेस' की स्थापना की। इसका मुख्य लक्ष्य मध्यवर्गीय शिक्षित नागरिकों के विचारों को आगे लाना था। प्रारंभिक दौर में इसे ब्रिटिश सरकार के सेफ्टी वॉल्व के रूप में देखा गया।

1906 में कलकत्ता में कांग्रेस के अधिवेशन में स्वराज प्राप्ति की घोषणा की गई। उसी के साथ स्वदेशी आंदोलन शुरू हो गया।

बंगाल विभाजन

1905 में पश्चिम बंगाल का विभाजन हुआ। देश की राजधानी कलकत्ता से बदलकर दिल्ली कर दी गई। बंगाल विभाजन के खिलाफ उपजे आंदोलन को दबाने के लिए ब्रिटिश सरकार ने 1909 में कई सुधारों को लागू किया।

इन्हें मार्ले-मिंटो सुधारों के तौर पर जाना जाता है। इसका लक्ष्य विकास करने की जगह हिंदू और मुसलिमों में मतभेद पैदा करना था।

स्वदेशी आंदोलन

भारतीय स्वतंत्रता आंदोलन का एक महत्त्वपूर्ण आंदोलन है जो भारतीयों की सफल रणनीति के लिए जाना जाता है। स्वदेशी का अर्थ है—अपने देश का। इस रणनीति के अंतर्गत ब्रिटेन में बने माल का बहिष्कार करना तथा भारत में बने माल का अधिकाधिक प्रयोग करके ब्रिटेन को आर्थिक हानि पहुँचाना व भारत के लोगों के लिए रोजगार सृजन करना था। स्वदेशी आंदोलन महात्मा गांधी के स्वतंत्रता आंदोलन का केंद्र बिंदु था। उन्होंने इसे 'स्वराज की आत्मा' भी कहा था।

महात्मा गांधी की वापसी

मोहनदास करमचंद गांधी 1915 में दक्षिण अफ्रीका अपने जमे-जमाए बैरिस्टर के कैरियर को त्याग अपने देश वापस आ गए। जब मोहनदास मुंबई की पोलो बंदरगाह पर उतरे तो न वो महात्मा थे और न ही बापू, लेकिन 'खेड़ा सत्याग्रह', 'चंपारण सत्याग्रह', 'स्वदेशी आंदोलन', 'असहयोग आंदोलन', 'सविनय अवज्ञा आंदोलन', 'भारत छोड़ो आंदोलन' के बल पर भारत को आजाद कराने में अहम भूमिका निभाई।

यही कारण है कि पहले तो वो 'गांधी' के नाम से प्रसिद्ध हुए और बाद में अपने मूल नाम से ज्यादा 'राष्ट्रपिता' या 'महात्मा गांधी' के नाम से जाने गए।

जलियाँवाला बाग नरसंहार

स्वतंत्रता आंदोलन के दौर में जहाँ एक ओर सुधारवादी और क्रांतिकारी योजनाएँ बनाई जा रही थीं, वहीं 13 अप्रैल, 1919 को पंजाब में जलियाँवाला बाग नरसंहार हुआ। उस

दिन यहाँ पर लोग बैसाखी का पर्व मनाने के लिए इकट्ठे हुए थे। यह नरसंहार आज तक के सबसे बड़े नरसंहारों में से एक है। हाल ही में जलियाँवाला बाग नरसंहार के 100 साल पूरे हुए हैं।

शांतिपूर्ण ढंग से विरोध करने आए लोगों के लिए वो दिन खूनी रविवार बन गया था। इस नरसंहार के विरोध में रवींद्रनाथ टैगोर ने ब्रिटिश सरकार की मिली 'नाइट हुड' उपाधि को त्याग दिया था।

खिलाफत आंदोलन

मार्च 1919 में बंबई में एक खिलाफत समिति का गठन किया गया था। मुहम्मद अली और शौकत अली बंधुओं के साथ-साथ अनेक मुसलिम नेताओं ने इस मुद्दे पर संयुक्त जन कार्यवाही की संभावना तलाशने के लिए महात्मा गांधी के साथ चर्चा शुरू कर दी। सितंबर 1920 में कांग्रेस के कोलकाता अधिवेशन में महात्मा गांधी ने भी भाग लिया। यह आंदोलन सन् 1919 में लखनऊ से शुरू हुआ था।

असहयोग आंदोलन

सितंबर 1920 से फरवरी 1922 के बीच महात्मा गांधी तथा भारतीय राष्ट्रीय कांग्रेस के नेतृत्व में 'असहयोग आंदोलन' चलाया गया। इससे भारतीय स्वतंत्रता आंदोलन को एक नई दिशा मिली।

जलियाँवाला बाग नरसंहार सहित अनेक घटनाओं के बाद गांधी जी ने अनुभव किया कि ब्रिटिश हाथों से उचित न्याय मिलने की कोई संभावना नहीं है। इसलिए उन्होंने ब्रिटिश सरकार से राष्ट्र के सहयोग को वापस लेने की योजना बनाई और यह आंदोलन चलाया गया। यह आंदोलन काफी सफल रहा और इसका दूरगामी असर पड़ा।

खिलाफत आंदोलन

अंग्रेजी हुकूमत की जंजीरों को तोड़ने की भारत की कोशिशों में 'खिलाफत आंदोलन' महत्त्वपूर्ण आंदोलनों में से एक था। मौलाना मुहम्मद अली और मौलाना शौकत अली के नेतृत्व में 'खिलाफत आंदोलन' दक्षिण एशिया तक फैल गया।

भारत में 'खिलाफत आंदोलन' वर्ष 1915 से 1924 तक चला। इस विरोध की खासियत ये थी कि इसमें तत्कालीन ब्रिटिश भारत के मुसलिम समुदाय ने उपनिवेश वादियों के खिलाफ राष्ट्रीय स्तर पर एकजुट होकर आंदोलन किया।

भारतीय राष्ट्रीय कांग्रेस की देखरेख में हिंदुओं और मुसलमानों ने एकजुट होकर ब्रिटिश राज का विरोध किया। इस आंदोलन को उस समय और मजबूती मिल गई, जब महात्मा गांधी ने उपनिवेशवाद के खिलाफ 'असहयोग आंदोलन' को खिलाफत आंदोलन के साथ जोड़ दिया। इस तरह हिंदू-मुसलिम एक होकर उपनिवेशवादियों के खिलाफ मजबूती से खड़े हो गए।

सविनय अवज्ञा आंदोलन

ब्रिटिश साम्राज्यवाद के विरुद्ध भारतीय राष्ट्रीय कांग्रेस द्वारा चलाए प्रमुख जन आंदोलन में से एक था 'सविनय अवज्ञा आंदोलन'। 1929 तक भारत को ब्रिटेन के इरादे पर शक होने लगा था कि अंग्रेज औपनिवेशिक स्वराज्य प्रदान करने की अपनी घोषणा पर अमल करेगा कि नहीं। भारतीय राष्ट्रीय कांग्रेस ने लाहौर अधिवेशन 1929 में घोषणा कर दी थी कि उसका लक्ष्य भारत के लिए पूर्ण स्वाधीनता प्राप्त करना है।

महात्मा गांधी ने अपनी इस माँग पर जोर देने के लिए 6 अप्रैल, 1930 ई. को 'सविनय अवज्ञा आंदोलन' छेड़ा। इसका मकसद सरकार के साथ पूर्ण असहयोग कर ब्रिटिश सरकार को झुकाना था।

नमक सत्याग्रह आंदोलन

दांडी मार्च जिसे नमक सत्याग्रह, और दांडी सत्याग्रह के रूप में भी जाना जाता है, महात्मा गांधी के नेतृत्व में औपनिवेशिक भारत में अहिंसक 'सविनय अवज्ञा' का एक कार्य था। 24 दिवसीय—12 मार्च, 1930 से 6 अप्रैल, 1930 तक ब्रिटिश नमक एकाधिकार के खिलाफ कर प्रतिरोध और अहिंसक विरोध के प्रत्यक्ष कार्रवाई अभियान के रूप में चला। इस मार्च का एक अन्य कारण यह था कि 'सविनय अवज्ञा आंदोलन' को एक मजबूत उद्घाटन की आवश्यकता थी जो अधिक लोगों को गांधी के उदाहरण का अनुसरण करने के लिए प्रेरित करे। गांधी ने इस मार्च की शुरुआत

अपने 78 भरोसेमंद स्वयंसेवकों के साथ की थी। मार्च 240 मील (390 किमी.), साबरमती आश्रम से दांडी तक फैला, जिसे उस समय (अब गुजरात राज्य में) नवसारी कहा जाता था। रास्ते में भारतीयों की बढ़ती संख्या उनके साथ जुड़ गई। जब गांधी ने 6 अप्रैल, 1930 को सुबह 8:30 बजे ब्रिटिश राज नमक कानूनों को तोड़ा, तो इसने लाखों भारतीयों द्वारा नमक कानूनों के खिलाफ बड़े पैमाने पर 'सविनय अवज्ञा' के कृत्यों को जन्म दिया।

व्यक्तिगत सत्याग्रह

3 सितंबर, 1939 ई. को भारत के तत्कालीन वायसरॉय लॉर्ड लिनलिथगो ने यह घोषणा की कि भारत भी द्वितीय विश्वयुद्ध में सम्मिलित है। वायसरॉय ने इस घोषणा से पूर्व किसी भी राजनीतिक दल से परामर्श नहीं किया। इससे कांग्रेस असंतुष्ट हो गई। महात्मा गांधी ने भी ब्रिटिश सरकार की युद्धनीति का विरोध करने के लिए सन् 1940 में अहिंसात्मक 'व्यक्तिगत सत्याग्रह' आरंभ किया।

भारत छोड़ो आंदोलन

'भारत छोड़ो आंदोलन', द्वितीय विश्वयुद्ध के समय 8 अगस्त, 1942 को आरंभ किया गया था। यह एक आंदोलन था, जिसका लक्ष्य भारत से ब्रिटिश साम्राज्य को समाप्त करना था। यह आंदोलन महात्मा गांधी द्वारा 'अखिल भारतीय कांग्रेस समिति' के मुंबई अधिवेशन में शुरू किया गया था। यह भारतीय स्वतंत्रता संग्राम के दौरान विश्वविख्यात काकोरी कांड के ठीक सत्रह साल बाद 9 अगस्त, 1942 ई. को गांधी जी के आह्वान पर समूचे देश में एक साथ आरंभ हुआ। यह भारत को तुरंत आजाद करने के लिए अंग्रेजी शासन के विरुद्ध एक 'सविनय अवज्ञा आंदोलन' था।

'भारत छोड़ो आंदोलन' सही मायने में एक जन आंदोलन था, जिसमें लाखों आम हिंदुस्तानी शामिल थे। इस आंदोलन ने युवाओं को बड़ी संख्या में अपनी ओर आकर्षित किया। उन्होंने अपने कॉलेज छोड़कर जेल का रास्ता अपनाया। जिस दौरान कांग्रेस के नेता जेल में थे, उसी समय जिन्ना तथा मुसलिम लीग के उनके साथी अपना प्रभाव क्षेत्र फैलाने में लगे थे।

आजाद हिंद फौज

सुभाषचंद्र बोस के नेतृत्व में 21 अक्टूबर, 1943 को 'आजाद हिंद फौज' का गठन हुआ था। सुभाषचंद्र बोस ने 'आजाद हिंद फौज' के कमांडर की हैसियत से भारत की अस्थायी सरकार बनाई। बहुत जल्द इसे जर्मनी, जापान, फिलीपींस, कोरिया, चीन, इटली और आयरलैंड ने मान्यता दी थी।

सुभाषचंद्र बोस का मानना था कि अंग्रेजों के मजबूत शासन को केवल सशस्त्र विद्रोह के जरिए ही चुनौती दी जा सकती है। ब्रिटिश हुकूमत से आजादी हासिल करने के लिए 1857 से लेकर 1947 तक कई जन आंदोलन चले, जिन्होंने देश को आजादी दिलाने में महत्त्वपूर्ण भूमिका निभाई।

उपरोक्त आंदोलनों की अवधि में बलरामपुर जनपद का अस्तित्व तब गोंडा जनपद की एक तहसील के रूप में था। 'भारत छोड़ो आंदोलन' और सुभाषचंद्र बोस की 'आजाद हिंद फौज' के अतिरिक्त किसी भी आंदोलन का प्रभाव जनपद बलरामपुर के किसी भू-भाग पर देखने को नहीं मिलता।

उपरोक्त आंदोलनों में से 'असहयोग आंदोलन', 'सविनय अवज्ञा आंदोलन', 'नमक सत्याग्रह', 'व्यक्तिगत सत्याग्रह', 'भारत छोड़ो' तथा 'आजाद हिंद फौज' का प्रभाव बलरामपुरवासियों पर प्रत्यक्ष देखने को मिलता है।

गांधी जी का बलरामपुर आगमन

देश को आजादी दिलाने के लिए साल 1929 में जब महात्मा गांधी भारतीयों में जोश भरकर अलख जगाने का काम कर रहे थे, तब मनकापुर रियासत के तत्कालीन राजा रघुराज सिंह के मन में भी उनके प्रति श्रद्धा जाग उठी। उस समय उनके सबसे छोटे पुत्र कुँवर देवेंद्र प्रताप सिंह उर्फ लल्लन साहब गंभीर रूप से बीमार चल रहे थे। उन्हें विश्वास था कि बापू के आशीर्वाद से वे ठीक हो जाएँगे। राजा अपने पुत्र लल्लन साहब को लेकर नैनीताल में गांधी जी से मिले। उनका आशीर्वाद लिया। उनका विश्वास फलीभूत हुआ। राजकुमार शीघ्र ही स्वस्थ हो गए, जिससे राजा रघुराज सिंह की गांधी जी के प्रति श्रद्धा और बढ़ गई।

उन्होंने गांधी जी को मनकापुर आने का निमंत्रण दिया। बाद में गांधी जी ने उ.प्र के जिलों का भ्रमण प्रारंभ किया तो राजा का पत्र लेकर बनारस गए लाल बिहारी टंडन से उन्होंने गोंडा आने का कार्यक्रम तय करने के लिए कहा। राजा रघुराज सिंह के आग्रह पर

गांधी जी ने मनकापुर आने की स्वीकृति दी। उत्तर प्रदेश के पूर्वी जिलों का दौरा निपटाने के बाद महात्मा गांधी 1929 में ट्रेन से आए। मनकापुर आगमन पर राजा रघुराज सिंह ने बग्घी (घोड़ों का रथ) भेजी। उन्होंने राजमहल में गांधी जी का राजसी ढंग से जोरदार स्वागत किया। राज सदन परिसर में आयोजित विशाल सभा में राजा साहब ने स्वागत भाषण भी किया। सभा में गांधी जी ने स्वतंत्रता आंदोलन से जुड़े क्रांतिकारियों और युवाओं में जोश भरा। इसी दिन राजा महात्मा गांधी की प्रेरणा से कांग्रेस में शामिल हो गए और सक्रिय आंदोलन में हिस्सा लिया।

गोंडा नगर के मध्य गोलागंज मोहल्ले में प्रेम पकड़िया के ऐतिहासिक मैदान में भी गांधी जी का पदार्पण हुआ था। यहाँ भी जनसभा कर उन्होंने स्वतंत्रता प्रेमियों को आंदोलन में कूदने का आवाहन किया था। बाद में गांधी जी के आवाहन पर 11 अप्रैल, 1930 को इस मैदान में नमक आंदोलन शुरू हुआ। आजादी के दीवानों ने नमक बनाने का प्रदर्शन किया था।

जिला मुख्यालय के बाद दूसरे दिन महात्मा गांधी तब जिले की महत्त्वपूर्ण तहसील रहे बलरामपुर भी गए थे। कांग्रेस कार्यकर्ता मौलवी जमा खाँ उनके स्वागत की तैयारी कर रहे थे। तभी बलरामपुर की महारानी राजलक्ष्मी कुमारी देवी और महाराजा पाटेश्वरी प्रसाद सिंह को इसकी जानकारी हुई। हालाँकि महाराजा स्वतंत्रता आंदोलनों से दूर थे, लेकिन उन्होंने गांधी जी के स्वागत का निर्णय लिया। महाराजा ने कुआनो के पास गांधी जी का फूलमालाओं से भव्य स्वागत किया। स्वतंत्रता आंदोलन में खर्च के लिए चार हजार रुपयों की थैली भेंट की। महाराजा के निर्देश पर गांधी जी को खादी कपड़ों से सजाए गए नगर के आलीशान यूरोपियन अतिथि-गृह (अब माया होटल) में ठहराया गया। वहाँ गांधी जी के आगमन की जानकारी मिली तो हजारों लोगों ने उनके दर्शन किए। यहाँ की सभा में अपार भीड़ ने उनका स्वागत किया। महिलाओं ने दो हजार रुपए और कीमती आभूषण भेंट किए। गांधी जी की इस यात्रा का यहाँ व्यापक असर हुआ और पूरे जिले में स्वतंत्रता आंदोलन को गति मिली और लोगों में चेतना जाग्रत हुई।

इस संदर्भ में बलरामपुर के रहनेवाले तबारक अली की बातों का जिक्र अनिवार्य समझता हूँ। बलरामपुर में एक संस्था है 'पैगाम'। आजाद सिंह उसके अध्यक्ष हुआ करते थे। उन्हें कवि सम्मेलन, मुशायरे 15 अगस्त तथा शहीदों से संबंधित दिवस आदि मनाने में बड़ी रुचि थी। तबारक अली उस समय 75-80 वर्ष या इससे कुछ अधिक के रहे होंगे। गांधी जी के बलरामपुर आगमन में वह अकसर बताया करते थे।

वह बताते थे कि उस समय वह कक्षा पाँच में पढ़ते थे। बापूजी के आने की जानकारी विद्यालय में ही दी गई थी। उनके बलरामपुर आने की अनुमति तत्कालीन अंग्रेज

अधिकारियों ने पहले नहीं दी थी। बलरामपुर में आने का कार्यक्रम महात्मा गांधी का पहले नहीं था। गांधी जी का कार्यक्रम गोंडा जिले में लगा था, जब इसकी जानकारी स्वतंत्रता संग्राम के सिपाही मौलवी अहमद जमा खाँ व उनके साथियों को हुई। मौलवी साहब ने गांधी जी को बलरामपुर लाने के लिए शहरवासियों से सहयोग माँगा, लेकिन उनको सफलता नहीं मिली। मौलवी साहब ने महाराज बलरामपुर के दरबार में यह बात पहुँचाई। तत्कालीन महाराजा पाटेश्वरी प्रसाद सिंह ने कहा कि गांधी जी का जिले में जोरदार स्वागत ही नहीं किया जाएगा बल्कि बताया कि उनको सहयोग में धनराशि भी भेंट की जाएगी। इस घटना का जिक्र 'राष्ट्रीय स्वतंत्रता संघर्ष' नामक किताब भी है कि महाराज व महारानी द्वारा महात्मा गांधी जी के स्वागत की कमान स्वयं सँभाली हुई थी, जिसमें दर्शाया गया है कि महाराज ने चार व महारानी ने महिलाओं की तरफ से दो हजार रुपए की थैली भेंट की थी।

वर्ष 1919 से 1929 तक बलरामपुर राज्य का कोर्ट ऑफ वाड्र्स के अधीन थी। राज्य प्रबंधन अंग्रेज अधिकारियों के हाथ में था। अंग्रेज अधिकारी जनता को हर तरह से परेशान करते रहते थे। उसी मध्य जलियाँवाला कांड हो गया। जनरल डायर ने निहत्थे स्त्री-पुरुषों को गोलियों से भून डाला। अंग्रेजी हुकूमत के विरुद्ध वर्ष 1920 में गांधी जी ने 'असहयोग आंदोलन' छेड़ दिया। रियासती क्षेत्र होने के कारण 'असहयोग आंदोलन' का बलरामपुर में बड़ा प्रभाव पड़ा। महात्मा गांधी को बलरामपुर लाने का श्रेय बलरामपुर निवासी मौलवी अहमद जमा थे। गांधी जी के बलरामपुर आगमन का समाचार मिलते ही 'असहयोग आंदोलन' ने उग्र रूप धारण कर लिया। गांधी जी के बलरामपुर आगमन से जनपद के युवाओं में एक स्फूर्ति उत्पन्न हो गई थी। उन्होंने गांधी जी के आंदोलनों में बढ़-चढ़कर भाग लिया।

बलरामपुर नगर

बलरामपुर नगर की स्थापना बलरामपुर राजवंश के राजा माधव सिंह ने सन् 1450 ई. में की थी। वर्तमान में बलरामपुर जिला भारत के उत्तर प्रदेश राज्य का एक जिला है। जिले का मुख्यालय बलरामपुर है। जिले में तीन तहसीलें हैं—बलरामपुर, तुलसीपुर और उतरौला। बलरामपुर जिले में सर्वाधिक स्वतंत्रता सेनानी बलरामपुर नगर से ही हैं। बलरामपुर नगर और तहसील अंतर्गत ग्रामों के सेनानी —

अब्दुल करीम खाँ, अब्दुल रहीम खाँ, अब्दुल हफीज खाँ, अमीर हसन, अली सरदार जाफरी, अहमद जमा खाँ, कुन्नी लाल, कृष्णानंद, केशव राम शुक्ल, कैलाश नाथ,

गंगा प्रसाद उर्फ गूँठे, जगन्नाथ प्रसाद उपाध्याय, जसवंत लाल श्रीवास्तव, ठाकुर प्रसाद, देव शंकर अवस्थी, देवेंद्र कुमार अवस्थी, नत्था बारी, नंद किशोर, परसादी, ठाकुर नौरंग सिंह, परमात्मा शरण, बचऊ, बदल, बलदेव प्रसाद सेनानी, बलभद्र प्रसाद शुक्ल, बाल मुकुंद, भवानी शरण, मंगल सिंह आर्य, मिश्री लाल, राम पलटन, राम प्यारे तिवारी, राम मनोरथ, राम रंग सिंह, राम राज, राम लौटन आर्य, रूप नारायण, वंश राज सिंह, शिव दयाल श्रीवास्तव, श्याम लाल शिल्पकार, श्री राम, संत बख्श सिंह, श्रीमती सरस्वती देवी, सीता राम, सिया राम, सोमई, हरद्वारी लाल, हरि करण सिंह, हरिहर प्रसाद वर्मा, हरी किशन गुप्ता, हरीश बाबू।

स्वाधीनता संग्राम सेनानियों के ग्रामों के नाम बलरामपुर तहसील

झरमहिया : तेज पाल

रसूलपुर / रामपुर / खगईजोत : पाटन लोहार, प्रभुनाथ शुक्ल, सुखई राम

नागेशरपुर : फकीरे

बरगदवा : बलभद्र

कलवारी : बलभद्र नाथ मिश्र

महेशभारी : ब्रह्म दत्त मिश्र

सेखइया : बालेश्वर

रतनपुर : मथुरा

इब्राहिमपुर : वीरे

विशुनीपुर : शम्भू दयाल श्रीवास्तव

बेलहा : शोभा राम

गणेशपुर : सूर्या प्रसाद श्रीवास्तव

नोट : बलरामपुर तहसील से कुल 75 जेलयात्री

उतरौला तहसील

उतरौला भारत के उत्तर प्रदेश राज्य के बलरामपुर जिले में स्थित एक नगर है। यह बलरामपुर जिले में एक तहसील का दर्जा भी रखता है। उतरौला पश्चिम राप्ती नदी के

पास तथा भारत व नेपाल की अंतरराष्ट्रीय सीमा से 90 किमी. की दूरी पर बसा हुआ है। यहाँ के स्वतंत्रता सेनानी —

उतरौला : कैलाश नाथ श्रीवास्तव, राम प्रसाद आर्य, विश्वनाथ शर्मा

सहजौरापुर : अब्दुल रहमान।

सादुल्लाह नगर : अवाली सिंह, जगन्नाथ, राजा राम (केशव नगर)।

सरायखास : धीरज सिंह।

मन्नीपुर : ढोढ़े।

किरतापुर : नगेसर, बलेसर।

बढ़या : पृथ्वी पाल पांडेय, शोहरत सिंह।

रामपुर ग्रांट : प्रभु दयाल।

गूमा फातिमा चैनवापुर : बंसीधर मिश्र, बेनिधर मिश्र, मुरलीधर मिश्र।

अहिरौली : महादेव प्रसाद।

बुबई पुरवा : राम अछयबर तिवारी।

शिवदयालगंज : राम खेलावन।

चमरूपुर : राम खेलावन दास।

जानकी नगर : राम जस।

दवरी खेड़ा महाराजपुर : राम दुलारे।

सोमरहा : राम समुझ सिंह।

भैरवा पूरे भुलई : रामेश्वर वर्मा।

उदयपुर : रामेश्वर सिंह।

मझौवा : रोहिणी।

भगवानपुर ग्रांट : लोकई दास।

महितिनिया : शिव दास।

कटेसर : सकटू।

फतेहपुर : हर प्रसाद श्रीवास्तव।

नोट : उतरौला तहसील से कुल 31 जेलयात्री

तुलसीपुर तहसील

तुलसीपुर नगर : अवधेश कुमार सिंह, करोड़ मल गोयल, श्रीमती गोदावरी देवी, नारायण, बद्री प्रसाद, भगवत प्रसाद धर्मेंद्र, भगवान दास, मदन गोपाल बख्शी, महेश्वरी, राम भरोसे

उर्फ भगवान दास, रामलखन तिवारी, राम शंकर,साहब दीन, सीताराम, हरदेव, शांति प्रसाद, नरेश सिंह (भोजपुर),शेष मणि मिश्र (धौली धरमपुर)।

जयनगरा : हीरा लाल।

सुगा नगर : श्याम दास।

मोतीपुर : श्रीराम।

रमईडीह : पाटेश्वरी प्रसाद सिंह, राम लाल भाई।

जानकी नगर : राम जस।

गुलसरी : राम सहाय।

देवरावां : लक्ष्मी नारायण।

ललिया : लालन सिंह।

महाराजगंज तराई : बलदेव प्रसाद कलवार, रमाशंकर श्रीवास्तव (सतई डीह)।

सिंगरौरा : दुर्गा प्रसाद, श्रीमती प्रेम कुमारी, रामदत्त लहरी, बच्चू लाल, श्री भूषण, राम धन।

हथुआ : राम फेर।

पचपेड़वा : देवी दीन।

जूड़ीकुंइया : देवी प्रसाद।

गैंसड़ी बाजार : अब्दुल सत्तार।

हरिचरनपुर : कामता प्रसाद।

धरमूपुर : रघुनंदन सोनार।

गुलरिहा घाट : कामता प्रसाद वैश्य, ममता प्रसाद वैश्य।

रामनगर (पचपेड़वा) : काशी प्रसाद जायसवाल।

निश्चलडीह : ठा. गुलाब सिंह, श्रीमती शकुंतला देवी।

खर धावा : छोटेलाल कोरी।

जगन्नाथ पुरवा : जंगबहादुर।

पुरुषोत्तमपुर : तुलाराम।

नोट : तुलसीपुर तहसील से कुल जेलयात्री - 53
बलरामपुर तहसील के कुल जेलयात्री - 75
उतरौला तहसील के कुल जेलयात्री - 31
संपूर्ण बलरामपुर जनपद के जेलयात्री- 159

बलरामपुर जनपद के विभिन्न क्षेत्रों से विभिन्न आंदोलनों में जेल जानेवाले जेलयात्रियों की तालिका

व्यक्तिगत सत्याग्रह

बलरामपुर

1. श्री कैलाश नाथ
2. श्री चिनकू दास
3. श्री जगराम
4. श्री जगन्नाथ प्रसाद तिवारी
5. श्री तेजपाल
6. श्री ठाकुर नवरंग सिंह
7. श्री परमात्मा शरण
8. श्री फकीरे
9. श्री बलदेव प्रसाद सेनानी
10. श्री बलभद्र नाथ मिश्र
11. श्री बलभद्र प्रसाद शुक्ल
12. श्री बाल मुकुंद
13. श्री ब्रह्मदत्त मिश्र
14. श्री भवानी सिंह
15. श्री राम रंग सिंह
16. श्री राम लौटन आर्य
17. श्री वीरे
18. श्री श्यामलाल शिल्पकार
19. श्री संतबख्श सिंह
20. श्री हरदेव सिंह उर्फ ननकऊ
21. श्री हरिकृष्ण गुप्ता

उतरौला

1. श्री अवाली सिंह
2. श्री कैलाशनाथ श्रीवास्तव
3. श्री गोले
4. श्री धीरज सिंह
5. श्री पृथ्वीपाल पांडेय
6. श्री प्रभु दयाल
7. श्री बंसीधर मिश्र
8. श्री बेनीधर मिश्र
9. श्री मुरलीधर मिश्र

सविनय अवज्ञा आंदोलन

बलरामपुर

1. श्री आदित्य प्रसाद तिवारी
2. श्री कृष्णानंद
3. श्री गंगा प्रसाद उर्फ गूँठे
4. श्री गजाधर पांडेय
5. श्री नत्था बारी
6. श्री नंद किशोर
7. श्री बचऊ
8. श्री बदल
9. श्री बलभद्र
10. श्री बालेश्वर
11. श्री मथुरा
12. श्री मिश्री लाल
13. श्री रामदत्त तिवारी
14. श्री राम राज
15. श्री शोभाराम
16. श्री श्रीराम
17. श्री सीताराम
18. श्री सीताराम भूँज
19. श्री सियाराम
20. श्री सोमई
21. श्री हरिहर प्रसाद वर्मा

उतरौला

1. श्री सकटू
2. श्री हरप्रसाद श्रीवास्तव

तुलसीपुर

1. श्री जंगबहादुर
2. श्री ढोढ़े
3. श्री देवी प्रसाद
4. श्री भगवान दास
5. श्री राम शंकर

नमक सत्याग्रह

बलरामपुर

1. श्री कुन्नी लाल
2. श्री जगन्नाथ प्रसाद उपाध्याय
3. श्री परसादी
4. श्री ब्रह्मदत्त मिश्र
5. श्री राम पलटन
6. श्री राम मनोरथ
7. श्री रूप नारायण

उतरौला

1. श्री रामेश्वर वर्मा
2. श्री लोकई दास

भारत छोड़ो आंदोलन

बलरामपुर

1. श्री अमीर हसन
2. श्री जसवंत लाल
3. श्री ठाकुर प्रसाद
4. श्री देव शंकर अवस्थी
5. श्री पाटन लोहार
6. श्री प्रभुनाथ शुक्ल
7. श्री मंगल सिंह आर्य
8. श्री रक्षपाल सिंह

10. श्री राम खेलावन दास
11. श्री राम प्रसाद आर्य
12. श्री रामेश्वर सिंह
13. श्री रोहिणी
14. श्री विश्वनाथ शर्मा
15. श्री शिव दास
16. श्री शोहरत सिंह

तुलसीपुर

1. श्री अब्दुल सत्तार
2. श्री कामता प्रसाद
3. श्रीमती गोदावरी देवी
4. श्री छोटे लाल कोरी
5. श्री छोटे लाल जायसवाल
6. श्री नारायण
7. श्री पाटेश्वरी प्रसाद
8. श्रीमती प्रेम कुमारी
9. श्री बच्चू लाल
10. श्री बद्री प्रसाद
11. श्री बनारसी लाल गोयल
12. श्री बलदेव प्रसाद कलवार
13. श्री रघुनंदन सोनार
14. श्री राम जस
15. श्री राम मनोरथ मिश्र
16. श्री राम लाल भाई
17. श्री राम सहाय
18. श्री लक्ष्मी नारायण
19. श्री लल्लन सिंह
20. श्रीमती शकुंतला देवी
21. श्री सीता राम

असहयोग आंदोलन

तुलसीपुर

1. श्री महेश्वरी
2. पंडित रामदत्त लहरी

आजाद हिंद फौज

बलरामपुर

1. श्री अब्दुल करीम खाँ
2. श्री अब्दुल रहीम खाँ
3. श्री अब्दुल हफीज खाँ

अंग्रेजी तानाशाही के विरुद्ध जेल जानेवाले जेलयात्री

1. अली सरदार जाफरी

9. श्रीमती सरस्वती देवी
10. श्री सुखई
11. श्री हरद्वारी लाल
12. श्री हरिकरण सिंह

उतरौला

1. श्री जगन्नाथ
2. श्री राजा राम
3. श्री राम अक्षयवर तिवारी
4. श्री राम खेलावन
5. श्री राम जस
6. श्री राम दुलारे

तुलसीपुर

1. श्री अवधेश कुमार सिंह
2. श्री कामता प्रसाद वैश्य
3. श्री देवी दीन
4. श्री नरेश सिंह
5. श्री भागवत प्रसाद 'धर्मेंद्र'
6. श्री भूषण
7. श्री ममता प्रसाद वैश्य
8. श्री राम धन
9. श्री राम फेर
10. श्री राम भरोसे उर्फ भगवान
11. श्री रामलखन तिवारी
12. श्री शांति प्रसाद
13. श्री शेष मणि तिवारी
14. श्री श्याम दास
15. श्री श्रीराम
16. श्री साहब दीन
17. श्री हरदेव
18. श्री हीरा लाल

असहयोग आंदोलन

तुलसीपुर

1. श्री करोड़ी मल गोयल
2. श्री दुर्गा प्रसाद

अध्याय : 5

विभिन्न आंदोलनों में भाग लेनेवाले बलरामपुर जनपद के जेलयात्री

आजाद हिंद फौज के सेनानी

बलरामपुर नगर में अब्दुल करीम खाँ 'आजाद हिंद फौज' के सेनाधिकारी अब्दुल हफीज खाँ रहा करते थे। अब्दुल करीम खाँ तथा अब्दुल रहीम खाँ, ये दोनों सगे भाई अब्दुल गनी खाँ के पुत्र तथा अब्दुल करीम खाँ के मौसेरे भाई थे। आजाद हिंद सैनिकों की सार्वजनिक रिहाई के बाद जेल से छूटकर इन दोनों भाइयों ने बलरामपुर में डॉक्टरी प्रैक्टिस शुरू की।

श्री अब्दुल हफीज खाँ

अब्दुल हफीज खाँ का जन्म 1922 ई. में बलरामपुर नगर के मोहल्ला बलुहा में फजल खाँ पठान के घर हुआ था। आपके मामा मुस्तफा खाँ बलरामपुर स्टेट की फौज में हवलदार थे। बचपन से ही ये इंकलाबी स्वभाव के रूप में जाने जाते रहे।

डॉ. भगवती प्रसाद सिंह अपनी पुस्तक 'राष्ट्रीय स्वतंत्रता संघर्ष और गंगा जनपद' में लिखते हैं कि एक दिन फौज के ब्रिगेडियर से मिलने अब्दुल गनी खाँ के पुत्र अब्दुल हफीज खाँ और इनके भाई अब्दुल करीम खाँ पहुँचे। ब्रिगेडियर ने इन लड़कों की अच्छी कद-काठी देखकर इन्हें फौज में भरती होने की बात कही। तब इन लड़कों ने उनकी बात को गंभीरता से नहीं लिया।

एक दिन ब्रिगेडियर साहब ट्रेन से लखनऊ जा रहे हैं, इस बात का जैसे ही इन लड़कों को पता चला, ये लोग भी उसी ट्रेन में सवार हो गए। आगे किसी स्टेशन

पर ब्रिगेडियर के सामने जाकर उन्हें सलाम किया। पूछने पर बताया कि आप हमें ले चलकर फौज में भरती करा दीजिए। ब्रिगेडियर के यह पूछने पर कि आपने माँ-बाप से आज्ञा ले ली है, इन्होंने झूठ बोलकर 'हाँ' कर दिया। ब्रिगेडियर ने उन्हें 1940 में लखनऊ में अंग्रेजी फौज में भरती करा दिया और ट्रेनिंग के लिए रावलपिंडी भेज दिए गए। ट्रेनिंग पूरी करने के बाद इन्हें रावलपिंडी से पूना भेजा गया। उसके बाद जर्मनी के मोर्चे पर भेजे जानेवाले 900 सैनिकों में हाफीज खाँ को भी भेजने का हुकुम जारी हुआ। जिस जहाज पर बैठकर इन्हें जर्मनी जाना था, भूलवश उसकी यात्री सूची में इनका नाम ही छूट गया था। काफी मिन्नतें करने पर अफसरों ने इनकी एक न सुनी। अगले कुछ दिनों बाद इन्हें सिंगापुर जाने का अवसर मिल गया। जब ये जहाज पर सवार हुए तो पता चला कि पहले जिस जहाज पर ये जर्मनी जाना चाह रहे थे, वह डूब गया और उसमें सवार सभी सैनिक मारे गए थे।

'राज्यीय स्वतंत्रता संघर्ष और गोंडा जनपद' पुस्तक के अनुसार, इन्हीं दिनों जापानियों ने मलाया के 'कोटाबारु' स्थान पर आक्रमण कर दिया। भारतीय सैनिकों को मोर्चे पर भेजा गया, जिसमें अब्दुल हफीज खाँ और इनके मौसेरे भाई अब्दुल करीम खाँ तथा अब्दुल रहीम खाँ भी थे। ब्रिटिश सेना का नेतृत्व जनरल हीथ कर रहा था। जापानी सेना आगे बढ़ती गई और ब्रिटिश सैनिक पीछे हटते रहे। सिंगापुर में ब्रिटिश फौज चारों ओर से घिर गई। जापानी तोपों से गोलाबारी जारी थी, ऊपर से हवाई जहाज बम बरसा रहे थे। लाचारी में जनरल हीथ ने हथियार डाल दिए। ब्रिटिश के सभी सैनिक बंदी बनाकर जेलों में डाल दिए गए।

सिंगापुर की जिस जेल में ये बंद थे, एक दिन नेताजी सुभाषचंद्र बोस भारतीय सैनिकों को संबोधित करने उसी जेल में आए। नेताजी के जोशीले भाषण द्वारा भारतीय सैनिकों के मन पर गहरा प्रभाव पड़ा। उनकी मानसिकता ही बदल गई। अंत में नेताजी ने दृढ़ता से ऊँची आवाज में एक नारा लगवाया—'तुम मुझे खून दो, मैं तुझे आजादी दूँगा'।[1] इस नारे से भारतीय कैदियों की मानसिकता बदल गई। उन्होंने इसके उत्तर में गर्व और जोश के साथ उत्तर दिया—'हम आपको खून देंगे, आप हमें आजादी दें'।

नेताजी ने उस समय 'आजाद हिंद फौज' के चार ब्रिगेड तैयार किए—1. नेहरू ब्रिगेड, 2. गांधी ब्रिगेड, 3. आजाद ब्रिगेड, 4. सुभाष ब्रिगेड तथा पाँचवाँ ब्रिगेड लड़कियों का था, जो 'झाँसी की रानी लक्ष्मीबाई ब्रिगेड' के नाम से जाना जाता था।

---

1. राष्ट्रीय स्वतंत्रता संघर्ष और गोंडा जनपद, डॉ. भगवती प्रसाद सिंह, पृ. 286 से उद्धृत
2. उप., 287 से उद्धृत

अब्दुल हफीज नेहरू ब्रिगेड में सब ऑफिसर नियुक्त हो गए। नेताजी ने सिंगापुर में अपनी अस्थायी सरकार बनाई। इसे जापान, जर्मनी, इटली, बर्मा, मलाया आदि राष्ट्रों ने मान्यता दे दी थी। आजाद हिंद का झंडा खादी का तिरंगा था, किंतु उसमें बीच में चक्र अथवा चरखा न होकर शेर की आकृति थी।[2]

वर्ष 1945 में अमेरिका ने जापान के हिरोशिमा पर एटम बम गिराया तो जापान ने समर्पण किया। उसके बाद रहस्यमय परिस्थितियों में नेताजी के अदृश्य होने के बाद अन्य फौजियों के साथ अब्दुल हफीज खाँ भी अंग्रेजों द्वारा कैद कर लिए गए।

अब्दुल हफीज खाँ को पहले जेल में रखा गया। फिर कलकत्ता जाकर कच्चा जेल में स्थानांतरित किया गया। वहाँ से ये मुल्तान की जेल में भेज दिए गए। अंग्रेज सरकार ने इन सब पर देशद्रोह का मुकदमा चलाया। इस केस में 'आजाद हिंद फौज' की ओर से भूला भाई देसाई, के.एन. काजू, हृदय नारायण कुँवर, आसफ अली और जवाहरलाल नेहरू ने वकालत की। इस मुकदमे में सभी आजाद हिंद फौजी बाइज्जत बरी हुए। अब्दुल हफीज खाँ भी लाल किले की कैद से छूटकर वापस बलरामपुर आ गए।

एक बार अब्दुल हफीज खाँ किसी काम से लखनऊ गए थे। तब अमीनाबाद स्थित छेदी लाल धर्मशाला की ऊपरी मंजिल पर आई.एन.ए. इंक्वायरी एंड रिलीफ कमेटी के बोर्ड पर आपकी निगाह पड़ी। जिज्ञासावश ऊपर उस कमरे में आप पहुँचे तो वहाँ अपनी ही ब्रिगेड के मेजर जे.एम. ली को मौजूद पाया। यह कमेटी मेजर ली के नेतृत्व में आजाद हिंद के सिपाहियों की आर्थिक मदद करती थी और उनके लिए नौकरियों का भी प्रबंध करती थी। सरकार की ओर से इन सैनिकों को कोई संरक्षण व सहायता नहीं प्राप्त हो सकती थी। आपसे मेजर ली को मिलकर बड़ी प्रसन्नता हुई क्योंकि उन्हीं के मातहत आप 'आजाद हिंद फौज' में रह चुके थे। ली साहब को तब तक यह विश्वास था कि यह लड़ाई में मारे जा चुके हैं। मेजर ली ने कहा कि आप इस रिलीफ कमेटी में काम शुरू कर दीजिए तब आप घरवालों से इजाजत लेने को कहकर वापस बलरामपुर लौट आए। फिर आपने इसी कमेटी में जिसका दफ्तर अब 23, न्यू बेरी रोड हो गया था, सन् 1946 में सात रुपए मासिक वेतन पर काम करना शुरू कर दिया। उस समय ऐसी प्राइवेट संस्थाएँ, जिनकी 'आजाद हिंद फौज' वालों पर श्रद्धा थी, अपने यहाँ नौकरी पर रखने के लिए उपयुक्त व्यक्तियों की माँग इस कमेटी को भेजा करती थीं। बिजनौर इंटर कॉलेज, बिजनौर से एक गेम्स टीचर की माँग आई और उस पद पर आप 1 जनवरी, 1947 को नियुक्त हो गए। यह घटना 'राष्ट्रीय स्वतंत्रता संघर्ष और गोंडा जनपद' पुस्तक में दर्ज है।

अब्दुल हफीज खाँ जब तक बिजनौर इंटर कॉलेज में रहे, नेताजी के जन्मदिन को कौमी एकता के रूप में मनाते रहे और सामाजिक सेवा के कामों में भी लगे रहे। इसके फलस्वरूप आपको डी.एम., जिला विद्यालय निरीक्षक तथा उप शिक्षा निदेशक द्वारा कई बार इनाम और शील्ड प्राप्त हुई। 1984 में शिक्षक पद से अवकाश ग्रहण कर आप बलरामपुर आकर अपने घर रहने लगे। आपको स्वाधीनता संग्राम सेनानी पेंशन व दो ताम्रपत्र भी मिले—एक केंद्र सरकार का और एक प्रादेशिक सरकार का। बलरामपुर आकर आपने प्रतिवर्ष नेताजी का जन्म दिवस समारोह मनाने का कार्यक्रम प्रारंभ किया।[1]

व्यक्तिगत सत्याग्रह आंदोलन के जेलयात्री
बलरामपुर तहसील

श्री चिनकू दास

श्री चिनकू दास सुपुत्र श्री सूरज बली कोरी, ग्राम वैरही दुल्लापुर (बलरामपुर) के निवासी थे। आपने 'व्यक्तिगत सत्याग्रह आंदोलन' के दौरान सन् 1941 में 9 मास कैद तथा 10 रुपए जुर्माने की सजा पाई थी।

श्री जगराम

झलहिया ग्राम के ही श्री जगराम पुत्र दयाल 1930 से 1942 तक सभी राष्ट्रीय आंदोलनों में जगदंबिका सिंह के साथ डटे रहे। इन्हें व्यक्तिगत सत्याग्रह के आंदोलन के समय 1941 में 6 मास की कड़ी कैद और 20 रुपए जुर्माने की सजा हुई थी।

श्री जगन्नाथ प्रसाद तिवारी

श्री जगन्नाथ प्रसाद तिवारी पुत्र हरिहर दत्त तिवारी, ग्राम चकवा, पो. देवरिया, तहसील बलरामपुर के निवासी थे। सन् 1941 के व्यक्तिगत सत्याग्रह के सिलसिले में आपको भारत

1. 'राष्ट्रीय स्वतंत्रता संग्राम और गोंडा जनपद' के पृ. 290 से उद्धृत।

सुरक्षा अधिनियम के अंतर्गत नौ मास की कैद और 25 रुपए जुर्माने की सजा मिली थी। 18 अगस्त, 1990 को आपका देहावसान हो चुका है।

श्री तेज पाल

श्री तेजपाल, पुत्र पं. हरिपाल, झरमहिया ग्राम के निवासी और बड़े ही सुगठित शरीर के ब्राह्मण युवक थे। जेल जीवन में जब यह किशोर देशभक्ति का यह तराना 'चुनरी रंग दे रँगरेजवा पक्की लाल रंग में' सुनाता था तो श्रोताओं की भुजाएँ फड़क उठती थीं। व्यक्तिगत सत्याग्रह में इस अवयस्क किशोर को 1941 में 9 मास का कठोर कारावास तथा 10 रुपए जुर्माने की सजा मिली थी। तेजपाल अवयस्क होने के नाते गोंडा जेल से बस्ती जेल में भेज दिए गए। वहाँ के भोजन ने इनका शरीर गला दिया। इससे इस शेरदिल नवयुवक का स्वातंत्र्य सूर्योदय के पूर्व ही देहांत हो गया।

श्री ठाकुर नौरंग सिंह

श्री ठाकुर नौरंग सिंह का जन्म सन् 1908 में ग्राम बसालतपुर निकट इटियथोक के निवासी बिसेन क्षत्रिय ठाकुर विजयराज सिंह के यहाँ हुआ था। घर की आर्थिक स्थिति साधारण थी। अत: नौरंग सिंह गाँव की प्राथमिक पाठशाला में शिक्षा प्राप्त कर खेती के काम में पिता की सहायता करने लगे।

महात्मा गांधी के गोंडा आगमन का बड़ा अच्छा प्रभाव लोगों पर पड़ा। जिले के अनेक नवयुवकों ने देश के लिए सर्वस्व त्याग का संकल्प लिया। इनमें ठाकुर नौरंग सिंह अग्रणी थे। ये बाबू ईश्वर शरण तथा लाल बिहारी टंडन के संपर्क में आए।

'जलियाँवाला बाग हत्याकांड' के पश्चात् सर्वत्र ब्रिटिश साम्राज्य के प्रति रोष उभरा। स्वतंत्रता प्रेमी मैदान में उतर आए। महात्मा गांधी द्वारा चलाए गए 'असहयोग आंदोलन' का प्रभाव ठाकुर विजयराज सिंह पर भी पड़ा। उनके अंदर स्वदेश भक्ति की भावना जाग्रत हुई। मिल के वस्त्रों का परित्याग करके खद्दर पहनने लगे। पिता के आचरण व्यवहार तथा उपदेश ने नौरंग सिंह को भी देश भक्ति के रंग में रँग दिया।

ये पूरी लगन और उत्साह के साथ कांग्रेस संगठन और देश सेवा के कार्य में जुट गए। सन् 1931 में ये मंडल कांग्रेस कमेटी, इटियाथोक के अध्यक्ष हो गए। जनपद में सर्वाधिक सदस्य बनाने के उपलक्ष्य में इन्हें 'गोंडा कांग्रेस कमेटी' ने विशिष्ट पदक प्रदान कर इनको कर्मठता का सम्मान किया। सन् 1933 में कलकत्ते में अखिल भारतीय कांग्रेस

की गुप्त मीटिंग होनेवाली थी। सरकार ने कांग्रेस को अवैधानिक घोषित कर दिया था। भेजे जानेवाले प्रतिनिधि के चयन करने में इस बात का विशेष ध्यान रखना था कि वह अपने विवेक से विषम परिस्थितियों का सामना कर सके। गोंडा के कांग्रेसी कार्यकर्ता ठाकुर नौरंग सिंह की सूझ-बूझ और निर्भीकता से बहुत प्रभावित थे। अत: सर्वसम्मति से इन्हें भेजने का निश्चय हुआ।

ठाकुर नौरंग सिंह दो अन्य कर्मठ कांग्रेस कार्यकर्ताओं—ठाकुर बलदेव सिंह और ठाकुर महादेव सिंह (खजुरी) के साथ वेश बदलकर दुपलिया टोपी धारण कर बैठक में सम्मिलित होने के लिए गए। कलकत्ता कांग्रेस में जाने पर इनको भारी संकट का सामना करना पड़ा। कलकत्ता में काली घाट धर्मशाला में ये उत्तर प्रदेश के अन्य कार्यकर्ताओं के साथ पकड़ लिए गए। अंग्रेज सार्जेंट के डंडे बरसाने से इनका एक दाँत टूट गया। अस्पताल में चिकित्सा के पश्चात् इन्हें अलीपुर सेंट्रल जेल में बंद कर दिया गया। एक वर्ष तक नजरबंद रखने के पश्चात् ये वहाँ से रिहा किए गए।

इन्होंने गाँवों तथा नगरों का दौरा करके अनेक स्वयंसेवकों को कठिनतम आंदोलनों के लिए तैयार कर लिया। सन् 1941 में व्यक्तिगत सत्याग्रह में इन्हें एक साल की कैद और 50 रुपए जुर्माने की सजा मिली। 9 अगस्त, 1942 को नौरंग सिंह की गिरफ्तारी के लिए गवर्नर का वारंट जारी हुआ। ये फरार हो गए तथा एक मास तक लापता रहे। इसी बीच ये बंदी बनाए गए। उस दशा में भी ये अन्य कार्यकर्ताओं के परिवार की सहायता-सांत्वना देते रहे। एक मास के बाद ये पकड़े गए और गोंडा जेल में बंद कर दिए गए। दो वर्षों की कठोर यातना सहने के पश्चात् 1944 में ये छूटकर आए और दूने उत्साह से कांग्रेस के रचनात्मक कार्यों में अग्रणी रहकर जिले में संगठन कार्य को सुदृढ़ बनाया।

ठा. नौरंग सिंह का निधन 21 नवंबर, 1976 को गुवाहाटी में 'अखिल भारतीय कांग्रेस कमेटी' की बैठक के समय हृदय गति अवरुद्ध हो जाने से हो गया। बैठक स्थगित कर दी गई।

श्री परमात्मा शरण

आपके पुत्र श्री राजीव अग्रवाल बलरामपुर में कपड़े का व्यवसाय करते हैं। अपने पापा के बारे में उन्होंने जो कुछ बताया, वह डॉ. भगवती प्रसाद सिंह की पुस्तक 'राष्ट्रीय स्वतंत्रता संघर्ष और गोंडा जनपद' में लिखा हुआ है।

परमात्मा शरण का जन्म गाजियाबाद के एक प्रतिष्ठित वैश्य अग्रवाल परिवार में नवंबर 1911 में हुआ था। पिता स्व. लाला किशन लाल नगर के रईस व संभ्रांत व्यक्ति थे। वहीं से 1927 में मैट्रिक पास करने के बाद इन्होंने मेरठ कॉलेज में प्रवेश लिया। सन् 1930 में जब ये बी.ए. के विद्यार्थी थे, तभी गांधी जी के 'नमक सत्याग्रह आंदोलन' से प्रेरित होकर छात्रावास में विद्यार्थियों की एक सभा में कॉलेज के गुंबद पर तिरंगा झंडा फहराने का प्रयास किया था। इससे कॉलेज के अध्यापकों एवं छात्रों में हड़कंप मच गया। उसी रात विदेशी कपड़े एकत्रित किए और अगली सुबह झंडे की प्रार्थना के बाद उन कपड़ों की होली जलाई। ऐसा वातावरण देखकर प्रिंसिपल ने कॉलेज को अनिश्चित काल के लिए बंद करने व छात्रावास को 24 घंटों में खाली करने का आदेश जारी कर दिया।

सभी छात्र अपने-अपने घरों को लौट गए और कॉलेज लगभग दो माह तक बंद रहा। मेरठ जिला कांग्रेस कमेटी द्वारा 1930 में इन्हें हापुड़ जाकर आंदोलन का नेतृत्व सँभालने का आदेश मिला। वहाँ सिर्फ शराब और विदेशी वस्तुओं की दुकानों पर धरना देने के अपराध में आपको 28 अगस्त, 1930 को गिरफ्तार करके मेरठ जेल भेज दिया गया। सजा की अवधि समाप्त होने पर आप मेरठ जेल से रिहा कर दिए गए। सन् 1941 में नई दिल्ली की प्रतिष्ठित कंपनी में आप उच्च पदाधिकारी रहे। गांधी जी के 'व्यक्तिगत सत्याग्रह आंदोलन' में भाग लेने के कारण अप्रैल 1941 में आप फिर गिरफ्तार कर मेरठ जेल भेज दिए गए, जहाँ से लगभग 2 माह बाद अन्य सत्याग्रहियों के साथ रिहा हुए! आपको 1939-40 में कुछ समय के लिए नेताजी सुभाषचंद्र बोस के सान्निध्य में भी जाकर काम करने का शुभ अवसर मिला। सन् 1956 में गाजियाबाद छोड़कर यह सब परिवार सहित बलरामपुर आए जहाँ राजनीतिक एवं सामाजिक गतिविधियों में बराबर सक्रिय भाग लेते रहे। इन्हें प्रादेशिक एवं केंद्रीय पेंशन मिलती थी। आपके ज्येष्ठ पुत्र श्री राजीव कुमार भगवतीगंज में कपड़े का व्यापार करते हैं। उन्हीं के साथ आपने अपनी पत्नी सहित जीवन का अंतिम समय व्यतीत किया। वर्ष 1997 के जून माह की 4 तारीख को आपका निधन हो गया।

श्री फकीरे

श्री फकीरे सुपुत्र खुल्लू कुर्मी, ग्राम नगेशरपुर के निवासी थे। आपको 'व्यक्तिगत सत्याग्रह आंदोलन' के दौरान सन् 1941 में 6 मास कैद तथा 35 रुपए जुर्माने की सजा हुई।

श्री बलदेव प्रसाद सेनानी

श्री बलदेव प्रसाद सेनानी पुत्र महादेव प्रसाद, का जन्म बलरामपुर के नौशहरा मुहल्ले में एक कायस्थ परिवार में हुआ था। ये बाल्यावस्था में ही चुस्त, चंचल तथा नेतृत्व प्रतिभा से संपन्न थे। हाईस्कूल परीक्षा उत्तीर्ण करने के पश्चात् छात्र जीवन में ही इनकी राजनीतिक गतिविधियाँ इतनी बढ़ गईं कि अत्यधिक व्यस्तता से इंटर की परीक्षा में सफल न हो सके। इन्होंने रामप्यारे तिवारी के संपर्क में रहकर अपना पूरा समय राष्ट्रीय आंदोलनों में देना शुरू किया। परिणामतः बलरामपुर राज द्वारा नौकरी से अनिवार्य अवकाश दे दिया गया। सन् 1941 में व्यक्तिगत सत्याग्रह में इन्हें 9 मास की कड़ी कैद तथा 10 रुपए जुर्माने की सजा मिली। सन् 1942 में भी भारत-रक्षा-कानून के अंतर्गत ये 14 मास नजरबंद रहे। सन् 1942 से 1947 तक आप जिला कांग्रेस कमेटी के अध्यक्ष रहे। 11 जनवरी, 1945 से 12 फरवरी, 1945 तक आपको गांधी जी के साथ रहने का सौभाग्य मिला। सेवा ग्राम आश्रम, वर्धा से आपकी नियुक्ति उन्नाव जिले में बाबा मंजूर अली सोख्ता के आश्रम में समग्र ग्राम सेवा का प्रशिक्षण देने के लिए हुई। सन् 1946 से 1952 तक आप उत्तर प्रदेश विधान सभा के सदस्य रहे। इसके बाद नवंबर 1953 से दिसंबर 1964 तक ये बलरामपुर नगरपालिका के अध्यक्ष रहे। श्रावस्ती आश्रम एवं गांधी परिषद्, बलरामपुर आदि कई रचनात्मक संस्थाओं के आप संस्थापकों में से थे।

श्री बलभद्र नाथ मिश्र

श्री बलभद्र नाथ मिश्र पुत्र कन्हई, ग्राम कलवारी, बलरामपुर के निवासी थे। आपने 'व्यक्तिगत सत्याग्रह आंदोलन' के दौरान 1941 में 6 मास कैद तथा 30 रुपए जुर्माने की सजा पाई थी।

श्री बलभद्र प्रसाद शुक्ल

श्री पं. बलभद्र प्रसाद शुक्ल पुत्र त्रिभुवन दत्त शुक्ल, मो. टेढ़ी बाजार, बलरामपुर नगर के निवासी थे। सन् 1929 में गांधी जी के बलरामपुर आगमन पर मो. अहमद जमा खाँ, महाशय भगवती प्रसाद, पं रामप्यारे तिवारी आदि से प्रभावित होकर ये कांग्रेस के कर्मठ

सिपाही बन गए। 'व्यक्तिगत सत्याग्रह आंदोलन' में भाग लेने के कारण 1931 में इन्हें 10 मास की सजा हुई थी। 'भारत छोड़ो आंदोलन' के सिलसिले में भी इन्होंने 9 अगस्त, 1942 से जुलाई 1945 तक नजरबंदी की सजा काटी।

आप अनेक वर्षों तक प्रांतीय कांग्रेस कमेटी के सदस्य रहे। सन् 1952 में आप बलरामपुर क्षेत्र से कांग्रेस टिकट पर विधान सभा के सदस्य चुने गए। अपनी सादगी, ईमानदारी और कर्मठता के लिए इस दिवंगत सेनानी को आज भी लोग श्रद्धा से स्मरण करते हैं।

श्री बालमुकुन्द

श्री बालमुकुन्द पुत्र रामाधार, बलरामपुर के निवासी थे। आपने 'सविनय अवज्ञा आंदोलन' के दौरान 1931 में 2 मास कैद तथा 50 रुपए जुर्माने की सजा पाई थी। इन्हें 'व्यक्तिगत सत्याग्रह आंदोलन' के दौरान सन् 1941 में भी 2 मास की कैद तथा 15 रुपए जुर्माने की सजा हुई थी।

श्री ब्रह्म दत्त मिश्र

श्री ब्रह्म दत्त मिश्र पुत्र हरिद्वार मिश्र, ग्राम महेश भारी, तहसील बलरामपुर के निवासी थे। मिश्र गोंडा जनपद के अग्रणी स्वतंत्रता सेनानी लाल बिहारी टंडन के प्रेस में मशीनमैन थे। टंडन जी सन् 1930-32 में गोंडा से 'प्रजा' नामक एक समाचार-पत्र निकालते थे। उन्हीं दिनों महात्मा गांधी का गोंडा में आगमन और प्रेम पकड़िया के नीचे मार्मिक व्याख्यान हुआ। उनके भाषण से मिश्र जी के हृदय में राष्ट्रीयता की भावना जगी और कांग्रेस के आंदोलनों से जुड़ गए। सन् 1941 के 'व्यक्तिगत सत्याग्रह आंदोलन' में आपको सात दिन की तनहाई हथकड़ी बेड़ी समेत भुगतनी पड़ी, फिर नौ महीने की सजा तथा 25 रुपए जुर्माने की सजा हुई।

सन् 1942 में 'भारत छोड़ो आंदोलन' के सिलसिले में इन्हें 12 महीने की सजा काटनी पड़ी। इस समय 91 वर्ष की अवस्था में भी मिश्र स्वस्थ और चुस्त हैं। आपको केंद्र और प्रदेश, दोनों से स्वतंत्रता संग्राम सेनानी पेंशन मिल रही है।

श्री भवानी शरण

श्री भवानी शरण पुत्र गंगाधर कोडर (बलरामपुर) के निवासी थे। आपने 'व्यक्तिगत सत्याग्रह आंदोलन' के दौरान सन् 1941 में 6 मास कैद तथा 75 रुपए जुर्माने की सजा पाई थी।

श्री रामरंग सिंह

श्री रामरंग सिंह पुत्र शीतल सिंह, ग्राम सिरिया, थाना बलरामपुर के निवासी हैं। आपने 'व्यक्तिगत सत्याग्रह आंदोलन' के दौरान 1941 में 9 मास कैद तथा 10 रुपए की सजा पाई थी।

श्री रामलौटन आर्य

श्री रामलौटन आर्य पुत्र मुन्नी लाल, मोहल्ला पुरैनियाताल, बलरामपुर के निवासी हैं। सन् 1922 के 'असहयोग आंदोलन' से ही आप कांग्रेस कार्यकर्ता रहे और 1922, 1930 और 1942 में थोड़ी-थोड़ी अवधि के लिए जेल गए। 'व्यक्तिगत सत्याग्रह आंदोलन' के दौरान सन् 1941 में इन्हें 1 मास की कैद तथा 100 रुपए जुर्माने की सजा हुई थी। 'भारत छोड़ो आंदोलन' के दौरान सन् 1942 में ये पुनः पकड़े गए और 10 मास के लिए नजरबंद रहे।

श्री बीरे

श्री बीरे पुत्र खुनखुन कोरी, ग्राम इब्राहिमपुर, थाना बलरामपुर के निवासी हैं। आपने 'व्यक्तिगत सत्याग्रह आंदोलन' के दौरान 1941 में 6 मास कैद तथा 20 रुपए जुर्माने की सजा पाई थी।

श्री श्याम लाल शिल्पकार

श्री श्याम लाल पुत्र महाबीर प्रसाद, भगवतीगंज, बलरामपुर नगर के निवासी हैं। ये जाति के पथरकट है। सन् 1935 में इन्होंने वर्नाक्युलर फाइनल परीक्षा द्वितीय श्रेणी में पास की। सन् 1938 में बलरामपुर चीनी मिल में 'हड़ताल कराओ आंदोलन' में भाग लेने के कारण

धारा 144 के अंतर्गत इन्हें दो मास जेल की सजा हुई। इसके बाद 27 मार्च, 1941 को 'व्यक्तिगत सत्याग्रह आंदोलन' में धारा 38 डी.आई.आर. के अंतर्गत 7 मास की सजा हुई। 1 सितंबर, 1941 को ये बस्ती जेल से छोड़े गए। 25 मई, 1942 को एक आपत्तिजनक भाषण देने के अपराध में 38 डी.आई.आर. के अंतर्गत इनका चालान हुआ। फिर न्यायालय से मुक्त कर दिया गया। 9 अगस्त, 1942 को इन्हें पुनः नजरबंद किया गया 10 नवंबर, 1942 को 'गो बैक' नारा लगाने के अपराध में इन्हें कैद-ए-तनहाई की सजा मिली। 16/17 नवंबर, 1942 को तनहाई के समय ईंट का फाटक तोड़ने के अपराध में 52 प्रिजनर्स एक्ट के अंतर्गत 19 नवंबर, 1942 को इन्हें एक साल की सजा हुई। 12 अक्टूबर, 1943 को रिहा कर दिए गए। वर्तमान में आपके वंशज भगवतीगंज में रह रहे हैं।

श्री संत बख्श सिंह

श्री संत बख्श सिंह पुत्र शीतल सिंह, बलरामपुर तहसील के ग्राम अजब नगर के निवासी थे। इंटर परीक्षा उत्तीर्ण कर आप कांग्रेस कार्यक्रमों से जुड़े। सन् 1941 में व्यक्तिगत सत्याग्रह के सिलसिले में आपने एक मास की कैद तथा 300 रुपए जुर्माने की सजा पाई। 6 मास तक आप गोंडा जिला कांग्रेस कमेटी के अध्यक्ष रहे। सन् 1942 में 'भारत छोड़ो आंदोलन' में आप पुनः गिरफ्तार कर लिए गए, जिसमें दो मास की कैद भुगतनी पड़ी।

सन् 1962 में आप जिला परिषद्, गोंडा के अध्यक्ष चुने गए और 1971 में प्रदेश की जिला परिषदों को भंग कर दिए जाने पर आप अध्यक्ष पद से पृथक् हुए। ठाकुर साहब कर्मठ कांग्रेसी और मानस के अतिशय प्रेमी रामभक्त थे। आपका 1988 में देहावसान हो गया।

श्री हरदेव सिंह उर्फ ननकऊ सिंह

श्री हरदेव सिंह उर्फ ननकऊ सिंह को व्यक्तिगत सत्याग्रह के दौरान 1941 में एक वर्ष की कैद और 50 रुपए जुर्माना मिला। 1942 में फिर इन्हें नजरबंद किया गया और आम माफी के समय रिहा किया गया। हरदेव सिंह मोहल्ला पहलवारा में रह रहे हैं। विकास खंडों के संरचना काल से ये अनवरत बलरामपुर के विकास खंड के प्रमुख हैं। इससे पहले जिला परिषद् के सदस्य रहे हैं। सिंह स्वाभिमानी, कर्मठ तथा दबंग व्यक्ति हैं।

श्री हरिकृष्ण गुप्ता

श्री हरिकृष्ण गुप्ता, पुत्र छेदी लाल स्वर्णकार, मो. गोविन्द बाग, बलरामपुर के निवासी थे। पं. रामप्यारे तिवारी तथा बाबूलाल आर्य की प्रेरणा से आप राष्ट्रीय आंदोलनों से जुड़े। सितंबर 1942 में व्यक्तिगत आंदोलन के सिलसिले में इन्हें 6 मास की सजा हुई, किंतु आम रिहाई के कारण केवल 2 मास 27 दिनों की सजा काटने के बाद जेल से रिहा कर दिए गए। 20 सितंबर, 1988 को आपकी मृत्यु हो गई।

उतरौला तहसील

श्री पृथ्वीपाल पांडेय

श्री पृथ्वीपाल पांडेय पुत्र राम प्रगट पांडेय, ग्राम बढ़ाया, विकास खंड रेहरा बाजार के निवासी थे। आपने रामसमुझ सिंह और पं. रघुपति शर्मा की प्रेरणा से कांग्रेस सदस्यता ग्रहण की तथा विभिन्न राष्ट्रीय आंदोलनों में सक्रिय योगदान किया।

सन् 1941 के 'व्यक्तिगत सत्याग्रह आंदोलन' में आपने नोटिस देकर बढ़ाया ग्राम में भाषण देते समय गिरफ्तारी दी। इससे 'भारत सुरक्षा कानून' के अंतर्गत 6 मास की कैद और 50 रुपए जुर्माने की सजा हुई। आप रामेश्वर सिंह और शोहरत सिंह के साथ गोंडा जेल में रहे। इनका देहांत हो चुका है।

श्री अवाली सिंह

श्री अवाली सिंह पुत्र रामसिंह, सादुल्लाह नगर के निकट मझौवा गाँव के निवासी थे। सन् 1935 में आप रोहिणी कुर्मी के संपर्क में आकर कांग्रेस की सभाओं में जाने लगे और उसके सक्रिय सदस्य बन गए।

सन् 1941 में आप 'व्यक्तिगत सत्याग्रह आंदोलन' के सिलसिले में अंग्रेजी सरकार के विरुद्ध उत्तेजक भाषण देने के आरोप में पकड़े गए। अदालत से आपको 4 मास की कैद तथा 100 रुपए जुर्माने की सजा दी गई। सन् 1942 में 'भारत छोड़ो आंदोलन' में भी इन्हें सादुल्लाह नगर पुलिस ने पकड़ा, किंतु दो दिन हिरासत में रखने के बाद इन्हें छोड़ दिया। इनका देहांत हो चुका है।

श्री कैलाशनाथ श्रीवास्तव

श्री कैलाशनाथ श्रीवास्तव पुत्र लालचंद्र, वास्तव, उतरौला के निवासी थे। 'व्यक्तिगत सत्याग्रह आंदोलन' के दौरान सन् 1941 में इन्होंने 6 मास कैद की सजा पाई थी।

श्री गोले

श्री गोले उतरौला तहसील के ग्राम बासपुर, पो. भैरमपुर के निवासी थे। 'व्यक्तिगत सत्याग्रह आंदोलन' के सिलसिले में सन् 1941 में आपको 3 मास की सजा मिली थी। इनका निधन हो चुका है। इनकी पत्नी श्रीमती सुरपती को स्वतंत्रता संग्राम सेनानी उत्तराधिकारी की पेंशन मिल रही है।

श्री धीरज सिंह

श्री धीरज सिंह पुत्र कन्हैया सिंह, सादुल्लाह नगर के पूरब रेहरा मार्ग पर स्थित सरायखास गाँव के रहनेवाले थे। आप सन् 1932 में राम समुझ सिंह तथा रघुपति शर्मा के संपर्क से कांग्रेस में आए। सन् 1941 में 'व्यक्तिगत सत्याग्रह आन्दोलन' के समय आप पकड़े गए। 'भारत सुरक्षा कानून' के अंतर्गत आपको 9 मास की सजा और 50 रुपए जुर्माने की सजा हुई थी। आपका परिवार सरायखास में आबाद है।

श्री प्रभु दयाल

श्री प्रभु दयाल पुत्र भुलई, विकास खंड, रेहरा बाजार के अंतर्गत रामपुर ग्रांट गाँव के निवासी थे। महात्मा लोकई दास से प्रभावित होकर आप कांग्रेस में आए। सन् 1941 के 'व्यक्तिगत सत्याग्रह आंदोलन' में आपको 9 मास की कैद तथा 50 रुपए जुर्माने की सजा हुई थी।

श्री बंसीधर मिश्र

श्री बंसीधर मिश्र पुत्र भवानी प्रसाद मिश्र, सादुल्लाह नगर के निकटवर्ती ग्राम गूमा-फतिमा-चेनवापुर के निवासी थे। अपने भाई और भतीजे की प्रेरणा से ये कांग्रेस में आए तथा

मंडल सादुल्लाह नगर के अध्यक्ष रहे। आपने 1941 में 'व्यक्तिगत सत्याग्रह आंदोलन' में भाग लिया, जिसमें आपको 3 मास की कैद तथा 100 रुपए जुर्माने की सजा हुई। गोंडा जेल में सजा की अवधि पूरी करने तथा जुर्माना भर देने के पश्चात् छूटकर घर आए और फिर 'भारत छोड़ो आंदोलन' में डट गए, किंतु थाना सादुल्लाह नगर के स्टेशन अधिकारी यूसुफ खाँ की किसी सेनानी को जेल न भेजने की नीति के चलते कारावास से बचे रहे। सन् 1973 में इनका देहांत हो गया।

श्री बेनीधर मिश्र

सादुल्लाह नगर कस्बे से एक किमी. पूरब 'गूमा-फातिमाजोत' नामक प्राचीन ऐतिहासिक ग्राम है। इस ग्राम के अंतर्गत सात छोटे-छोटे पुरवे हैं। उनमें से एक है—चैनवापुर। यह राष्ट्रीय गतिविधियों का केंद्र स्थल रहा है। चैनवापुर के मुरलीधर मिश्र जूझहाँ स्कूल में अध्यापक थे। वे स्वयं राष्ट्रीय विचारों के थे। उनके भतीजे बेनीधर मिश्र, जो पं नारायण दत्त मिश्र के पुत्र और प्रतिभाशाली नवयुवक थे, जिले के कर्मठ सेनानी के रूप में उभरे। सादुल्लाह नगर क्षेत्र में कांग्रेस की गतिविधियों के प्रचार-प्रसार में उनकी सराहनीय भूमिका रही।

मुरलीधर मिश्र सन् 1931 में अपने पिता की अनुमति लेकर कांग्रेस में आए और सादुल्लाह नगर मंडल कांग्रेस कमेटी का संगठन किया। उसके कार्यालय हेतु अपना पता दे दिया तथा स्वयं मंत्री के रूप में वर्षों तक कार्य करते रहे। जिला कांग्रेस कमेटी के वे दो दशकों तक सदस्य रहे।

सन् 1941 में गांधी जी ने 'व्यक्तिगत सत्याग्रह आंदोलन' चलाया। आंदोलनकारी को एक प्रतिज्ञापन भरना था, जिसमें युवकों के लिए एक शर्त यह थी कि मैंने अपने माता-पिता से जेल जाने हेतु अनुमति प्राप्त कर ली है। तदनुसार बेनीधर जी पहले अपने पिता के पास अनुमति लेने गए। निवेदन किया कि आपकी सहमति से मैंने कांग्रेस का काम आरंभ किया। क्षेत्र में गाँव-गाँव, घर-घर जाकर कांग्रेस की नीतियों का प्रचार-प्रसार किया। अब महात्मा जी ने जेल जाने के लिए आह्वान किया है। उसके लिए आपकी अनुमति चाहिए। जेल में मैं तभी जाऊँगा जब आप अनुमति देंगे। यदि आप अनुमति नहीं देंगे तो मैं जेल नहीं जाऊँगा, किंतु फिर जीवित नहीं रहूँगा। सारा क्षेत्र मुझे गांधी जी का कट्टर भक्त समझता है। यदि उनके पुकार पर जेल नहीं जाता तो लोगों को मुँह दिखाने लायक नहीं रह जाऊँगा। मन मारकर पिता ने तदुपरांत माता ने अनुमति दे दी।

'व्यक्तिगत सत्याग्रह आंदोलन' के जुर्म में इन्हें 6 मास की कैद और 100 रुपए जुर्माने की सजा हुई। जेल से छूटकर आने पर 'भारत छोड़ो आंदोलन' में भी ये काफी सक्रिय रहे। उस समय सादुल्लाह नगर में जिस थानेदार की नियुक्ति थी वह देश भक्तों का हिमायती था। उसने अपने क्षेत्र से किसी भी व्यक्ति को 'भारत छोड़ो आंदोलन' के सिलसिले में गिरफ्तार करके जेल नहीं भेजा।

श्री मुरलीधर मिश्र

श्री मुरलीधर मिश्र उनके चाचा थे। बेनीधर मिश्र और वंशीधर मिश्र को राष्ट्रीय आंदोलनों में भाग लेने की प्रेरणा मुरलीधर मिश्र से ही प्राप्त हुई थी।

इनका देहांत 1978 में हो गया।

श्री राम खेलावन

श्री राम खेलावन पुत्र घेर्राऊ, ग्राम शिवदयालगंज, उतरौला के निवासी थे। आपने 'भारत छोड़ो आंदोलन' के दौरान जुर्माने की सजा पाई थी।

श्री राम प्रसाद आर्य

श्री राम प्रसाद आर्य पुत्र राम स्वरूप आर्य मूलत: उतरौला नगर के मोहल्ला पटेल नगर के निवासी और कट्टर आर्य समाजी थे। हैदराबाद सत्याग्रह के दौरान सन् 1940-41 में आप हैदराबाद के औरंगाबाद जिले में गिरफ्तार हुए और तुलसीपुर ताल्लुके की नाजिम अदालत से आपको एक वर्ष कारावास की सजा धारा 122-126 के अंतर्गत 18-9-1348 फसली से 13-11-1348 फसली तक हुई। ये औरंगाबाद जेल से सजा काटकर रिहा हुए।

श्री रामेश्वर सिंह

श्री रामेश्वर सिंह पुत्र ठाकुर प्रसाद सिंह, रेहरा बाजार से पाँच किमी.पश्चिम स्थित उदयपुर ग्राम के निवासी थे। सिंह के अनुसार ही रामसमुझ सिंह तथा पं रघुपति शर्मा एक दिन

इनके पिताजी के पास आए और निवेदन किया, "आपके तीन पुत्र हैं। इनमें से एक पुत्र को आप देश सेवा के लिए दे दें।" रामेश्वर सिंह की अवस्था उस समय 17 वर्ष की थी। वे अच्छी कद-काठी के नवयुवक थे। पिता ने पुत्र की भी उत्सुकता देख करके कांग्रेस का काम करने की अनुमति दे दी।

रामेश्वर सिंह प्राय: रघुपति शर्मा के गाँव कुड़ासन जाया करते थे। उस गाँव में इनके भाई का विवाह हुआ था। अत: कुड़ासन और रेहरा बाजार को इन्होंने अपना कार्य क्षेत्र बनाया।

सन् 1941 में गांधी जी ने 'व्यक्तिगत सत्याग्रह आंदोलन' की अनुमति दी। रामेश्वर सिंह ने अंग्रेजी हुकूमत के विरुद्ध केराडीह गाँव में भाषण करने के संबंध में जिला अधिकारी को निश्चित तिथि और समय की सूचना 232 भेजी। कांग्रेस के हैंडबिल बाँटने और अंग्रेजी सरकार के विरुद्ध उत्तेजक भाषण देने के आरोप में पुलिस ने इन्हें गिरफ्तार कर गोंडा जेल भेज दिया। मजिस्ट्रेट ने धारा डी.आई.आर. के अंतर्गत 6 मास कारावास तथा 50 रुपए जुर्माना और जुर्माना न देने पर 2 मास की अतिरिक्त सजा दी।

रामेश्वर सिंह 17.4.41 तक गोंडा जेल में रहे। अवयस्क होने के कारण 15.5.41 को बस्ती जेल में स्थानांतरित कर दिया गया। वहाँ से ये 8.10.41 को रिहा किए गए। पिताजी ने उस समय पचास मन कच्चा (सात कुंतल) गेहूँ बेचकर 200 रुपए जुर्माना भर दिया। सन् 1942 के 'भारत छोड़ो आंदोलन' में भी आप सक्रिय रहे।

श्री रोहिणी

श्री रोहिणी पुत्र मथुरा कुर्मी, रेहरा ब्लॉक के अंतर्गत सादुल्लाह नगर के पूर्व स्थित मझौवा ग्राम के निवासी थे। चैनवापुर के मुरलीधर मिश्र, बेनीधर मिश्र तथा बाबू ईश्वर शरण के संपर्क में आकर आप कांग्रेस के निष्ठावान सैनिक बने और राष्ट्रीय आंदोलनों में आजीवन सक्रिय रहे।

सन् 1941 के 'व्यक्तिगत सत्याग्रह आंदोलन' में आप बभनान में गिरफ्तार हुए। 'भारत सुरक्षा कानून' के अंतर्गत आपको 3 मास की कैद तथा 25 रुपए जुर्माने की सजा हुई। 'भारत छोड़ो आंदोलन' में भी आपको पकड़कर सादुल्लाह नगर थाने पर दो दिन हिरासत में रखा गया, किंतु थाना इंचार्ज ने जेल नहीं भेजा। रोहिणी की प्रेरणा

से क्षेत्र के कई नवयुवक कांग्रेस में आए। उनमें राजाराम, निवासी केशव नगर गिरंट प्रमुख हैं।

श्री विश्वनाथ शर्मा

श्री उतरौला नगर के निवासी पं. विश्वनाथ शर्मा जनपद के मुख्य स्वतंत्रता संग्राम सेनानियों में थे। बलरामपुर के पं. राम प्यारे तिवारी तथा पं. बलभद्र प्रसाद शुक्ल के संपर्क में आकर आप कांग्रेस आंदोलनों से जुड़े। कट्टर गांधीवादी और कर्मठ सेनानी के रूप में ये जनपद में चर्चित रहे हैं। कई वर्षों तक आप उतरौला कांग्रेस कमेटी के मंत्री तथा जिला कांग्रेस कमेटी के प्रतिनिधि रहे हैं।

सन् 1941 में 'व्यक्तिगत सत्याग्रह आंदोलन' के दौरान 'भारत सुरक्षा कानून' के अंतर्गत आपको 6 महीने की कैद और 50 रुपए जुर्माने की सजा हुई। सन् 1942 में 'भारत छोड़ो आंदोलन' के सिलसिले में आप 3 मास नजरबंद रहे। इनका अब देहांत हो चुका है। उनकी पत्नी श्रीमती राममाया शर्मा को सेनानी पेंशन मिल रही है। वे उतरौला के पटेल नगर मुहल्ले में स्थित अपने मकान में रह रही हैं।

श्री शिव दास

श्री शिव दास पुत्र मंगरे, उतरौला तहसील के अंतर्गत रेहरा बाजार के महितिनिया गाँव के निवासी हैं। सन् 1941 में 'व्यक्तिगत सत्याग्रह आंदोलन' के दौरान आपको 3 मास की कैद व 25 रुपए के जुर्माने की सजा हुई थी।

श्री शोहरत सिंह

श्री शोहरत सिंह पुत्र गजराज सिंह, रेहरा बाजार विकास खंड के अंतर्गत ग्राम बढ़ाया के निवासी हैं। रघुपति शर्मा तथा राम समुझ सिंह के संपर्क में आकर आप कांग्रेस के आंदोलनों से जुड़े और जीवनभर उसके निष्ठावान सिपाही के रूप में कार्य करते रहे।

सन् 1941 के 'व्यक्तिगत सत्याग्रह आंदोलन' में आपने बढ़ाया में गिरफ्तारी दी। इनके गाँव के पृथ्वीपाल भी इन्हीं के साथ गिरफ्तार हुए। 'भारत सुरक्षा कानून' के अंतर्गत आपको 6 मास की कैद तथा 50 रुपए जुर्माने की सजा हुई थी।

तुलसीपुर तहसील

श्री अब्दुल सत्तार

श्री अब्दुल सत्तार पुत्र रसूल, ग्राम गैंसड़ी बाजार, थाना तुलसीपुर के निवासी हैं। आपने 'व्यक्तिगत सत्याग्रह आंदोलन' के दौरान सन् 1941 में 50 रुपए जुर्माने तथा 4 मास कड़ी कैद की सजा पाई। उसके बाद सन् 1942 में 11 माह नजरबंद रहे। वे जिला कांग्रेस कमेटी के वर्षों तक सदस्य रहे।

श्री कामता प्रसाद

श्री कामता प्रसाद पुत्र राम प्रसाद, ग्राम हरिचरनपुर के निवासी थे। इनको 'व्यक्तिगत सत्याग्रह आंदोलन' के दौरान सन् 1941 में 15 रुपए अर्थ दंड तथा 10 माह कारावास की कड़ी सजा मिली थी।

श्रीमती गोदावरी देवी

श्रीमती गोदावरी देवी धर्मपत्नी रामलखन, तुलसीपुर बाजार की निवासी थीं। इनको सन् 1941 ई. में 'निजी सत्याग्रह आंदोलन' के समय तीन महीने का कारावास और 5 रुपए जुर्माने का दंड दिया गया था।

श्री छोटे लाल कोरी

श्री छोटे लाल कोरी पुत्र श्री बुलंद कोरी, ग्राम खराधावा के रहनेवाले थे 1941 के 'व्यक्तिगत सत्याग्रह आंदोलन' में इन्हें 9 मास की कैद तथा 40 रुपए जुर्माने की सजा हुई थी।

नरायन पुत्र दशरथ लाल, तुलसीपुर बाजार के निवासी थे। आपको 'व्यक्तिगत सत्याग्रह आंदोलन' के दौरान सन् 1941 में 6 मास की कैद तथा 10 रुपए जुर्माने की सजा हुई थी।

श्री पाटेश्वरी प्रसाद

श्री पाटेश्वरी प्रसाद पुत्र कुंज बिहारी श्रीवास्तव, ग्राम रमईडीह के निवासी एक निर्भीक तथा कट्टर राष्ट्रवादी थे। इन्हें सन् 1922 ई. के 'असहयोग आंदोलन' की अगुवाई करने के सिलसिले में बलरामपुर रियासत के अधिकारियों का कोप भाजन बनना पड़ा। किसानों को लगान न देने के लिए उकसाने के अपराध में 'कोर्ट्स ऑफ वार्ड्स' के कर्मचारियों ने बलरामपुर राज्य के अंग्रेज मैनेजर के इशारे पर उनकी जमकर पिटाई की। रियासत के तहसीलदार के हुक्म पर इन्हें हाथी के पिछले बाएँ पैर पर बाँधकर लगभग 3 फलांग तक घसीटा गया तथा मरणासन्न अवस्था में छोड़ दिया गया। इन्हें 1922 ई. में एक वर्ष की कैद तथा सन् 1941 ई. में 'व्यक्तिगत सत्याग्रह आंदोलन' के दौरान 6 मास की कैद तथा 75 रुपए जुर्माने की सजा मिली।

श्रीमती प्रेम कुमारी

श्रीमती प्रेम कुमारी धर्मपत्नी रामदत्त लहरी, ग्राम-सिंगरौरा, तहसील तुलसीपुर को 'व्यक्तिगत सत्याग्रह आंदोलन' के समय सन् 1941 ई. में 9 मास का कारावास और 25 रुपए का अर्थ-दंड दिया गया था।

श्री बच्चू लाल

बच्चू लाल पुत्र राम नाई, ग्राम सिंगरौरा, थाना तुलसीपुर के निवासी हैं। इनको 'व्यक्तिगत सत्याग्रह आंदोलन' के दौरान 1941 में 4 मास कैद तथा 25 रुपए जुर्माने की सजा मिली थी।

श्री बद्री प्रसाद

श्री बद्री प्रसाद, पुरानी बाजार, तुलसीपुर के निवासी थे। इनको 'व्यक्तिगत सत्याग्रह आंदोलन' के दौरान 1941 में 1 वर्ष की कड़ी कैद तथा 20 रुपए जुर्माने की सजा मिली थी।

श्री बनारसी लाल गोयल

श्री बनारसी लाल गोयल पुत्र प्रह्लाद राय, नोटीफाइड एरिया तुलसीपुर के निवासी थे। आप 1940 से ही कांग्रेस के सभी आंदोलनों में सक्रिय सहयोग देते रहे। घर के एकमात्र पुरुष

कार्यकर्ता होने के कारण जिला कांग्रेस ने आपको गिरफ्तारी देने की अनुमति नहीं दी, किंतु कांग्रेस की प्रतिबंधित नोटिसों-बुलेटिनों को कार्यकर्ताओं तक पहुँचाने के महत्त्वपूर्ण दायित्व को आप निष्ठा से पूरा करते रहे। आपका निधन हो चुका है।

श्री बलदेव प्रसाद कलवार

श्री बलदेव प्रसाद कलवार पुत्र रामनाथ कलवार, ग्राम महाराजगंज, थाना तुलसीपुर के निवासी थे। इन्हें 'व्यक्तिगत सत्याग्रह आंदोलन' के दौरान सन् 1941 ई. में 9 महीने का कारावास तथा 50 रुपए जुर्माना अदा करने की सजा दी गई थी।

श्री रामजस

श्री रामजस पुत्र रामफल, ग्राम जानकी नगर, थाना तुलसीपुर के निवासी थे। आपने 'व्यक्तिगत सत्याग्रह आंदोलन' के दौरान सन् 1941 में 6 मास की कैद तथा 25 रुपए जुर्माने की सजा पाई थी। इन्हें 'भारत छोड़ो आंदोलन' के दौरान सन् 1943 में 2 वर्ष कड़ी कैद के साथ 50 रुपए जुर्माना और जुर्माना न देने पर 6 मास अतिरिक्त कैद की सजा दी गई थी। आपका निधन हो चुका है।

पं. राम दत्त लहरी

पं. राम दत्त लहरी पुत्र राजित राम, ग्राम सिंगरौरा (तुलसीपुर) के निवासी थे। सिंगरौरा ग्राम स्वाधीनता सेनानियों का गढ़ रहा है। लहरी जी सन् 1920 के आरंभिक स्वाधीनता सेनानियों में से थे। उनकी प्रेरणा से सिंगरौरा से दुर्गा प्रसाद, बच्चू लाल नाई, राम लाल भाई, राम लखन तिवारी, श्रीमती प्रेम कुमारी आदि ने स्वाधीनता संग्राम में भाग लिया। लहरी को सर्वप्रथम 1921 ई. में 'सविनय अवज्ञा आंदोलन' के दौरान एक वर्ष की कैद तथा 10 बेंतों की सजा हुई। बाद में 'असहयोग आंदोलन' के सिलसिले में इन्हें जेल जाना पड़ा। 4 वर्ष नजरबंद रहकर सन् 1945 में रिहा हुए।

राम दत्त लहरी की पत्नी श्रीमती प्रेम कुमारी ने 'भारत छोड़ो आंदोलन' में पति का अनुगमन करते हुए 1943 ई. में गिरफ्तारी दी। इन्हें 4 मास की कड़ी कैद तथा 250 रुपए की सजा हुई। पहले इन्हें गोंडा जेल में रखा गया, किंतु बाद में उन्हें बनारस सेंट्रल जेल में स्थानांतरित कर दिया गया।

पं. राम मनोरथ मिश्र

महात्मा गांधी के स्वाधीनता आंदोलन में भाग लेनेवाले सेनानियों में पं. राम मनोरथ मिश्र का नाम अग्रणी है। इनके एक भाई पं. रामसुख मिश्र थे। दोनों संस्कृत के प्रकांड पंडित थे। पं. राम मनोरथ मिश्र व्याकरण और न्याय के आचार्य थे। अपनी प्रगतिवादी विचारधारा के कारण ये रूढ़ियों के कट्टर विरोधी थे। ये आयुर्वेद के मर्मज्ञ तथा औषधि निर्माता थे। इन्हें अंग्रेजी का भी अच्छा ज्ञान था। इन्होंने शेक्सपियर के 'मर्चेंट ऑफ वेनिस' का अनुवाद किया था। तुलसीपुर में देवी पाटन की संस्कृत पाठशाला में इन्होंने कुछ दिन प्रधानाचार्य पद पर कार्य किया था। महात्मा गांधी के 'सत्याग्रह आंदोलन' में इन्हें बंदी बनाकर बरेली कारागार भेजा गया। यद्यपि सजा कठोर थी। डी.आई.आर. लगा था, किंतु 'विद्वान सर्वत्र पूज्यते' के अनुसार वहाँ ये कारागार अधिकारियों द्वारा समादृत रहे। उनकी पैठ अधिकारियों के परिवार में भी थी। इसलिए नाममात्र के बंदी थे। आपका निधन हो चुका है।

श्री रामलाल भाई

श्री रामलाल भाई पाटेश्वरी प्रसाद श्रीवास्तव, निवासी रमईडीह के पुत्र थे। इनके पिता 1920 ई. से ही कांग्रेस के कर्मठ कार्यकर्ता के रूप में प्रदेश में विख्यात हो गए थे। घर पर आए दिन पुलिस के छापों और लूटपाट (रामलाल भाई) के लिए पढ़ाई का माहौल नहीं रह गया था। अत: पिताजी ने अध्ययन की सुविधा के लिए इनको ननिहाल आनंदपुर मेहनौन भेज दिया। सन् 1940 में रामलाल भाई स्वतंत्रता आंदोलन में जुट गए। व्यक्तिगत सत्याग्रह करने पर ग्राम गंगा नगर, थाना बलरामपुर में इन्हें 25 मार्च, 1941 में गिरफ्तार कर लिया गया तथा 9 मास कैद व 20 रुपए जुर्माना की सजा हुई। फिर 23 अगस्त, 1942 को धारा 26 डी.आई.आर. में नजरबंद कर दिए गए और 21 मई, 1945 को जेल से पुत्र रिहा हुए।

श्री राम सहाय

श्री राम सहाय पुत्र जग्गू, तुलसीपुर के पास गुलसरी ग्राम के निवासी थे। 'व्यक्तिगत सत्याग्रह आंदोलन' में सन् 1943 में आपको एक मास की कैद तथा 25 रुपए जुर्माने की सजा हुई थी।

श्री लक्ष्मी नारायण

श्री लक्ष्मी नारायण पुत्र गुरु प्रसाद, तुलसीपुर थाना के अंतर्गत देवरावां ग्राम के निवासी थे। 'व्यक्तिगत सत्याग्रह आंदोलन' के दौरान इन्हें सन् 1941 में 9 मास की कड़ी कैद तथा 10 रुपए जुर्माने की सजा मिली थी।

श्री लल्लन सिंह

श्री लल्लन सिंह पुत्र बिहारी सिंह, ललिया के निवासी थे। इन्हें 'व्यक्तिगत सत्याग्रह आंदोलन' 1941 में 10 मास कैद तथा 15 रुपए जुर्माने की सजा हुई। आपका निधन हो चुका है।

श्रीमती शकुंतला देवी

श्रीमती शकुंतला देवी निर्भीक सेनानी गुलाब सिंह की पत्नी थीं। 1941 ई. के 'व्यक्तिगत सत्याग्रह आंदोलन' में पति के साथ उन्होंने भी भाग लिया था। इन्हें 200 रुपए का अर्थदंड और एक दिन की सजा मिली। जुर्माना न भरने पर उन्हें दो मास की जेल यातना भुगतनी पड़ी, जिसे इस वीर रमणी ने अपनी दुधमुँही बच्ची के साथ देश-भक्ति के गीत गाकर काट लिया। 1942 ई. में 'भारत छोड़ो आंदोलन' के साथ जब गोंडा के नेता जिला जेल में बंद कर दिए गए तो कांग्रेस के पर्चे छपाने और बँटवाने का काम इस वीर रमणी ने निष्ठा और साहस के साथ किया। आपका निधन हो चुका है।

श्री शांति प्रसाद

श्री शांति प्रसाद पुत्र राम प्रसाद कोरी, तुलसीपुर बाजार के निवासी थे। इन्हें 'सविनय अवज्ञा आंदोलन' के दौरान सन् 1933 में 20 रुपये जुर्माने सहित 6 मास कैद की सजा मिली थी। आपका निधन हो चुका है।

श्री सीताराम

श्री सीताराम पुत्र चिकटू भूँज, तुलसीपुर बाजार के निवासी थे। ये सन् 1941 ई. 'व्यक्तिगत सत्याग्रह आंदोलन' के सिलसिले में पकड़े गए, जिसमें 9 मास की कैद तथा 10 रुपए जुर्माने की सजा हुई थी। आपका निधन हो चुका है।

व्यक्तिगत सत्याग्रह आंदोलन के सेनानी

बलरामपुर तहसील

श्री आदित्य प्रसाद तिवारी

श्री आदित्य प्रसाद तिवारी को 'सविनय अवज्ञा आंदोलन' के दौरान 1932 में 6 मास की कड़ी कैद तथा 20 रुपए जुर्माने की सजा मिली थी। छूटने के बाद ये फिर इसी आंदोलन के सिलसिले में 29 मई, 1933 से लेकर 12 मार्च, 1934 तक जेल में रहे। आपका निधन हो चुका है।

श्री कृष्णानंद

श्री कृष्णानंद पुत्र दातादीन, बलरामपुर के निवासी थे। आपने 'सविनय अवज्ञा आंदोलन' के दौरान वर्ष 1932 में 20 रुपए जुर्माने सहित 6 माह की सजा पाई थी।

गंगा प्रसाद उर्फ गूंठे

श्री गंगा प्रसाद उर्फ गूँठे पुत्र भगवती प्रसाद, मोहल्ला पुरैनियाताल, बलरामपुर के निवासी थे। आपने 'सविनय अवज्ञा आंदोलन' के दौरान सन् 1930 में 1 मास कैद, 12 बेंत तथा 20 रुपए जुर्माने की सजा पाई थी। इसी आंदोलन के सिलसिले में 1932 और 1933 में भी इन्हें 6-6 मास की कड़ी कैद की सजा मिली थी। 'व्यक्तिगत सत्याग्रह आंदोलन' के दौरान इन्हें सन् 1941 में 10 मास कैद की सजा मिली थी। ये 'भारत छोड़ो आंदोलन' के दौरान 1942 में 2 मास नजरबंद रहे। आपका निधन हो चुका है।

श्री गजाधर पांडेय

श्री गजाधर पांडेय पुत्र शम्भूदत्त पांडेय, ग्राम चकवा, थाना बलरामपुर के निवासी थे। आपने 'व्यक्तिगत सत्याग्रह आंदोलन' के दौरान सन् 1941 में 6 मास कैद तथा 20 रुपए जुर्माने की सजा पाई थी। आपका निधन हो चुका है।

श्री नत्था बारी

श्री नत्था बारी पुत्र छेदी बारी बलरामपुर के निवासी थे। आपने 'सविनय अवज्ञा आंदोलन' के दौरान 1932 में 6 मास कैद और 50 रुपए जुर्माने की सजा पाई। आपका निधन हो चुका है।

श्री नंद किशोर

श्री नंद किशोर पुत्र लाल बिहारी, मोहल्ला खलवा, बलरामपुर के निवासी थे। आप 'सविनय अवज्ञा आंदोलन' के दौरान 1930 में गोंडा जेल में रहे। छूटने के बाद फिर आंदोलन में भाग लिया और 1932 में 20 रुपए जुर्माने सहित 6 मास कैद की सजा पाई। इस आंदोलन के सिलसिले में इन्होंने 1934 में पुन: 6 मास कैद तथा 30 रुपए जुर्माने की सजा पाई। आपका निधन हो चुका है।

श्री बचऊ

श्री बचऊ उर्फ बच्चू पुत्र महादेव हलवाई, मोहल्ला नया-बाजार, बलरामपुर नगर के निवासी थे। आपको 'सविनय अवज्ञा आंदोलन' के दौरान 1932 में 60 रुपए जुर्माने सहित 6 मास कैद की सजा हुई थी। आपका निधन हो चुका है।

श्री बदल

श्री बदल पुत्र जयपाल पासी, बलरामपुर के निवासी हैं। आपने 'सविनय अवज्ञा आंदोलन' के दौरान 1932 में 6 मास कैद और 50 रुपए जुर्माने की सजा पाई थी। आपका निधन हो चुका है।

बलभद्र

श्री बलभद्र पुत्र पं. शीतला प्रसाद, ग्राम बरगदवा, बलरामपुर के निवासी थे। आपने 'सविनय अवज्ञा आंदोलन' के दौरान 1930 में 6 मास कड़ी कैद तथा 100 रुपए जुर्माने की सजा पाई थी। आपका निधन हो चुका है।

श्री बालेश्वर

श्री बालेश्वर पुत्र कल्पू, ग्राम सेखइया, बलरामपुर के निवासी थे। आपने 'सविनय अवज्ञा आंदोलन' के दौरान 1932 में 6 मास कैद तथा 50 रुपए जुर्माने की सजा पाई थी। इन्हें 6 मास कैद तथा 30 रुपए जुर्माने की सजा दूसरी बार हुई थी। आपका निधन हो चुका है।

श्री मथुरा

श्री मथुरा पुत्र पराग, ग्राम रतनपुर, थाना बलरामपुर के निवासी थे। आपको 'सविनय अवज्ञा आंदोलन' के दौरान 1932 में 6 मास कैद तथा 55 रुपए जुर्माने की सजा हुई थी। आपका निधन हो चुका है।

श्री मिश्री लाल

श्री मिश्री लाल पुत्र पाटनदीन सोनार, बलरामपुर के निवासी थे। आपको 'सविनय अवज्ञा आंदोलन' के दौरान 1930 में 6 मास कड़ी कैद तथा 100 रुपए जुर्माने की सजा हुई थी। आपका निधन हो चुका है।

श्री रामराज

श्री रामराज पुत्र रामकरन, बलरामपुर के निवासी थे। आपने 'सविनय अवज्ञा आंदोलन' के दौरान 1920 में 6 मास कैद तथा 100 रुपए जुर्माने की सजा पाई थी। आपका निधन हो चुका है।

श्री शोभाराम

श्री शोभाराम पुत्र रामहरख, ग्राम बेलवा, थाना बलरामपुर के निवासी थे। आपने 'सविनय अवज्ञा आंदोलन' के दौरान 1932 में 6 मास कैद तथा 10 रुपए जुर्माने की सजा पाई थी। आपका निधन हो चुका है।

श्री श्रीराम

श्री श्रीराम पुत्र देवी अहीर, बलरामपुर के निवासी थे। आपने 'सविनय अवज्ञा आंदोलन' के दौरान 1932 में 6 मास कैद तथा 100 रुपए जुर्माने की सजा पाई थी। आपका निधन हो चुका है।

श्री सीताराम

श्री सीताराम पुत्र रामस्वरूप, बलरामपुर के निवासी थे। आपने 'सविनय अवज्ञा आंदोलन' के दौरान 1932 में 6 मास की कैद की सजा पाई थी। आपका निधन हो चुका है।

श्री सीताराम

श्री सीताराम पुत्र छोटे लाल भूँज, मोहल्ला बलुहा, बलरामपुर के निवासी थे। आपने 'सविनय अवज्ञा आंदोलन' के दौरान 1932 में 20 रुपए जुर्माने सहित 6 मास कैद की सजा पाई थी। आपका निधन हो चुका है।

श्री सियाराम

श्री सियाराम पुत्र रामस्वरूप तेली, बलरामपुर के निवासी थे। आपने 'सविनय अवज्ञा आंदोलन' के दौरान 1932 में 6 मास की कैद की सजा पाई। आपका निधन हो चुका है।

श्री सोमई

श्री सोमई पुत्र शंकर कोरी, बलरामपुर नगर के निवासी थे। आपने 'सविनय अवज्ञा आंदोलन' के दौरान 1932 में 6 मास कैद तथा 100 रुपए जुर्माने की सजा पाई थी। आपका निधन हो चुका है।

श्री हरिहर प्रसाद वर्मा

श्री हरिहर प्रसाद वर्मा पुत्र नानक प्रसाद वर्मा, मोहल्ला पूरब टोला, बलरामपुर के निवासी थे। आपने 'व्यक्तिगत सत्याग्रह आंदोलन' के दौरान 1941 में 6 मास कैद तथा 50 रुपए

जुर्माने की सजा पाई थी। सन् 1942 ई. में 'भारत छोड़ो आंदोलन' के सिलसिले में भी आप लगभग 1 वर्ष नजरबंद रहे। आपका निधन हो चुका है।

उतरौला तहसील

श्री सकटू

श्री सकटू पुत्र सूरज बली कोरी, ग्राम कटेसर, थाना उतरौला के निवासी हैं। आप बलरामपुर के पं. राम प्यारे तिवारी तथा चिनकू दास से प्रेरणा पाकर कांग्रेस में आए। 'सविनय अवज्ञा आंदोलन' के दौरान सन् 1932 में इन्हें 6 मास कैद तथा 20 रुपए जुर्माने की सजा मिली थी। आपका निधन हो चुका है।

श्री हर प्रसाद श्रीवास्तव

श्री हर प्रसाद उर्फ हरिहर प्रसाद श्रीवास्तव पुत्र जगरूप लाल श्रीवास्तव, सादुल्लाह नगर थानांतर्गत फतेहपुर ग्राम के निवासी थे। आप सन् 1930 में बाबू ईश्वर शरण की प्रेरणा से कांग्रेस से जुड़े। 'सविनय अवज्ञा आंदोलन' में आपको सन् 1931 नें तीन मास कैद तथा 50 रुपए जुर्माने की सजा हुई। सन् 1932 में ये दुबारा पकड़े गए जिसमें 6 मास की सजा हुई। गांधी-इरविन पैक्ट हो जाने पर ये छूट गए। सन् 1941 के 'व्यक्तिगत सत्याग्रह आंदोलन' में उत्तेजक भाषण देने के आरोप में 'भारत सुरक्षा कानून' के अंतर्गत गिरफ्तार किए गए। इसमें इन्हें 9 मास कैद तथा 35 रुपए जुर्माने की सजा हुई। श्रीवास्तव बहुत चतुर व्यक्ति थे। ये प्राय: पुलिस को चकमा देते रहे। सन् 1941 में इन्होंने अपना नाम हर प्रसाद के बजाय हरिहर प्रसाद और थाना धानेपुर का निवासी बताकर गिरफ्तारी दी थी। आपका निधन हो चुका है।

तुलसीपुर तहसील

श्री जंगबहादुर

श्री जंगबहादुर आत्मज श्री गोविन्द सिंह, ग्राम जगन्नाथ पुरवा, थाना तुलसीपुर के रहनेवाले थे। आपको 'सविनय अवज्ञा आंदोलन' के दौरान सन् 1932 में 50 रुपए जुर्माना तथा 35

दिन की कैद की सजा मिली। जेल से छूटकर ये आए ही थे कि आपत्तिजनक गतिविधियों में संलिप्त पाए जाने पर इन्हें गिरफ्तार कर लिया गया। अदालत ने 6 मास की कड़ी कैद तथा 20 रुपए जुर्माने की सजा दी। जेल से छूटने पर ये 'भारत छोड़ो आंदोलन' में सक्रिय रूप से भाग लेने के कारण सन् 1942 में पुनः गिरफ्तार हुए और लगभग एक वर्ष की नजरबंदी के बाद रिहा किए गए। आपका निधन हो चुका है।

श्री ढोंढ़े

श्री ढोंढ़े आत्मज श्री किशुन कोरी, को 'सविनय अवज्ञा आंदोलन' के दौरान सन् 1932 ई. में 6 मास की कैद तथा 20 रुपए जुर्माने की सजा मिली थी। आपका निधन हो चुका है।

श्री देवी प्रसाद

श्री देवी प्रसाद पुत्र लालता प्रसाद, ग्राम जूड़ी कुइयाँ, थाना पचपेड़वा के निवासी थे। 'सविनय अवज्ञा आंदोलन' में इन्हें सन् 1930 में 6 मास कड़ी कैद और 50 रुपए जुर्माने की सजा दी गई थी। आपका निधन हो चुका है।

भगवान दास

श्री भगवान दास पुत्र रामविलास कहार, तुलसीपुर के निवासी थे। आपने 'सविनय अवज्ञा आंदोलन' के दौरान सन् 1932 में 3 मास कैद तथा 5 रुपए जुर्माने की सजा पाई थी। आपका निधन हो चुका है।

श्री राम शंकर

श्री राम शंकर पुत्र खुशी राम, तुलसीपुर बाजार के निवासी थे। इन्हें 'सविनय अवज्ञा आंदोलन' में 1932 में 6 मास की कैद तथा 30 रुपए जुर्माना की सजा हुई थी।

नमक सत्याग्रह आंदोलन के सेनानी
बलरामपुर तहसील

श्री कुन्नी लाल

श्री कुन्नी लाल पुत्र शिव दास हलवाई, मुहल्ला नया बाजार, बलरामपुर के निवासी थे।

सन् 1930 में 'विदेशी वस्त्र बहिष्कार' एवं 'नमक बनाओ आंदोलन' चला तो इन्हें धारा 323-147-341 के अंतर्गत 18.8.32 को 35 दिन जेल तथा बेंत की सजा दी गई। 1.10.30 को नमक बनाने के अपराध में 285 आई.पी.सी. के अंतर्गत इन्हें 1 माह की सजा, तथा 15 रुपए जुर्माना हाकिम तहसील उतरौला के यहाँ से हुआ। दिनांक 15.1.32 को 188 सी.आई.पी सी. के अंतर्गत इन्हें पुन: 6 माह की सजा तथा 50/-जुर्माना हुआ। इसके बाद 'भारत छोड़ो आंदोलन' में डी.आई.आर. के अंतर्गत धारा 129 में ये नजरबंद हुए। इन्होंने 24.10.42 को 6 मास की सजा पाई थी। आपका निधन हो चुका है।

श्री जगन्नाथ प्रसाद उपाध्याय

श्री जगन्नाथ प्रसाद उपाध्याय पुत्र महावीर प्रसाद उपाध्याय, बलरामपुर नगर से पूरब स्थित बेलहा चरनगहिया गाँव के निवासी थे। आपका जन्म 1918 ई. में हुआ था।

जगन्नाथ प्रसाद उपाध्याय के परनाना रामानंद प्रसाद तिवारी तुलसीपुर के राजा दृग नारायण सिंह के यहाँ नायब थे। सन् 1858 में आपने तुलसीपुर की रानी ईश्वरी देवी (राजेश्वरी देवी) के साथ अंग्रेजों के विरुद्ध युद्ध में भाग लिया था और उन्हीं के साथ नेपाल चले गए थे।

नायब रामानंद प्रसाद तिवारी का किलानुमा महल पचपेड़वा से 1 किमी. पर रामनगर गाँव में था जो चारों ओर से खाई से घिरा था। उनका बनवाया ठाकुर द्वारा अभी मौजूद है। उनकी गढ़ी अंग्रेजों द्वारा ध्वस्त कर दी गई थी। रामानंद के वंशज अभी बस्ती जनपद के कपिया गाँव में हैं।

बलरामपुर के राजा नवल सिंह के समय तत्कालीन नवाब अवध के नाजिम अहमद अली से भयंकर युद्ध हुआ। बलरामपुर की सेना का नेतृत्व राजा नवल सिंह के बड़े पुत्र युवराज बहादुर सिंह कर रहे थे। उनकी सहयोगी सेना का नेतृत्व कर

रहे थे—राजा शिवदीन उपाध्याय। उस युद्ध में शिवदीन उपाध्याय और युवराज कुँवर बहादुर सिंह, दोनों वीरगति को प्राप्त हुए थे। यद्यपि जीत बलरामपुर की ही हुई थी। राजा नवल सिंह ने कृतज्ञता स्वरूप राजा शिवदीन उपाध्याय के पुत्र दयाराम उपाध्याय को दो हजार बीघा जमीन 'मरवट' के रूप में प्रदान की थी।

जगन्नाथ प्रसाद उपाध्याय ने मिडिल स्कूल परीक्षा पास कर 'मध्यमा' परीक्षा उत्तीर्ण की। सन् 1935 में आप मखनहाँ गाँव के कर्मठ सेनानी ठाकुर रघुनंदन सिंह तथा जनपद के अग्रणी सेनानी बाबू ईश्वर शरण के संपर्क में आए और कांग्रेस के आंदोलनों में काम करने लगे। आपकी कार्यकुशलता से प्रभावित होकर बाबू ईश्वर शरण, डॉ. नवरंग सिंह आदि प्रमुख नेताओं ने 1941 में 'व्यक्तिगत सत्याग्रह आंदोलन' को गति देने के लिए आपको गोंडा जनपद का संयोजक बनाया। उस आंदोलन में आप भी गिरफ्तार हुए और 10 मास की कड़ी कैद काटने तथा 25 रुपए जुर्माना भरने के बाद छूटे।

सन् 1942 के 'भारत छोड़ो आंदोलन' के समय आप मलेरिया से गम्भीर रूप से अस्वस्थ हो गए, किंतु इनके नाम वारंट जारी हो चुका था। बलरामपुर थाना के प्रभारी अयोध्या प्रसाद इनकी सिद्धांत निष्ठा से प्रभावित थे। उस समय बलरामपुर राज कोर्ट ऑफ वाड्र्स के प्रबंध में था। अंग्रेज कमिश्नर मि. बेट्स राज का प्रबंधक और मजिस्ट्रेट था। अयोध्या प्रसाद ने उससे उपाध्याय की बीमारी देखते हुए घर पर ही नजरबंद करने की अनुमति ले ली और निगरानी के लिए वहाँ दो सिपाहियों की ड्यूटी लगा दी। सन् 1943 में नजरबंदी हटा ली गई और ये स्वस्थ होकर पुनः राष्ट्रीय कार्य-कलापों में जुट गए।

जगन्नाथ प्रसाद उपाध्याय ने जिले में 'हल जोतो संगठन' बनाया था। उस समय हल की मूठ पकड़ना ब्राह्मण-क्षत्रियों के लिए छूत माना जाता था। अतः इस कुरीति को तोड़ने के लिए बलरामपुर के संभ्रांत जमींदार डॉ. हरनाम सिंह ने स्वयं हल चलाया। मनकापुर के राजा राघवेंद्र प्रताप सिंह, गोंडा तहसील कांग्रेस के अध्यक्ष पृथ्वीराज सिंह आदि ने स्वयं हल चलाकर ब्राह्मण-क्षत्रियों की संकीर्ण भावना को मिटाने की पहल की।

सन् 1942 तक इस क्षेत्र में गन्ना उत्पादकों का कोई प्रभावी संगठन नहीं था। अतः मिल मालिकों के मनमाने शोषण से बचाने के लिए आपने 'ईख-संघ' किसानों के हितों के लिए 'किसान-संघ' की स्थापना की। उपाध्याय ने विवाह नहीं किया था। 11 मई, 1949 को आपका देहांत हो गया। आपके सबसे छोटे भाई श्यामसुंदर उपाध्याय

जीवित हैं। वे बलरामपुर डी.ए.वी. इंटर कॉलेज से सेवानिवृत्त हुए और अपने अंतिम समय तक नई बस्ती बलरामपुर में अपने मकान में रहे। आपका देहावसान हैजे की बीमारी से 1948 ई. में हो गया।

श्री परसादी

श्री परसादी पुत्र घेर्राऊ, बलरामपुर के निवासी थे। आपने नमक सत्याग्रह आंदोलन के दौरान सन् 1930 में 6 मास कैद तथा 100 रुपए जुर्माने की सजा पाई थी। आपका निधन हो चुका है।

श्री ब्रह्म दत्त मिश्र

श्री ब्रह्म दत्त मिश्र पुत्र हरिद्वार मिश्र, ग्राम महेश भारी, तहसील बलरामपुर के निवासी थे। मिश्र गोंडा जनपद के अग्रणी स्वतंत्रता सेनानी लाल बिहारी टंडन के प्रेस में मशीनमैन थे। टंडन जो सन् 1930-32 में गोंडा से 'प्रजा' नामक एक समाचार-पत्र निकालते थे। उन्हीं दिनों महात्मा गांधी का गोंडा में आगमन और प्रेम पकड़िया के नीचे मार्मिक व्याख्यान हुआ। उनके भाषण से मिश्र जी के हृदय में राष्ट्रीयता की भावना जगी और कांग्रेस के आंदोलनों से जुड़ गए।

सन् 1941 के 'व्यक्तिगत सत्याग्रह आंदोलन' में आपको सात दिन की तनहाई की कैद हथकड़ी-बेड़ी समेत भुगतनी पड़ी, फिर नौ महीने की सजा तथा 25 रुपए जुर्माने की सजा हुई। सन् 1942 में 'भारत छोड़ो आंदोलन' के सिलसिले में इन्हें 12 महीने की सजा काटनी पड़ी।

श्री मदन गोपाल बख्शी

श्री मदन गोपाल बख्शी मेला राम बख्शी के पुत्र थे। ये मूलतः लाहौर के रहने वाले थे। 1929 ई. में लाहौर में अ. भा. कांग्रेस अधिवेशन था जिसके अध्यक्ष पं. जवाहरलाल नेहरू थे। मदन गोपाल उस समय हाईस्कूल के छात्र थे। अधिवेशन की व्यवस्था में बहुत से छात्र बालिण्टियर भर्ती किये गये। उनमें मदन गोपाल मुख्य थे। फोटो के आधार पर

इनकी पहचान कर प्रिंसिपल ने इनको 'निष्कासित' कर दिया। इससे ये हाईस्कूल की परीक्षा से वंचित कर दिये गये।

लाहौर के कांग्रेस कार्यकर्ताओं ने नेशनल हाईस्कूल (बाद में कालेज) नाम से अलग से एक विद्यालय खोला। निष्कासित राष्ट्रवादी छात्रों को उसमें प्रवेश दिया गया। मदन गोपाल उसी में भर्ती हुए। सरदार भगत सिंह के भाई कुलतार सिंह इनके सहपाठी थे। नेशनल कालेज राष्ट्रीय विचारधारा वालों की संस्था थी अतः अंग्रेज अधिकारी उस कालेज के छात्रों से घृणा करते थे और उनके सर्टीफिकेट फाड़ देते थे। इससे छात्रों में आक्रोश था।

श्री बख्शी तथा इनके साथी नित्य प्रातः प्रभाती गाते निकलते थे जो अंग्रेज अधिकारियों और पुलिस वालों के लिए सिर दर्द था—

जरा सी लगन आजादी दी
लग गये जिन्ना दे मन दे बिच ओ मजनूं बन फिर दे ने
हर सहरा हर बन दे बिच। ज्यं परवाने शर्मा दे उत्ते
तिल तिल करके जल दे ने।
यूँ आशक आजादी दे
हँस हँस फाँसी चढ़ देने॥

एक दिन पुलिस इन्सपेक्टर द्वारा टोके जाने पर इन सबने उसकी पिटाई कर दी और घटना स्थल से भाग निकले। बख्शी की बिरादरी के कई पुलिस अधिकारी उच्च पदों पर थे। अतः इनके विरुद्ध तो रिपोर्ट नहीं दर्ज हुई परन्तु पिटाई बहुत हुई ।

सन् 1942 के आन्दोलन में पुलिस इनके पीछे पड़ी। ये वहाँ से भाग कर यू.पी. चले आये और थापर एण्ड कम्पनी में भर्ती हो गये। कम्पनी ने जरवा के लिए इनका स्थानान्तरण कर दिया। सन् 1943 ई. में ये तुलसीपुर आकर रहने लगे। यहाँ ये आर्य समाज तुलसीपुर के 16 वर्षों तक प्रधान रहे। कस्तूरबा आर्य कन्या विद्यालय तथा वसन्त लाल हायर सेकेन्ड्री स्कूल इनकी प्रेरणा, परिश्रम और संगठन का परिणाम है।

1946 में नेहरू जो उतरौला होकर तुलसीपुर आये। मुस्लिम लीग का उन दिनों कांग्रेस से उग्र विरोध चल रहा था। तुलसीपुर में मुस्लिम लीग के कार्यकर्ता विरोध प्रदर्शन पर तुले थे। काले झण्डे दिखाने के अलावा उनके कार पर पथराव करने की योजना थी। बख्शी जी तुलसीपुर कस्बे के चप्पे चप्पे से और बच्चे बच्चे से वाकिफ थे। उन्होंने नेहरू जी से

आग्रह किया जीप की बोनेट पर मुझे बैठने दें तभी काफिला पास किया जाय। नेहरू जी ने पहले तो अस्वीकार किया किन्तु इस विचार से कि पहचाने जाने के भय आक्रमणकारी हतोत्साहित होंगे। उन्होंने बोनट पर बैठने की अनुमति दे दी। इसके फलस्वरूप नेहरू जी की तुलसीपुर यात्रा तथा सभा निर्विघ्न समाप्त हुई ।

इसी प्रकार आचार्य विनोबा भावे की तुलसीपुर क्षेत्र की पद यात्रा में भी वख्शी जो अगुवा थे। ये उनकी पूरी स्थानीय पद यात्रा में साथ रहे और अपनी तुलसीपुर थाने के पास की बहुमूल्य भूमि भूदान में दे दी। जिस पर हाल ही में तीस शैया वाला चिकित्सालय भवन निर्मित हुआ है।

श्री बख्शी जी के भीतर देश भक्ति और जन सेवा की बलवती उमंग अंतिम समय तक उनके हृदय में हिलोरें ले रहीं। वर्ष वर्ष 2008 में आपका निधन हो गया।

श्री राम पलटन

श्री राम पलटन पुत्र रामाधीन, बलरामपुर के निवासी थे। आपने 'नमक सत्याग्रह आंदोलन' के दौरान 1930 में 2 मामलों में क्रमश: 6 मास और 3 मास कड़ी कैद तथा 100 रुपए जुर्माने की सजा पाई थी। इसके बाद 'व्यक्तिगत सत्याग्रह आंदोलन' के दौरान 1941 में इन्हें छह मास कैद तथा 30 रुपए जुर्माने की सजा हुई थी।

श्री राम मनोरथ

श्री राम मनोरथ पुत्र महावीर ठठेर, बलरामपुर नगर के निवासी थे। आपने 'नमक सत्याग्रह आंदोलन' के दौरान सन् 1930 में 2 मास कैद तथा 20 रुपए जुर्माने की सजा पाई थी।

श्री रूपनारायण

श्री रूपनारायण उर्फ लोले, मोहल्ला टेढ़ी बाजार (बलरामपुर नगर) के निवासी थे। आप 'सविनय अवज्ञा आंदोलन' के दौरान पिकेटिंग तथा 'नमक सत्याग्रह' में भाग लेने के कारण 1930 में पकड़े गए और एक मास कैद तथा 15 रुपए जुर्माने की सजा पाई। 1932 के आंदोलन के दौरान भी ये सक्रिय रहे, पर जेल नहीं जा सके।

उतरौला तहसील

श्री रामेश्वर वर्मा

श्री रामेश्वर वर्मा पुत्र हरिद्वार कुर्मी, कस्बा रेहरा बाजार के सन्निकट ग्राम भैरवा भुलईपुर के निवासी थे। सन् 1931 में जब आपकी अवस्था मात्र 16 वर्ष की थी, क्षेत्र के राम समुझ सिंह व रामेश्वर सिंह के साथ एक बार गोंडा कांग्रेस कमेटी के कार्यालय में आए। वहाँ बाबू ईश्वर शरण से प्रभावित होकर ये उनके कट्टर अनुयायी बन गए। तभी मंगल मिश्र और गंगा बारी इनके गाँव भुलईपुर आए। रामेश्वर वर्मा द्वारा उन्होंने चार आना सदस्यता शुल्क जमा कराकर कांग्रेस का वॉलेंटियर बनाया। ये मुख्य रूप से बाबू ईश्वर शरण के निवास पर रहते हुए अपने क्षेत्र में गोपनीय परिपत्रों को पहुँचाने-बाँटने का जोखिम भरा काम करने लगे।

सन् 1932 में नमक सत्याग्रह तथा विदेशी वस्तुओं के बहिष्कार के आंदोलन में आपने जिला प्रशासन को नोटिस दी। नमक बनाने और अंग्रेजी सरकार के विरुद्ध भाषण का कार्यक्रम रखा गया। उन दिनों मि. हैलोज गोंडा का डी.एम. था जो बहुत कट्टर अंग्रेज था। उसने इन्हें तथा इनके साथ के 6 अन्य व्यक्तियों को गिरफ्तार करवा के जेल भेज दिया। इनको 6 मास की कैद तथा 25 रुपए जुर्माने की सजा हुई।

सन् 1941 में 'व्यक्तिगत सत्याग्रह' के सिलसिले में रेहरा बाजार में भाषण करते समय इन्हें गिरफ्तार कर लिया गया। वहाँ से अँधियारी थाने पर लाया गया। रघुपति शर्मा के नेतृत्व में उस दिन आठ व्यक्तियों को गिरफ्तार किया गया था। मजिस्ट्रेट ने इन्हें 6 मास की कैद और 50 रुपए जुर्माने की सजा सुनाई। इन्होंने यह सजा गोंडा जेल में काटी।

श्री लोकई दास

श्री लोकई दास पुत्र भगवान, दतौलीघाट भगवानपुर गिरंट के निवासी तथा गृहस्थ महात्मा थे। सन् 1930 से ही आप कांग्रेस के सक्रिय कार्यकर्ता रहे। ये उतरौला तहसील के सर्वाधिक जेल जीवन भुगतनेवाले सेनानी थे।

सन् 1930 में नमक सत्याग्रह में आपने 3 मास की कड़ी कैद और 200 रुपए जुर्माने की सजा पाई।

सन् 1931 में 'सविनय अवज्ञा आंदोलन' में इन्हें 3 मास की कैद तथा 100 रुपए जुर्माने की सजा मिली। सन् 1933 में 'पिकेटिंग' के सिलसिले में इन्हें 6 मास की कैद और 20 रुपए जुर्माने का दंड भोगना पड़ा। सन् 1934 में जेल से छूटकर आए ही थे कि उत्तेजक भाषण करने के आरोप में पुनः गिरफ्तार कर लिए गए और 6 मास की कैद में डाल दिए गए।

'व्यक्तिगत सत्याग्रह आंदोलन' के दौरान इनको सन् 1941 में 3 मास की कड़ी कैद और 100 रुपए जुर्माने की सजा मिली थी। जेल से छूटने पर 'भारत छोड़ो आंदोलन' के सिलसिले में सन् 1943 में 1 वर्ष की कड़ी कैद और 50 रुपए जुर्माने की सजा हुई।

महात्मा लोकई दास का समूचा जीवन राष्ट्रीय आंदोलन में संघर्ष करते बीता। ये बड़े सिद्धांतवादी थे। खादी पहनने और नियमित चरखा चलाने का इनका व्रत था। इनका देहांत हो चुका है।

भारत छोड़ो आंदोलन के जेलयात्री

बलरामपुर तहसील

श्री अमीर हसन

बलरामपुर के मोहल्ला पुरैनिया तालाब में अमीर हसन उर्फ छोटकऊ का जन्म श्री रियासत अली के घर 1966 ई. में हुआ। जब युवावस्था में थे, सर्वश्री मौलवी अहमद जमा खाँ, महाशय भगवती प्रसाद, महाशय बाबूराम, खुदुर महाराज व चुन्नी लाल जी के प्रोत्साहन से महात्मा गांधी के नेतृत्व में चल रहे आंदोलन में भाग लेने हेतु कांग्रेस में सम्मिलित हुए।

मैनेजर कुँवर जसबीर सिंह, जोकि रियासत बलरामपुर के मैनेजर थे, ने इनके पिता व खानदान वालों पर दबाव डाला कि वे लोग कांग्रेस से पृथक् हो जाएँ अन्यथा सारी संपत्ति जब्त कर ली जाएगी और पट्टे आदि निरस्त कर दिए जाएँगे। तमाम धमकियों तथा आर्थिक हानि के बावजूद ये अडिग रहे। इनके परिवार को रियासत से मिलनेवाली इनकी सारी सुविधाएँ छीन ली गईं। सन् 1942 में 'अंग्रेजों भारत छोड़ो' का नारा लगाने

पर ये धारा 129 डी.आई.आर. के अंतर्गत सिक्योरिटी प्रिजनर की हैसियत से दिनांक 16.8.42 ई. से 12.12.42 तक कारावास में बंद रहे।

श्री जसवंत लाल श्रीवास्तव

श्री जसवंत लाल श्रीवास्तव पुत्र लालबिहारी लाल श्रीवास्तव, बलरामपुर नगर के निवासी थे। इनके बड़े भाई नंद किशोर लाल 1930 से कांग्रेस के सक्रिय कार्यकर्ता रहे। उनकी प्रेरणा से 1935 में ये भी कांग्रेस में शामिल हुए और क्रियाशील सदस्य रहे। सन् 1942 ई. में इन्हें दो मास की सजा गोंडा जेल में काटनी पड़ी।

श्री ठाकुर प्रसाद

श्री ठाकुर प्रसाद पुत्र जगन्नाथ, बलरामपुर के निवासी हैं। आपने 'भारत छोड़ो आंदोलन' के दौरान सन् 1942 में 6 मास कैद की सजा पाई।

श्री देव शंकर अवस्थी

श्री देव शंकर अवस्थी पुत्र शिवनंदन प्रसाद जी का जन्म रायबरेली के मउगवाँ गाँव में विक्रम संवत् 1975 में हुआ था। रायबरेली से संस्कृत की प्राथमिक शिक्षा प्राप्त करने के पश्चात् इन्होंने लखनऊ विश्वविद्यालय में 'व्याकरण शास्त्री' की उपाधि प्राप्त की। फिर आयुर्वेदिक विद्यालय, कानपुर से आयुर्वेदाचार्य बने। 1940 में व्यवसाय की खोज में ये बलरामपुर आकर रहने लगे। इन्हें 1952 में दो मास के कठोर कारावास की सजा हुई। देवेंद्र कुमार अवस्थी देव शंकर अवस्थी के सगे भाई थे। दोनों भाई बलरामपुर नगर के टेढ़ी मुहल्ले में रहते थे। अपने भाई के साथ-साथ आपने भी स्वाधीनता की लड़ाई में आगे बढ़कर काम किया। 1942 में 'भारत छोड़ो आंदोलन' के दौरान 6 मास की कड़ी कैद और 100 रुपए जुर्माने की सजा पाई। इसके पहले भी आपने दो मास तक नजरबंदी की सजा भुगती थी।

श्री पाटन लोहार

श्री पाटन लोहार पुत्र गया प्रसाद लोहार, ग्राम रसूलपुर के निवासी थे। आपने 'भारत छोड़ो आंदोलन' के दौरान सन् 1942 में 6 मास कैद तथा 100 रुपए जुर्माने की सजा पाई थी।

श्री प्रभु नाथ शुक्ल

श्री प्रभु नाथ शुक्ल पुत्र नागेश्वर शुक्ल, ग्राम रामपुर खगईजोत के निवासी हैं। ये 'भारत छोड़ो आंदोलन' के दौरान 1942 में 1 वर्ष तक नजरबंद रहे।

श्री मंगल सिंह आर्य

श्री मंगल सिंह आर्य पुत्र सेतू शाह मूलतः वजीरगंज के निकट ग्राम चन्दापुर हवेलियाँ के निवासी थे, किंतु अरसे से बलरामपुर में आबाद हो चुके थे।

सन् 1929 में जब महात्मा गांधी गोंडा जनपद के दौरे पर आए थे तब नवाबगंज के रामलीला मैदान में उन्होंने एक विशाल जनसभा को संबोधित किया था। उस समय प्राथमिक कक्षाओं के छात्र होते हुए भी ये गांधी जी का भाषण सुनने गए थे। उसके प्रभाव से आपका झुकाव कांग्रेस की ओर हुआ। सन् 1930 के अंत में यह अपने मामा के यहाँ असम राज्य स्थित कटिहार नगर को चले गए। वहाँ रहते हुए ये एक विद्यालय में बच्चों को हिंदी पढ़ाने लगे और स्वयं उर्दू और हिंदी सीखते रहे।

जब आप असम में रहते थे, उस समय ये अंग्रेजों के क्लब में भी जाते थे और आस-पास घूमते-फिरते थे। एक दिन कुछ साथी युवकों के साथ इन्होंने एक अंग्रेज पर पत्थर फेंके। पुलिस इनकी तलाश में पड़ गई। असम से ये भागकर सीधे पंजाब चले गए। पंजाब में भी इनको कुछ क्रांतिकारी देशभक्तों का संसर्ग मिल गया। रावलपिंडी से आगे ऐबटाबाद में तोपखाने के सैनिकों से इनका मेल-जोल बढ़ा और वहाँ रहकर तीन महीने तक ये राष्ट्रीयता के प्रचार में लगे रहे। पंजाब से ये हरिद्वार आ गए। वहाँ महात्मा नारायण स्वामी के संपर्क में आए। उनके निर्देश में इन्होंने हैदराबाद के सत्याग्रह में भी महत्त्वपूर्ण कार्य किए।

सन् 1937 में मंगल सिंह गोंडा आ गए और बाबू ईश्वर शरण के संपर्क में रहकर विविध आंदोलनों में भाग लेने लगे। सन् 1942 में मनकापुर के राजा राघवेंद्र प्रताप सिंह के आमंत्रण पर 'भारत छोड़ो आंदोलन' के सिलसिले में जनसभा करने और गिरफ्तारी देने के उद्देश्य से ये मनकापुर गए। राजभवन पहुँचने के पहले ही एक गुप्तचर पुलिस ने बताया कि राजा राघवेंद्र प्रताप सिंह ने तिरंगा उतार दिया है और अपना राज्य बचाने के लिए माफी माँग ली है। अत: अब आप भी लौट जाएँ और गवर्नमेंट से माफी माँग लें। इन्होंने उत्तर दिया कि राजा साहब ने बुलाया है बिना मिले कैसे लौट जाऊँ। राजा साहब से भेंट होने पर उन्होंने भी इनको माफी माँगने के लिए सलाह दी, जिस पर ये राजी न हुए। अंतत: मनकापुर पुलिस ने इन्हें गिरफ्तार कर जेल भेज दिया। ये 31 अगस्त, 1942 से 21 मई, 1943 तक गोंडा जेल में कैद रहे। तत्पश्चात् 22 मई, 1943 को रिहा किए गए।

आर्य विचारधारा के मंगल सिंह नित्य हवन करते थे। बैरक में आग जलाने की मनाही थी। जेलर ने हवन करने पर रोक लगा दी तो इन्होंने अनशन आरंभ कर दिया। इन्हें बैरक से हटाकर तनहाई में बंद कर दिया गया तो सभी कैदी हड़ताल पर चले गए। अंतत: इन्हें हवन करने की अनुमति दे दी गई।

मंगल सिंह निपुण फोटोग्राफर थे। उनके बड़े लड़के अमर सिंह पी.सी.ए. कैडर में हैं तथा तीन लड़के हरी सिंह, जय सिंह और गोविन्द सिंह अपनी-अपनी फोटोग्राफी की दुकान चला रहे हैं। 17.2.95 को लखनऊ मेडिकल कॉलेज में उपचार के दौरान आपका निधन हो गया।

श्री रक्षपाल सिंह

श्री रक्षपाल सिंह पुत्र दवन सिंह को 'भारत छोड़ो आंदोलन' के सिलसिले में 9 मास की सजा हुई थी। जब ये जेल में थे, पुलिस ने इनका घर लूट लिया और लगभग 3 हजार की संपत्ति आग लगाकर नष्ट कर दी, किंतु यह निष्ठावान देश सेवी अपने पग से विचलित न हुआ। 1970 के दशक में इनका निधन हो गया था।

श्रीमती सरस्वती देवी

श्रीमती सरस्वती देवी पुत्री मंगरे बारी, बलरामपुर की निवासी थीं। आपने 'भारत छोड़ो आंदोलन' के दौरान 1943 में 8 मास कैद की सजा पाई थीं।

श्री सुखई राम

श्री सुखई राम पुत्र सोमई, ग्राम रामपुर खगईजोत, बलरामपुर के निवासी थे। आप 'भारत छोड़ो आंदोलन' के सिलसिले में 2 सितंबर, 1942 ई. से 21 मई, 1943 ई. तक भारत रक्षा कानून धारा 26 के अंतर्गत नजरबंद रहे।

श्री हरद्वारी लाल

श्री हरद्वारी लाल पुत्र मोहन लाल हलवाई, बलरामपुर के निवासी थे। आपने 'भारत छोड़ो आंदोलन' के दौरान 1942 में 1 मास की कड़ी कैद की सजा पाई थी।

श्री हरिकरन सिंह

श्री हरिकरन सिंह पुत्र जगराज सिंह, मोहल्ला झाला (बलरामपुर) के निवासी थे। आपने 'भारत छोड़ो आंदोलन' के दौरान 1943 में 5 रुपए जुर्माने तथा 1 सप्ताह कैद की सजा पाई थी।

उतरौला तहसील

श्री जगन्नाथ

श्री जगन्नाथ पुत्र छोटे, सादुल्लाह नगर के निवासी थे। मुरलीधर मिश्र और रोहिणी के संपर्क से ये कांग्रेस से जुड़े। 'भारत छोड़ो आंदोलन' के सिलसिले में मनकापुर पुलिस के द्वारा आप पकड़े गए। इस संबंध में इन्हें 15 रुपए जुर्माने की सजा दी गई थी।

श्री राजाराम

श्री राजाराम पुत्र राम आसरे, सादुल्लाह नगर के पूरब केशव नगर गिरंट के निवासी थे। आपका जन्म एक साधारण कृषक परिवार में 1915 में हुआ था। गाँव की पाठशाला से प्राइमरी शिक्षा प्राप्त कर ये बभनान स्थित मिडिल स्कूल में भरती हुए। वहाँ कांग्रेस सेनानी रोहिणी (पुत्र मथुरा) के संपर्क में आकर आपने 1932 में अपनी पढ़ाई छोड़ दी तथा देश सेवा के कार्यों में लग गए।

5 अप्रैल, 1941 को अलीपुर बाजार में सत्याग्रह के अभियोग में थाना सादुल्लाह नगर की पुलिस ने इन्हें गिरफ्तार कर लिया। इस संबंध में दिनांक 7 अप्रैल, 1941 को धारा 38 (5) डी.आई.आर. के अंतर्गत 6 मास का कारावास तथा 150 रुपए जुर्माने की सजा हुई। जुर्माना न भरने पर 6 मास की अतिरिक्त कैद काटनी पड़ी। सन् 1942 में 'भारत छोड़ो आंदोलन' के सिलसिले में ये गोंडा में पकड़े गए।

श्री राम अछयबर तिवारी

श्री राम अक्षयबर तिवारी, ग्राम बुधई पुरवा, उतरौला के निवासी थे। नरेश सिंह, ग्राम भोजपुर तथा बाबू ईश्वर शरण एवं राम प्यारे तिवारी बलरामपुर से प्रेरणा पाकर आप राष्ट्रीय आंदोलनों से जुड़े। सन् 1941 के 'व्यक्तिगत सत्याग्रह आंदोलन' और सन् 1942 के 'भारत छोड़ो आंदोलन' के सिलसिले में आपको 6 मास की कैद भुगतनी पड़ी।

श्री राम खेलावन

श्री राम खेलावन पुत्र घेर्राऊ, ग्राम शिवदयालगंज, उतरौला के निवासी थे। आपने 'भारत छोड़ो आंदोलन' के दौरान जुर्माने की सजा पाई थी।

श्री रामजस

श्री रामजस पुत्र रामफल, ग्राम जानकी नगर, तहसील उतरौला के निवासी थे। आप नरेश सिंह (भोजपुर) से प्रेरणा पाकर कांग्रेस में आए। 'व्यक्तिगत सत्याग्रह आंदोलन' के दौरान सन् 1941 में इन्हें 6 मास की कैद तथा 25 रुपए जुर्माने की सजा मिली थी। 'भारत छोड़ो आंदोलन' के समय सन् 1943 में इन्हें 2 वर्ष की कड़ी कैद तथा 50 रुपए जुर्माने की सजा सुनाई गई थी। जुर्माना न देने पर इन्हें अतिरिक्त 6 मास कैद की सजा भुगतनी पड़ी।

श्री रामदुलारे

श्री रामदुलारे पुत्र बुझावन नाई, ग्राम दवरीखेरा-महराजोपुर के निवासी और बड़े अच्छे डील-डौल के युवक थे। सन् 1935 में आप पं. रघुनाथ शर्मा और बाबू ईश्वर शरण

के संपर्क में आकर कांग्रेसी बन गए। सन् 1941 में 'भारत रक्षा कानून' के अंतर्गत आपको दस मास की कठोर कैद की सजा हुई। सन् 1942 में 'भारत छोड़ो आंदोलन' के सिलसिले में आपने 5 मास 15 दिन की सजा गोंडा जेल में काटी।

रामदुलारे गजब के हिम्मती और निर्भीक व्यक्ति थे। एक बार गाँव के पास की कुआनो नदी में एक घड़ियाल से इनकी मुठभेड़ हो गई। ये उसे घसीटकर बाहर ले आए और कुदाल से पीट-पीटकर मार डाला। फिर पीठ पर लादकर गाँव ले आए। पुलिस इनके नजदीक जाने से डरती थी। सन् 1940 में एक बार गिरफ्तारी के लिए पुलिस इनके घर पहुँची। ये उस समय गँड़ासे से चारा काट रहे थे। तुरंत गँड़ासा लेकर पुलिस पर झपट पड़े और दबोच लिया। ये उसकी गरदन उतारने पर उतारू थे। गाँव के प्रतिष्ठित लोगों ने समझाया कि ये तो हुक्म के गुलाम हैं। इनका परिवार क्यों बर्बाद करोगे? तब जाकर उसे छोड़ा। सन् 1941 व 1942 के आंदोलनों में इन्होंने स्वेच्छा से अपनी गिरफ्तारी दी थी। सन् 1990 में आपका देहावसान हो गया।

तुलसीपुर तहसील

श्री अवधेश कुमार सिंह

श्री अवधेश कुमार सिंह नई बाजार तुलसीपुर के निवासी थे। आपके पिता जगधारी सिंह मूलतः ग्राम नरकटहा जनपद बस्ती के निवासी थे। वे किशोरावस्था में ही कानपुर चले गए थे और वहाँ की खानपुर स्टेट में मैनेजर होकर स्थायी रूप से वहीं रहने लगे थे। अवधेश कुमार सिंह का जन्म वहीं 15 जून, 1926 को हुआ। इनकी शिक्षा-दीक्षा कानपुर और इटावा में हुई। विद्यार्थी जीवन में जब ये हाईस्कूल में थे, इन्हें राष्ट्रीयता का चस्का लगा। शीघ्र ही ये एक निर्भीक एवं कर्मठ राष्ट्रीय छात्र नेता के रूप में चर्चित हो गए।

औरैया (इटावा) कांड में राष्ट्रवादी गतिविधियों के लिए इनके विरुद्ध वारंट जारी हुआ। ये वहाँ से फरार होकर राजा दिनेश प्रताप सिंह (कालाकाँकर) के यहाँ पहुँचे। वहाँ से भी पकड़े जाने के भय से निकल गए। अंततः बिहार पुलिस ने इन्हें गिरफ्तार कर लिया और हजारीबाग के सेंट्रल जेल में बंद कर दिया।

सन् 1947 में 'भारत छोड़ो आंदोलन' के बंदी सेनानी छोड़ दिए गए, किंतु बिहार सरकार ने इन्हें रिहा नहीं किया। कानपुर तथा इटावा की जिला कांग्रेस कमेटी की ओर से बिहार सरकार और केंद्र सरकार के पास प्रस्ताव भेजे गए। 'सर्च-लाइट', कानपुर, 'प्रताप' दैनिक, कानपुर, 'नव राष्ट्र', पटना आदि समाचार-पत्रों ने इनकी रिहाई के लिए अग्र लेख छापे। अंततः 5 वर्ष कारावास भुगतने के बाद ही रिहा किए गए। इसके बाद हजारीबाग सेंट्रल जेल में डिप्टी जेलर पद पर इनकी नियुक्ति हुई, किंतु इन्होंने जेलर बनने से इनकार कर दिया। तत्पश्चात् ये वायु सेना में सेकंड क्लास एयर क्राफ्ट मैन के पद पर नियुक्त हुए। सेना में 496 दिन की सेवा के पश्चात् 15.1.1948 को ये डिस्चार्ज हुए। सेना से आकर आपने यू.पी. रोडवेज में स्टेशन इंचार्ज का पद सँभाला। सन् 1990 में 64 वर्ष की अवस्था में आपकी मृत्यु हो गई। आपकी पत्नी श्रीमती इंद्रा सिंह और इकलौते पुत्र अजय सिंह का भी निधन हो चुका है। इनकी एक पुत्री अपने पति देवेंद्र प्रताप सिंह के साथ बलरामपुर में रह रही हैं।

श्री कामता प्रसाद वैश्य

श्री कामता प्रसाद वैश्य पुत्र शिव शंकर वैश्य, गुलरिहा घाट के निवासी थे। इन्हें महात्मा गांधी के 'भारत छोड़ो आंदोलन' के समय सन् 1941-43 में डी.आई.आर. की धारा 129/37 के अंतर्गत लगभग 9 माह तक नजरबंद रखा गया था।

श्री देवी दीन

श्री देवी दीन पुत्र जमादार, थाना पचपेड़वा के निवासी थे। इन्होंने 'भारत छोड़ो आंदोलन' के दौरान सन् 1943 में 3 मास की कड़ी कैद तथा 50 रुपए जुर्माने की सजा पाई थी।

श्री ठा. नरेश सिंह

श्री ठा. नरेश सिंह का जन्म 1 जनवरी, 1914 को तुलसीपुर के सन्निकट भोजपुर गाँव के एक कुलीन हाड़ा क्षत्रिय वंश में ठा. उदयराज सिंह के यहाँ हुआ। पिता और पितामह बलरामपुर राज के ठेकेदार रहे, जो उन दिनों बहुत प्रतिष्ठित पद माना जाता था।

बचपन में ही इनको सामंती व्यवस्था से घृणा हो गई थी। स्कूल में कुछ समान विचार के साथियों से घुलने-मिलने का अवसर मिला तो अंतस्थ आजादी का अंकुर लहलहा उठा।

बलरामपुर में मौलाना अहमद जमा खाँ के नेतृत्व में कांग्रेस आंदोलन काफी जड़ जमा चुका था। आए दिन सभा होती और जुलूस निकाले जाते, जिनमें अंग्रेजी हुकूमत और रियासती जुल्मों की भर्त्सना की जाती तथा आजादी के लिए कुर्बानी देने को उत्साहित किया जाता था।

सन् 1931 का लगानबंदी आंदोलन चल रहा था। पुरैनिया तालाब पर इमली के नीचे विशाल जनसभा आयोजित थी। प्रांत के कई प्रसिद्ध नेता आए थे। शहर में हर जगह जुलूस की चर्चा थी। राम नरेश सिंह और उनके साथी छात्रों का भाषण सुनने की जिज्ञासा हुई थी। उन्होंने हेडमास्टर ब्रह्म देव नारायण से अनुमति माँगी, किंतु अनुमति तो दूर, उन्होंने चेतावनी दी कि जो छात्र जाएगा, उसे बेंत की सजा दी जाएगी।

राम नरेश सिंह का कोमल मन यह कठोर नियंत्रण सुनकर फौलाद बन गया। वे हेडमास्टर की आज्ञा की अवहेलना कर डेढ़ सौ साथियों के साथ भाषण सुनने पहुँच गए। बाद में अनुशासनहीनता के लिए उन छात्रों को कड़ी सजा दी गई। इस कठोर यंत्रणा ने इन किशोरों के हृदय में स्वतंत्रता की लड़ाई में कूदने की प्रेरणा भर दी।

सन् 1931 ई. से ही ये कांग्रेस के आंदोलनों में लुक-छिप कर भाग लेने लगे। सन् 1937 ई. में ये ज़िले के प्रसिद्ध कांग्रेसी ठा. नवरंग सिंह के संपर्क में आए। उनसे प्रेरित होकर ये कांग्रेस के सक्रिय सदस्य बन गए।

10 अगस्त, 1942 को 'भारत छोड़ो आंदोलन' के सिलसिले में इन्होंने 22 अन्य स्वतंत्रता सेनानियों का नेतृत्व करते हुए गिरफ्तारी दी। इन्हें 1 वर्ष, 2 दिन की कड़ी कैद की सजा मिली। जेल में ये बाबू ईश्वर शरण, बाबू लाल बिहारी टंडन तथा बलदेव प्रसाद सैलानी के घनिष्ठ संपर्क में आए। सन् 1945 में इन्हें अपने गाँव भोजपुर में जब ये तिरंगा झंडा फहराने जा रहे थे, गिरफ्तार कर लिया गया। परगनाधिकारी उतरौला मि. सूरी ने इन्हें 1 वर्ष, 6 मास की सजा दी। इस अवधि में ढाई मास तक इन्हें तनहाई में रखा गया। शेष दिन बैरकों में बिताए।

जेल जीवन में इन्हें काफी यातनाएँ दी गईं। जेल के अधिकारी निर्धारित वस्त्र और राशन में कटौती कर लेते थे, जिसके विरोध में इन्होंने तथा इनकी प्रेरणा से इनके अन्य साथियों ने जेल से मिले वस्त्रों को लेने से इनकार कर दिया और 18 दिनों तक केवल लँगोट पहनकर अपना विरोध प्रकट किया। सन् 1945 ई. में जब ये जेल में थे, तभी इनकी माता और एकमात्र पुत्र का निधन हो गया।

श्री भगवत प्रसाद 'धर्मेंद्र'

श्री भगवत प्रसाद 'धर्मेंद्र' पुत्र गिरिवर प्रसाद शुक्ल, पुरानी बाजार तुलसीपुर के निवासी थे। जब आपकी अवस्था 14 वर्ष की थी, आपको कानपुर से प्रकाशित होनेवाले 'दैनिक प्रताप' तथा 'दैनिक मनसुखा' नामक पत्र के ओज भरे लेखों को पढ़ने का अवसर मिला। देश-प्रेम से ओतप्रोत ओजस्वी लेखों को पढ़कर आपके हृदय में स्वतंत्रता के भाव अंकुरित हुए। ब्रिटिश सरकार द्वारा बलिया में सामूहिक गोली कांड कराए जाने पर किशोर भगवत प्रसाद का हृदय अंग्रेजों के प्रति घृणा से भर उठा। इन्हीं दिनों महाराज नंद कुमार की 'फाँसो' नामक पुस्तक पढ़ने का आपको अवसर मिला। इससे इनका आत्मबल बढ़ा। परिणामतः आपने स्वातंत्र्य संघर्ष में सक्रिय भाग लेने का व्रत लिया। संयोगवश गोरखपुर, देवरिया के एक स्वाधीनता प्रेमी देशभक्त से, जो किताबी गानों के माध्यम से कांग्रेस का संदेश घर-घर सुना रहा था, इनकी भेंट हो गई। ये उससे बहुत प्रभावित और उसी के साथ लखनऊ चले गए। वहाँ अमीनाबाद के गूँगे नवाब पार्क में 18 अक्टूबर, 1930 को पं. नेहरू की एक आम सभा में स्वयंसेवक बनकर सेवा करने का इन्हें सुअवसर मिला। बाद में विदेशी तुलसीपुर तहसील और राष्ट्रीय स्वतंत्रता आंदोलन वस्त्रों का बहिष्कार करने के जुर्म में ये वहीं गिरफ्तार कर लिए गए। घरवाले पकड़ न ले जाएँ, इसलिए इन्होंने अपना हुलिया-पता गलत लिखवाया। इस प्रकार प्रथम बार इन्हें 6 मास के लिए कारावास भुगतना पड़ा। सन् 1932 में धारा 144 तोड़ने पर इन्हें 6 मास की कड़ी कैद और 50 रुपए जुर्माने की सजा मिली। जुर्माना अदा न करने पर इनको डेढ़ मास की अतिरिक्त सजा काटनी पड़ी। 25 अगस्त, 1932 ई. को ये जेल से छूटे, परंतु कुछ दिनों बाद पुनः गिरफ्तार कर लिए गए। इस बार पुनः 6 मास की कड़ी कैद और 50 रुपए जुर्माने की सजा हुई। जुर्माना न देने पर 6 मास की अतिरिक्त सजा काटकर जेल से छूटे।

सन् 1932 से 1948 ई. तक धर्मेंद्र जी ने जिला कांग्रेस की कार्यकारिणी के विभिन्न जिम्मेदार पदों पर रहकर कांग्रेस का संदेश झोंपड़ियों तक पहुँचाया। इस अवधि में 8 सितंबर, 1941 ई. को भारत सुरक्षा अधिनियम के अंतर्गत 6 मास की कैद हुई। अगस्त 1942 ई. में ये पुनः 'भारत छोड़ो आंदोलन' में गिरफ्तार हुए और 21 मई, 1943 को छूटे। घर की आर्थिक स्थिति बिगड़ चुकी थी। फिर भी 13 नवंबर, 1970 तक निष्ठापूर्वक देश की सेवा करते रहे।

इनकी पत्नी श्रीमती राज देवी शुक्ल ने भी अपने पति का अनुगमन करते हुए असहयोग आंदोलन में भाग लिया। उन्हें सन् 1941 में धारा 31 डी.आई.आर. के अंतर्गत

3 मास का कारावास एवं 10 रुपए जुर्माना हुआ। जुर्माना न देने पर 15 दिन की कैद की सजा पाकर 11 मार्च, 1941 को जेल में दाखिल हुईं और 24 मई, 1941 को वहाँ से छूटीं। सन् 1943 में 'भारत छोड़ो आंदोलन' के सिलसिले में इन्हें पुन: 6 मास की कड़ी कैद की सजा हुई।

नब्बे के दशक में आपका देहांत हो गया।

श्री ममता प्रसाद वैश्य

श्री ममता प्रसाद वैश्य पुत्र शिव शंकर वैश्य, ग्राम गुलरिहा घाट (तुलसीपुर) के निवासी हैं। आप 'भारत छोड़ो आंदोलन' के दौरान 1942-43 में 'भारत रक्षा कानून' की धारा 129/26 के अंतर्गत लगभग 9 मास नजरबंद रहे।

श्री रामधन

श्री रामधन पुत्र हरिहर प्रसाद यादव, ग्राम सिंगरौरा हौवापुर के निवासी थे। आपने 'सविनय अवज्ञा आंदोलन' के दौरान सन् 1932-33 में 6 मास कैद की सजा पाई थी।

श्री रामफेर

श्री रामफेर पुत्र रघुवर कोरी, लखिया थाना के अंतर्गत हथुवा ग्राम के निवासी थे। आपको सन् 1932 में 'सविनय अवज्ञा आंदोलन' में 4 मास की कैद तथा 20 रुपए जुर्माने की सजा हुई थी।

श्री रामभरोसे उपनाम भगवान दास

श्री रामभरोसे (भगवानदास) तुलसीपुर के निवासी थे। सन् 1932 में 'सविनय अवज्ञा आंदोलन' के दौरान इनको 6 मास की कैद और 30 रुपए जुर्माने की सजा दी गई थी।

श्री रामलखन तिवारी

श्री रामलखन तिवारी पुत्र सुखराम तिवारी, तुलसीपुर के निवासी थे तथा तुलसीपुर के आरंभिक स्वाधीनता सेनानियों में से थे। आप आर्य समाज के सिद्धांतों से प्रभावित होकर राष्ट्रीय आंदोलन से जुड़े। सन् 1932 में 'सविनय अवज्ञा आंदोलन' के सिलसिले में इन्हें 6 मास की कैद और 20 रुपए जुर्माने की सजा हुई। पुनः 'व्यक्तिगत सत्याग्रह आंदोलन' के दौरान 1941 में 10 मास की कैद तथा 100 रुपए जुर्माने की सजा हुई।

इनकी पत्नी श्रीमती गोदावरी देवी एक निडर और कट्टर राष्ट्रवादी महिला थीं। सन् 1941 में 'व्यक्तिगत सत्याग्रह आंदोलन' में पति का अनुगमन करते हुए इन्हें भी गिरफ्तार किया गया। इन्हें 3 मास की कैद और 5 रुपए जुर्माने की सजा दी गई।

रामलखन तिवारी के पुत्र प्रभा मित्र स्वामी त्यागानंद जी द्वारा स्थापित अयोध्या गुरुकुल के स्नातक थे। 'भारत छोड़ो आंदोलन' के दौरान 1942 में ये राष्ट्रीय गतिविधियों के लिए गिरफ्तार किए गए। फैजाबाद जेल में लगभग दो मास तक नजरबंद रहे। प्रभा मित्र जी संस्कृत के विद्वान, कुशल वक्ता तथा राजकरन वैदिक इंटर कॉलेज में संस्कृत के प्रवक्ता थे। इस स्वाधीनता सेनानी परिवार में रामलखन तिवारी तथा पुत्र प्रभा मित्र का देहांत हो चुका है।

श्री शांति प्रसाद

श्री शांति प्रसाद पुत्र राम प्रसाद कोरी, तुलसीपुर बाजार के निवासी थे। इन्हें 'सविनय अवज्ञा आंदोलन' के दौरान सन् 1933 में 20 रुपए जुर्माने सहित 6 मास कैद की सजा मिली थी।

श्री शेष मणि मिश्र

श्री शेष मणि मिश्र पुत्र ठाकुर प्रसाद मिश्र, तुलसीपुर थाना के अंतर्गत ग्राम धौली धरमपुर के निवासी थे। आपने 'व्यक्तिगत सत्याग्रह आंदोलन' के दौरान सन् 1941 में 6 मास कैद की सजा पाई थी।

श्री श्याम दास

श्री श्याम दास पुत्र राम बरन पासी, तुलसीपुर थाना के अंतर्गत ग्राम सुगा नगर के निवासी थे। सन् 1932 में 'सविनय अवज्ञा आंदोलन' के सिलसिले में इन्हें 6 मास की कैद तथा 30 रुपए जुर्माने की सजा हुई थी।

श्री श्रीराम

श्री श्रीराम पुत्र नंद किशोर अहीर, ललिया थाना के अंतर्गत ग्राम मोतीपुर के निवासी थे। 'सविनय अवज्ञा आंदोलन' के दौरान 1932 में आपको 6 मास की कैद तथा 20 रुपए जुर्माने की सजा हुई थी।

श्री साहब दीन

श्री साहब दीन पुत्र मंगल धोबी, तुलसीपुर बाजार के रहनेवाले थे। इन्हें 'सविनय अवज्ञा आंदोलन' के दौरान सन् 1932 में 6 मास की कैद और 100 रुपए जुर्माने की सजा हुई। जेल से छूटने पर ये पुन: गिरफ्तार कर लिए गए और दुबारा 6 मास की कैद तथा 20 रुपए जुर्माने की सजा दी गई थी।

श्री हरदेव

श्री हरदेव पुत्र बृजलाल, तुलसीपुर बाजार के निवासी थे। सन् 1930 में 'सविनय अवज्ञा आंदोलन' के दौरान उन्हें गिरफ्तार किया गया और 6 मास की कैद की सजा हुई थी।

श्री हीरा लाल

श्री हीरा लाल पुत्र ठाकुर दीन कांदू, तुलसीपुर थाना के अंतर्गत ग्राम जयनगरा के निवासी थे। सन् 1933 में 'सविनय अवज्ञा आंदोलन' के सिलसिले में पकड़े गए। इन्हें 6 मास की कैद तथा 30 रुपए जुर्माने की सजा हुई थी।

असहयोग आंदोलन में बलरामपुर जनपद के जेलयात्री
तुलसीपुर तहसील

श्री करोड़ी मल गोयल

श्री करोड़ी मल गोयल का जन्म भिवानी (हरियाणा) में सन् 1885 ई. में हुआ था। इनके पिता का नाम रतीराम गोयल और माता का श्रीमती मोहरली देवी था। व्यापार के उद्देश्य से वे तुलसीपुर आकर बस गए थे। व्यापार के साथ राष्ट्रनिष्ठा और देश सेवा उनके व्यक्तित्व की विशेषता थी। इसलिए सर्वप्रथम 1922 ई. गांधी जी द्वारा चलाए गए 'असहयोग आंदोलन' में ये स्वेच्छया सम्मिलित हुए। इसमें इन्हें एक वर्ष की सजा हुई। पुलिस ने इनके मकान और दुकान पर कई बार छापा मारकर इन्हें भारी आर्थिक क्षति पहुँचाई, किंतु उससे ये रंचमात्र भी विचलित न हुए। भारत को अंग्रेजों की दासता से मुक्त कराने के लिए ये आजीवन प्रयासरत रहे। इनका सपना सार्थक हुआ, किंतु स्वतंत्रता प्राप्ति के कुछ ही समय बाद इनका निधन हो गया। स्वतंत्रता प्राप्ति के अनंतर बलरामपुर राज्य की किसान विरोधी नीति, सामाजिक बुराइयों, आडंबर तथा रूढ़िवाद के विरोध में ये आंदोलन चलाते रहे। स्वाभिमान, ईमानदारी तथा निर्भीकता इनके व्यक्तित्व के मुख्य अंग थे।

श्री दुर्गा प्रसाद

श्री दुर्गा प्रसाद आत्मज विशेश्वर प्रसाद, ग्राम सिंगरौरा, थाना तुलसीपुर के निवासी थे। 'असहयोग आंदोलन' के दौरान 1922 में आपको एक वर्ष की कड़ी कैद की सजा मिली थी। आपने 'नमक सत्याग्रह आंदोलन' में भी भाग लिया था, जिसके लिए आपको वर्ष 1930 में जेल जाना पड़ा था। उसके बाद वर्ष 1942 में आपको 'व्यक्तिगत सत्याग्रह आंदोलन' के तहत भी एक वर्ष की कैद तथा 20 रुपए जुर्माने की सजा मिली।

(जेलयात्रियों के परिचय का संदर्भ राष्ट्रीय स्वतंत्रता संघर्ष और गोंडा जनपद, लेखक डॉ. भगवती सिंह की पुस्तक से लिया गया है)

अध्याय : 6

भारत-पाक युद्ध (1965) में शहीद वीर विनय कुमार कायस्था

अपनी जान कुर्बान कर देनेवाले बलरामपुर निवासी वीर विनय कुमार कायस्था के बारे में कुछ विशेष जानकारी कहीं किसी के पास उपलब्ध नहीं है। कई वर्ष पूर्व मैंने (लेखक) एक पुस्तक हेतु वीर विनय के बारे में जानकारी प्राप्त करने हेतु बहुत प्रयास किए थे। एक बार वीर विनय की एक बहन शैल जी का एक पत्र आया, जिसमें उन्होंने विनय जी का चित्र भेजने हेतु प्रतीक्षा करने का आग्रह किया था। उनके पत्र की प्रतीक्षा में पुस्तक प्रकाशन में काफी विलम्ब हुआ, अत: अंग्रेजी में लिखे उनके पत्र का हिंदी में अनुवाद ही प्रकाशित कर दिया था। मुझे दु:ख है कि आज कई वर्ष व्यतीत हो जाने के बाद भी शैल जी ने विनय के चित्र नहीं भेजे। उनका पहला जो पत्र मुझे मिला था और उसमें जो जानकारियाँ मुझे मिली थीं, उन्हें ही दिया जा रहा है—

हम सब बलरामपुर से काफी घनिष्ठता रखते हैं व जुड़े हुए हैं। हमारा खूबसूरत बचपन हमारे दादा श्री के.एन. गुप्ता के साथ बलरामपुर में ही बीता है। विनय बाल्यकाल में उन्हीं के साथ था।

उसका जन्म 2 अगस्त, 1944 को बलरामपुर में हुआ था। वह बहुत ही प्रतिभाशाली युवक था। पढ़ने में भी होशियार था। हमारे परिवार के लगभग सभी सदस्य सेना से जुड़े हुए हैं। मेरे पिता सेना में कर्नल थे, जो अब जीवित नहीं हैं। विनय सबसे बड़ा था। मेरा दूसरा भाई वायु सेना में है एवं तीसरा भाई अरुण कायस्था सेना में कर्नल है। विनय भी आर्मड कोर 16 कैवलरी में ही था एवं मृत्यु के समय सेकेंड लेफ्टिनेंट था, उस समय उसकी आयु 21 वर्ष की थी।

विनय समूचे परिवार का चहेता बच्चा था। हमें गर्व है कि विनय ने अपने यौवन की चरम सीमा में देश के लिए अपने जीवन की आहुति दी। सभी भाइयों में मैं अकेली बहन हूँ। मेरा विवाह भी वायु सेना अधिकारी से हुआ है, जो संप्रति मद्रास में तैनात हैं। हमारी माँ भी हमारे साथ ही हैं।

आपको बता दूँ कि विनय विवाहित नहीं था। मृत्यु के समय उसकी आयु मात्र 21 वर्ष थी। वह बलरामपुर का पुत्र है एवं हमें प्रसन्नता है कि उसको सम्मानित किया जा रहा है। हम सब उक्त समारोह में शरीक होना पसंद करेंगे और मेरी माताजी भी वहाँ जाना चाहेंगी। 8 सितंबर, 1965 में सियालकोट (पाकिस्तान) में उसने अपना जीवन देश के लिए न्योछावर कर दिया।

शुभकामनाओं सहित।

—शैल

चित्रावली

ग्रुप चित्र (कुर्सी पर बैठे) शहीद अब्दुल रहीम खाँ
बाएँ : शहीद अब्दुल करीम खाँ और दाएँ : शहीद अब्दुल हफीज खाँ

स्व. अवधेश कुमार सिंह

स्व. परमात्मा शरण

स्व. अवधेश

श्री वंशराज सिंह

श्रीमती गोदावरी देवी

श्री गुलाब सिंह

श्री शिवदयाल श्रीवास्तव

श्री बनारसी लाल गोयल

श्री बलदेव प्रसाद

श्री हरदेव सिंह

श्री भगवत प्रसाद धर्मेंद्र

श्री कृश्नकांत मालवीय

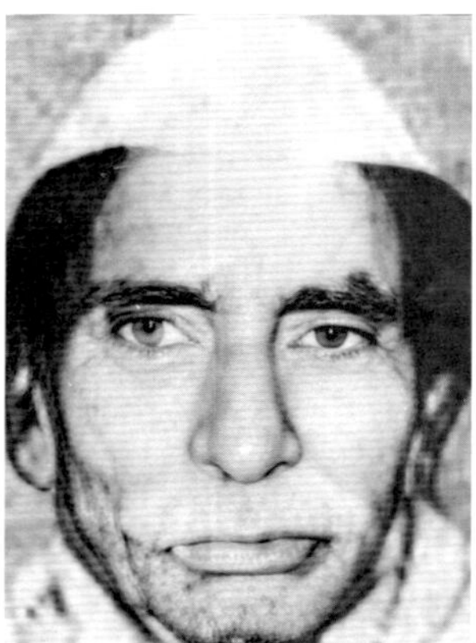
श्री राम नरेश सिंह

अब्दुल करीम खान

श्री ब्रह्मदत्त

श्री बलभद्र प्रसाद शुक्ल

अब्दुल हफीज खान

सरदार मंगल सिंह

श्री रघुनंदन सिंह

अहमद जमा खान

श्री रक्षपास सिंह

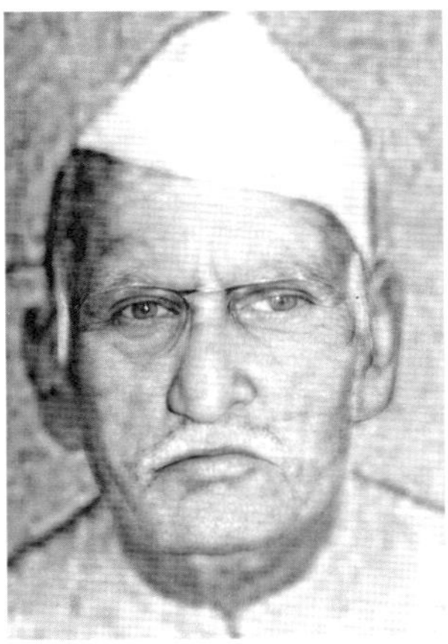

श्री अनिरुद्ध सिंह

श्री गया प्रसाद आजाद

श्री गया प्रसाद

श्री गल्हू

श्री गोपी नाथ तिवारी

श्री गौरी शंकर

श्री राम जस

श्री मदन गांपाल बख्शी

श्रीमती राजदेवी शुकल

श्रीमती शकुंतला देवी

पचपेड़वा रानी ब्लाक के स्वतंत्रता सेनानियों की नाम पट्टिका

गैंसड़ी ब्लाक के स्वतंत्रता सेनानियों की नाम पट्टिका

तुलसीपुर ब्लाक के स्वतंत्रता सेनानियों की नाम पट्टिका

पचपेड़वा रानी ब्लाक के
स्वतंत्रता सेनानियों की
नाम पट्टिका

गैंसड़ी ब्लाक के स्वतंत्रता
सेनानियों की नाम पट्टिका

तुलसीपुर ब्लाक के स्वतंत्रता सेनानियों की नाम पट्टिका

रेहरा बाजार ब्लाक के स्वतंत्रता सेनानियों की नाम पट्टिका

हरेय्या सतघरवा ब्लाक के स्वतंत्रता सेनानियों की नाम पट्टिका